沒有一個冬天不可逾越

沒有一個春天不會來臨

冬天已來，春天還會遠嗎

——《天賦交響曲》

林致名 Carol Lin

音樂家

資深鋼琴導師

品樂藝術園創辦人

財富流文藝團明星教練

NLP 培訓國際證照執行師

國際花晶協會會員療癒師

全球創業人物實錄臺灣區品牌大使

致力於推廣生命教練與導師思維培訓

致力於發現人的天賦順流四季能量與活出人的天才、熱情、效益力量

四歲開始學習鋼琴與音樂

臺灣大學音樂學研究所碩士

臺北藝術大學音樂系學士

修習鋼琴和音樂學

從事鋼琴教學與音樂教育培訓超過二十年

《天賦交響曲》以天賦為主旋律，用音樂為交織的聲部與背景，生動地介紹了 Carol Lin 從幼年到成年的音樂人生之旅。

本書透過一個一個真實的故事，詳細闡述了她怎樣發現自身天賦從而奏出富足喜悅的人生主題曲，以及如何從一個性格孤僻內向的小孩順流成長為熱情開朗，充滿正能量的音樂家、鋼琴導師的整個故事。

故事中有感人肺腑的生離死別；有激昂澎湃的青春年少；有奮發有為的花樣年華！百年難得一見的臺灣九二一大地震中，她和最愛的媽媽天人永別，成了她一生的遺憾，但媽媽的精神長存在她心中，成了她的信念。同時，整本書也蘊含著她對人生價值和教育真諦的感悟，尤其如何在天賦之上的發掘、探索進一步綻放自己，在低潮與逆境中勇敢穿越，並深切感悟與其所遇到的人、事、物的能量共振，交響出生命動人的樂章！

臉書：林致名
臉書粉絲專頁：品樂藝術園
手機：0919541530
Line: cm6818
Email: cmllin818@gmail.com

CONTENTS

第 一 部　　"巴洛克"的世界，每個人擁有不一樣的風景

CONTENTS

第四部 每個音符都該有它獨特的模樣

CONTENTS

第 六 部 人生沒有休止符

推薦序

洪豪澤 演說家 暢銷書作家

如果你認識 Carol，你會被她的熱情、積極、樂觀，開朗、正能量、善良、才華，所吸引；如果你認識 Carol，你會感覺到她是一個你可以交10 年，不對，應該是 100 年的朋友；如果你認識 Carol，你應該更會被她的美麗與氣質、單純與善良、願意付出、勇於助人深深吸引；如果你認識 Carol，最大的問題就是可能你會沒辦法再難過起來、可能你會很難有沮喪的時候、可能你會不知道什麼叫做低潮、可能你會把失戀的痛苦、家庭的矛盾、事業的挫折、人生的低谷都變成讓你健康所需要的養分；都變成空氣中的阻力而能助你飛行、變成地表上的地心引力，就像讓你雙手張開就可以接到那顆垂涎欲滴的蘋果！

Carol 就像是文藝片中，在純白的沙灘裡，穿著純白色的洋裝，充滿笑聲奔跑來的鄰家女孩，對了，還伴隨著婉約的歌聲以及扣人心弦的鋼琴天籟！當海浪拍打岸邊的時候，那種撞擊聲跟琴聲結合成一幕一幕璀璨的畫與動人的旋律！

以上是對 Carol 本人及見到她之前能夠擁有的畫面與描述，但事實上的她，樂觀開朗到無可救藥！她是熱愛音樂、育人無數的鋼琴名師；她是在夜晚可能也擁有悲傷、她是在人生的道路上，竟遇到百萬人、百年來臺灣也難得一見的地震災難而失去摯愛母親的悲痛！或許是從這種意外衝擊走來，才會讓她擁有奢侈的樂觀；才會抵擋得住在他內心深處那種突如其來的打擊所帶給人們無法止住的哀傷……！

在人生的道路上、生命的旅程當中，有誰不是經歷風風雨雨！有誰不是歷經生活磨難！不管悲傷與快樂、富裕與貧窮、再怎麼一件小事落到自己的身上，那都是大事！而在 Carol 這本《天賦交響曲》的著作，Carol 用她本人的故事，那個感覺平凡又令人感覺不平凡的經歷；好像鄰家的小姐姐、大女孩，又好像一位坐在演奏廳上面的鋼琴天才女孩，並在天籟之音的背後，響起一陣陣的天賦交響曲！我認為這本書，你可以在一個嘈雜的街頭戶外的咖啡廳，來上一杯卡布奇諾，細細的品書中的每個字，那種喧嘩當中的寧靜；那種嘈雜包含的安詳，都會讓你將這本書視為一項藝術品！

我不敢說它是偉大的著作、但它就像柴米油鹽一樣，天天可以伴隨你每一種心境！我不敢說它是什麼暢銷書，但不管你擁有任何情緒，他都可以為你帶來平安喜樂、幫助你靜心安定並擁有有趣的生命與靈魂；我不敢說它到底有多麼名貴，但它卻可以讓你就像空氣和水一樣無法缺乏，或許它只是眾多以往你所看過書籍的千百本裡面其中之一，或許你未來可能會把它遺忘在某個角落，它可能是那麼樣的微不足道，平凡無奇，但偶爾當你流淚、當你興奮、那你想跟別人分享請想起《天賦交響曲》、有時候當你睡前在床頭突然孤單的時候請記得它是你的摯友，所以，希望它不只一本書，而是你的摯友、閨蜜、死黨，雖不見而心永繫！

20 年來，我教學的學生可能有數百萬；我出了超過十幾本書（正在往 100 本邁進）；我去過幾十個國家；不管是上市集團、中小企業或者初創公司，擁有無數授課的經驗，對於創業、談判、心理學、銷售、演講、團隊、系統，都有深刻的學習與教學，但我卻要極力的推薦這本《天賦交響曲》以及作者 Carol ！

它（她）會讓你在人生逆流的時候扭轉乾坤，它（她）會讓你在人生順流的時候扶搖直上！我不知道或許閱讀這本書會不會讓你變成偉大，但，會讓你擁有一種力量還有一種令人說不出的快樂與幸福。

我是洪豪澤，再次推薦《天賦交響曲》，再次推薦林致名 Carol，她是你值得深交的摯友，這是一本值得珍藏的極品好書！

推薦序

盧文雅 臺北藝術大學研究所教授

　　我是在致名就讀國立臺北藝術大學音樂系時認識她。印象中，當時的她認真、有禮、向學，在我任教的音樂史與音樂學相關課程中，她對這些課程有相當的敏感度與熱情。在鑽研音樂學問的過程中，看到她步步學習品嘗音樂之美，也看過她在學習的挫折中堅毅站立，努力汲取音樂本身迷人的養分。多年後，有機會再相遇，致名更溫暖、更柔和了！她不僅自己持守音樂的美好，也將這美好散播傳遞給更多愛樂的孩童與青年學子們。

　　她告訴我，這本《天賦交響曲》是她的生命故事。故事中愛她的母親是重要的緣起，是看見她天賦，鼓舞她走上天賦之路的人。而這段「天賦」之路，不是只靠自身有的音樂才能，還需要努力使用「天賦」各種化妝後的特質，如書中所提到的：自我覺察、體認生命、正向成長、成就他人……，這些特質都潛藏在初始的「天賦」中，只需要不斷地挖掘、散發，使它成長。

　　《天賦交響曲》共分六個部份，每部份都有數篇短文。細賞每部份的大標題，可看見不斷出現的訊息：鼓勵讀者相信每個人都有自己的天賦故事，每個故事都要自己去譜寫，它會是獨特的、有自己主旋律的、延綿不斷無休止符的……。

　　相信這本書中所傳遞出每一則音樂生命故事，值得您細細品嘗，林致名老師書中柔順的文筆，會引導您進入奇妙絢麗的音樂人生交響世界。

序言

任時光飛逝，總有一些人，一些事，像琴弦一樣，一經撥動，就能觸動我們的心弦！

"四處無聲黑夜森森，萬物睡在無言中，滿空星座放出青光，說出人們永遠的夢！"……小時候媽媽教會我的這首歌，歌曲的旋律永遠在我記憶的最深處，陪我分享快樂，陪我治癒悲傷，伴我走過四季……

媽媽，我想您了，今天我又在鋼琴前彈起了這首屬於我們的歌。

由於那一年的地震，您突然離去，至今已 23 年，但您給我留下了彌足珍貴的"禮物"：讓我的天賦得以自由！在天賦原動力的驅動下，我在學習鋼琴與音樂的道路上，不斷地讓我更喜歡自己。

小時候我對舞蹈不感興趣，甚至第一次去舞蹈教室就魂不守舍弄丟了您剛給我買的舞衣和舞鞋，但您並沒有責備我，而是尊重我的選擇。上了幼稚園，我總愛在老師彈鋼琴的時候，偷偷跟著她的手指變化去模仿，午睡的時候，我的手指還會在空中揣摩老師彈鋼琴的動作……當您了解情況後，第一時間就幫我報了音樂團體班。

每個人身上都不缺乏天賦，只是缺乏發現天賦的眼睛！

而在我懵懂的年紀，是您用一雙慧眼發現了我在鋼琴上的天賦。

您知道嗎？從國立臺北藝術大學（原本的國立藝術學院）音樂系畢

業後，我又考上國立臺灣大學音樂學研究所，畢業後我一直在從事鋼琴教學，現在也有自己的音樂工作室，培養了數百位的鋼琴冠軍學生。

您常說"立德、立功、立言"，是儒家思想的"三不朽"，所以給我取名叫「致名」。2022 年在富而喜悅平臺"529 愛九節"這天，男神主持人奇謀在線上向數萬名觀眾介紹我是一名音樂家，稱我為"鋼琴女神"，我不知道這樣算不算是立言，但我知道這一切都是音樂上的天賦原動力陪伴我走到今天。

每當我坐在鋼琴前彈奏貝多芬的《命運交響曲》時，我就感謝神的帶領讓我有前行的勇氣，每當我坐在鋼琴前給學生上課時，我就慶幸自己一路上勇敢的選擇；每當我坐在鋼琴前回味我的音樂人生時，內心感覺是踏實的富足喜悅。

此刻，我的新書《天賦交響曲》正式和讀者見面，它是一部由天賦與音樂人生交織的樂章！希望透過這本書，經由我的生命故事，可以引領在生活中迷失方向的朋友一起找尋自己的天賦，與天賦共振，活出屬於自己人生的無限可能，讓生命影響生命！

人生若不能順流而下，不妨試著逆流而上，總會遇到向上、向善的力量！

但無論處順流還是逆流，相信我們內心已擁有本自具足的力量，自有足夠的愛與勇氣去面對！

謹以此書獻給世界上獨一無二的您！

七律 . 致名

林泉深處滿煙霞

天心琴心頌風雅

靈犀一點破塵沙

瑤池飛花致美名

—— 《天賦交響曲》

一生為明月寫詩

你見，或不見，月亮就在那裡，不來不去

你見，或不見，天賦就在那裡，不增不減

天地玄黃，宇宙洪荒，只有天賦在閃耀

日月盈昃，寒來暑往，天賦正隱秘改寫命運

你念，或不念

你愛，或不愛

天賦始終在你心靈深處，不捨不棄

天賦寂靜

稟賦天成

有起心動念的歡喜

天賦卓然

稟賦虔敬

有厚積薄發的從容

做一輪習慣完美的月亮

做一輪習慣爆發的太陽

美到心裡

暖到心裡

生命是一種迴音

你送出什麼，就回來什麼

你怎麼播種，就怎麼收割

你給出的一切

都會回來你的身上

你在別人身上看見什麼

就是存在你自己的東西

柔軟感謝的心

最有力量

——《天賦交響曲》

第一部

「巴洛克」的世界，
每個人擁有不一樣的風景

01 在音樂的世界裡可以 找尋生命最初的自己！

黑白琴鍵之間，起伏跌宕，時而溫柔婉約，時而豪邁奔放，就像我最願意親近的大自然一樣，變幻莫測，卻充滿詩情畫意。

結束了一上午的教學，端著一杯花茶，我站在陽臺上眺望遠方。直面這遼闊的臺灣海峽，感受海風徐徐拂面，海波不驚，萬事靜好。

這是我年少時從未想像到的生活，因為我是來自山城的孩子。

我出生在臺灣唯一一個內陸縣，臺灣南投。它是臺灣省原省政府所在地，可以稱之為臺灣的心臟。

我成長在南投縣南投市，一個沒有都會區櫛次鱗比的高樓大廈、沒有川流不息的車水馬龍，但這裡有秀美的山水畫卷，有豐富的文物古蹟，還有淳樸寬厚的風土人情。

城市裡的居民以教師、公務員和軍人三大工作類型的家庭居多。所以這裡的人們過著中規中矩的生活，同時也享受著大自然無限饋贈的靈動與跳躍。

南投的孩子是山城的孩子，科技相對沒有都會區發達，避免了孩子們對科技產品的過度依賴，提升了孩子們生活的質感。相對於大都市的孩子們而言，這裡的孩子有更多現實之間的互動和與大自然親近的機會。

南投好山，好水，好風景、好人情，有山巒與雲海的交織，有廣闊茂密的山林綠葉。很多旅遊的人來到這裡，彷彿進入人間仙境，不由自主地停下了腳步，去體會令人心曠神怡的生活。

美麗的大自然孕育著無窮無盡的生命力，也曾為很多不朽的世界名曲注入了靈魂。

莽莽穹蒼的萬生萬物藏在維瓦爾第的《四季》裡；撥開薄霧，喚醒沉睡大地的曙光、照耀著小約翰.施特勞斯的《藍色多瑙河》；在櫻花樹下起舞，花瓣紛紛落下的景象綻放在唐喬瓦尼的《夢花園》裡；而貝多芬的《田園交響曲》則像在鄉間、在河邊，時而感受暴風雨過後平靜喜悅之情！

這神奇的大自然啊！它在裝扮著整個世界的同時，也引領著我去感悟自己的天賦所在。

我自小生活在這樣靜謐的環境中，觸目可及之處，都是滿眼的綠，圍繞著城市的山巒中處處散發著淡淡的茶香，充斥在城市的每一個角落。

媽媽說我與其他的孩子不同，我從小便享受安靜的讀書時光，那幅和諧的畫面，彷彿暫停的時間的溜走。我在書中去感受春生，夏耘，去品味秋收，冬藏，去探索茫茫宇宙中世界未知的奧秘。

這不是我逃避喧囂的一種方式，反而是這舒適的環境，讓我更容易徜徉在書的海洋中，無法自拔。

每一個熱愛讀書的人內心裡應該都住著一位藝術家。

當我在幼稚園裡看到老師的雙手在琴鍵上跳舞，當我聽到那美妙的鋼琴聲撫摸我的耳畔。就如同我沉浸在書中時一樣，那份安靜，那份美好，都讓我感到內心富足，充滿喜悅。

生命中的每一個貴人都是彌足珍貴的，而那個能夠發現你天賦的人，則需要心懷感恩，是需要終身銘記的。

　　我感謝幼兒園的藍老師主動的向媽媽分享我天賦的可能性，我也感恩媽媽勇於嘗試的勇氣和對我的無限支持。是她們激發了我的天賦，將我送上了充滿無限可能的康莊大道。

　　人的一生會收到無數份大大小小，形形色色的禮物，可是點亮天賦則是我被贈予的最美，最珍貴的那一份禮物。

　　從那以後，我乘著天賦的翅膀，在屬於我的藍天下自由翱翔。

　　18 年裡，我以琴聲融入溫馨的家庭生活；也以琴聲引導我的求學方向；不僅如此，在媽媽因為 921 大地震離開後，琴聲還是我人生低谷觸底反彈的力量。

　　我在無數的變奏曲中體會人生的跌宕起伏；在小步舞曲中欣賞生活的徐緩典雅；在馬祖卡舞曲中感受明朗與傷感的交替；在狂想曲中領略史詩般的氣勢恢宏；繼而在進行曲中將我的人生在音樂藝術領域中昇華。

　　我是山城出生的孩子，清新而恬淡的氣息縈繞在我的身邊，那是屬於大自然的味道，它伴隨著我人生的每一步。

　　22 年前，在天賦的道路上行走的我，覺察到了我的天賦使命，那就是去引領每一位在音樂上有天賦的學生，與他們一起共同創造最美好的結果。

　　然而讓我感到無比神奇的是，自然界的靈動在鋼琴教學的方式和方法上又賦予了我無限的能量。

　　我會讓學生保持人類本身的自然狀態下，開始感受和聆聽鋼琴的美妙；也會讓學生從自然界的各種現象中汲取靈感和養分，領悟樂曲中的情感，而當孩子們開始進入高階的學習階段，我更會以自然界的眾生百態，直觀且生動的幫助他們開啟天賦之旅。

人們無數次的提及，「美好的童年能夠治癒人的一生」，卻鮮少有人發掘，優質的童年生活環境也能埋下扶搖直上，直通雲霄的種子。

種子的力量是巨大的，人的潛力是無窮的。

我從小便知道我會是音樂路上的潛行者，但我卻從來未曾預料到我會是未來眾多冠軍的培養者，是眾多被神眷顧的天賦擁有者們，發揮天賦力量的助力者。

如今，我的學生從臺灣的各個區域到大陸的昆明，從一個島嶼出發輻射到了全球各地。

也許他們像我一樣，在音樂的殿堂裡揮灑熱血，精耕細作；也許他們跨越了邊界，進入一個嶄新的領域內披荊斬棘，但無論是哪一種選擇，他們也終究會像一粒茁壯的種子一樣，在人類的歷史長河中書寫那屬於他們自己的天賦篇章。

餘生，我會傾聽內心的聲音，那是來自大自然的感召。也會相信自己的直覺，因為我本身是具有強大生命力的，屬於春天和夏天能量的閃耀者，以我源源不絕的創意還有滿滿的熱情，綻放自己，我所散發的光芒就能照亮別人，這是我的天賦與有緣人之間的交響。

我會終生汲取南投地區所蘊含的綠色能量，吸納南投地區空氣中的茶香，砥礪前行，傳播愛的力量。

此時此刻的我，突然有點想回家鄉了……

02 音樂是連結生命的
最初運動

　　有些人，有些事在我的生命裡如浮光掠影，稍縱即逝；也有些人和事常憶常新，在腦海中留下深深的烙印。

　　而只有音樂，它如同我身體裡的血液，是我的生命裡不可分割的存在。

　　音樂是神所賜禮物，也是我心之所嚮。

　　它像冬日裡的暖陽，給我溫暖；像黑夜中的明燈，指引我方向；更像沙漠中的綠洲，是我人生的希望。

　　音樂對我的人生而言意義非凡。

　　然而音樂於世界而言，又是一個怎樣的存在呢？

　　音樂是隨著人類的發展而出現的，它的起源可以追溯到遙遠的中世紀、古希臘羅馬時期及更早，雖然中世紀音樂主要是為宗教服務，例如經文歌或卡農輪唱，當時也已經知道利用聲音的高、低、強、弱來表達自己的意思和傳遞情感。

　　而當早期那些有節奏的號角和人們溝通時的呼喊產生時，音樂的雛形就此出現了。

　　所以我們說音樂是人類歷史上最早的一種語言轉化也並不為過，我相信它對人類語言的形成也有著不可估量的貢獻。

　　音樂是能喚起人類心裡共鳴的聲音。它有著強大的能量，可以牽動人的情感。

輕輕的撩撥，可以讓人們沉醉於音樂所創造的祕密花園；偶爾的激發，可以讓人們激情彭拜，充滿前進的動力。

在悲痛時，它安慰我們受傷的心；在憂愁時，它撫平我們緊皺的眉頭；在惆悵時，它引領我們尋找突破的出口；在開心時，它又會縱容我們肆意歡快的舞動。

它在無聲無息中，滲入到我們的生活中，留下無法磨滅的足跡。

每當我們再次回到某一個記憶裡的瞬間，那時的音樂便不由自主的在耳邊響起，久久不散，那時的情感也油然而生，夢回舊時光，進入潛意識。

音樂可以帶給人們幸福的感覺，承載著人們抒發的千絲萬縷的情感。

記得媽媽曾經告訴過我，當我還在她肚子裡的時候，她會播放各種音樂給我聽，而播放最多的便是爸爸準備的那些古典音樂。

爸爸是古典音樂的忠實愛好者！

古典音樂的特點是在系統化的結構中構建音樂，它所要求的創作手法，有一定嚴謹的規律。

也可以說古典音樂是在經典的音樂中，隱藏著系統性的創造和嚴肅性的態度。

這與爸爸的性格是那樣的契合，我甚至可以說爸爸的人生故事可譜寫出一首古典音樂的樂譜。

自有記憶以來，爺爺家屬於南投地方的望族家庭，身為長子的爸爸自小生活富裕且相貌英俊，可謂翩翩公子溫潤如玉。

爺爺奶奶雖然是留日歸來的知識份子，對爸爸這一輩人，在學習方面卻是採取自由放任式的美式教育。

爺爺奶奶一共孕育了八名子女中，只有爸爸一人自願選擇當職業軍人。據說是爸爸在讀臺中一中初中部時，打靶常常奪冠，所以爸爸對從軍有異常的好感與情懷。

而在大學畢業後，爸爸沒有回歸家族產業去經商，而是選擇成為一名嚴以律己的軍人。

爸爸的一生幾乎都在軍隊裡接受著系統與軍事化的管理，習讀孫子兵法，從早期教高中到後來指派到大學擔任教官，他以軍人服從的態度承擔任務，對上級的指派嚴陣以待。

有如 19 世紀古典音樂時期的平衡規律與特點，在現實生活中的真實展現。

如果說爸爸的人生中有哪些特例發生？那我的存在應該算是其中之一了。

爸爸鍾情於古典音樂，因此，他在我的生命之初，便給予了我音樂的啟蒙。

當我在音樂上的天賦被發現，爸爸彷彿找到了寄託情感的方法，那便是毫不吝嗇的鼓勵與支持我追求音樂的夢想。

只要他在家，他就會主動承擔起接送我去學琴的工作，每次看到在教室外等著我的那抹筆直的身影，我總是感恩、感動。

爸爸甚至還為我購買了昂貴的電子琴，不斷地拓寬我的音樂世界的廣度。

雖然最終因為電子琴觸鍵較輕，長期同時練習鋼琴跟電子琴會產生不良的肌肉記憶，在時間輕重緩急地分配下，我最終不得不放棄了電子琴的學習，但我也在爸爸的支持下，將電子琴的技藝提升到了可以教學的地步。

在那段匆匆忙忙的時間裡，偶爾爸爸在接送我的中途，會帶我去吃一頓好吃的。那是我最奢侈，最珍惜的幸福時光。

這一路走來，我攀著天賦的階梯一路向上，每當我取得值得驕傲的成績時，爸爸溫柔的笑臉，加持了我的榮耀感。

雖然我從來沒有對爸爸說過感謝，感謝他為我埋下音樂的種子，但我以豐碩的成果回饋了他。

爸爸為我計謀深遠，我為自己也為爸爸圓夢想！

我一直認為爸爸是擁有有趣靈魂的人，可是他的生活一直都有那麼一點的壓抑。

我想他與音樂之間一定有很多的故事。

音樂一定是他中規中矩的生活中，一串串閃亮的光點，他一定以音樂銘刻記憶，以音樂進行自我療癒，因此才會找到內心的平衡支撐，感到自在喜悅。

是啊！音樂就是人類生活中最奇妙的事情之一，它不是生活中的必需品，人們離開音樂還可以活得下去，但沒有了音樂，世界會變得沉寂，生活便缺少了滋潤，也缺少了一份樂趣。

因此，如果你的內心感到徬徨，那麼請去傾聽音樂吧！

如果你的內心感到憂傷，那麼請去傾聽音樂吧！

如果你需要振奮精神，需要穩定情緒，都請你去傾聽音樂吧！

音樂是人世間治癒一切的良方！

03 交錯的人生
也可以擁有同樣的精彩

　　這個世界上大部份的孩子，從他在母親的子宮內著床開始，便背負著父母的無限期待。

　　可是，人類的自然繁衍是要遵循一定的自然規律的，X 與 Y 的交錯組合，父母的期盼或是被滿足，或是被破滅。

　　我可以確信的是，盲盒拆開後，父母對待子女的態度必將影響孩子的一生；但我也同樣知道，每一個人，無論他是否是在期盼中來到人世間，在這人生的修煉場上，他都有書寫自己命運的權利。

　　昨晚我做了一個夢，在夢中我睜開雙眼，眼前是父母溫柔的笑臉，他們喊著我的名字「致名，致名」，我手舞足蹈，歡欣雀躍的在媽媽的懷抱中撒嬌。

　　媽媽的懷抱是我無比熟悉的，這個夢境就顯得莫名的真切。可我知道夢裡的我並不是真正的我，因為他是男兒身。

　　我是家中的第三個孩子，上面有兩個姊姊，可想而知我的出生並沒有完全符合爸爸媽媽的希望，他們一定更希望我是一個男孩子吧！

　　小時候懵懵懂懂，當我知道父母因為我的出生而有瞬間的失望時，我也曾經心懷怨懟。

　　隨著年齡的增長，我漸漸能夠釋懷，因為追求完美是人的本性。在已經有了兩個女兒的情況下，更期待兒子的降臨，這是人之常情了。

　　只是很多道理都是後知後覺的，那些心中的怨懟，也在成長的歲月中跟隨了我多年。

　　上幼稚園之前，我一直被寄養在遠房親戚家，我有過被父母拋棄了的誤解；直到弟弟出生，也交由保姆照顧，我才知道，這是父母因為工作繁忙而做出的最佳選擇。

　　而父母對我傾盡全力的教導與培養，用愛填滿我人生的每一點縫隙，將我心中那一點點遺憾全部吹散。

　　萬物皆有裂痕，因為那是光照進來的地方。

　　如今回想，上帝為我做了最好的命運安排。這個小小的裂痕沒有折斷我的翅膀，反而是我人生中的助推器。

　　生活中有很多人之所以不快樂，就是因為太在乎他人的反應，但是我們要明白，生活說到底是取悅自己的過程，我們應該做的只有做好自己，專注自我。

　　我們不能因為不可改變的事實去精神內耗，更不能為了迎合他人的期待而改變自己，就如同我不能為了滿足父母的期待而變為男兒身一樣。

　　可是，這不影響我有花木蘭一般的毅力與決心，也不影響我自己的向陽而生。

　　從小到大，無論是學習還是行為舉止，我都以高標準來要求自己，各種獎狀、獎盃無數，是他人口中的乖孩子，也是爸媽心中的驕傲！

　　世界上的每個人都有不同的人生劇本，自己是把握自身命運的主宰，我們要積極且主動的抓住命運中那些自己可以改變的，抓住可以最大化對自己有正面影響的部份。

對自己負責，勇於展示自我的能力，讓我們的才華鋒芒畢露。

我很感激父母發現了我的天賦，無論是爸爸對我音樂上的啟蒙，亦或是媽媽對我在傳統文化上的引導，以及他們尊重我的意願，一切以我興趣愛好為出發點的正面管教方式，都讓我有了更多展示自我的舞臺。

時至今日，我也的確沒有讓他們再有過失望。

這一路走來，我會經常停下來思考。我相信這世間的花朵，終有一朵是獨屬於我的；我知道終有一片天地內的山河湖海，值得我為之奔赴，而我只要找到他們就好了。

幸運的是，我在每一個人生的岔路口都做出了正確的選擇，讓我在正確的方向上瀟灑前行。

性格決定命運是有道理的。

我曾經開玩笑的對媽媽說，我一定是那個最好強的染色體組合，才可以幸運地投入到他們的懷抱。

我將裂縫中照進來的那一束光，變成了無限的動力，向上攀登，向下紮根，從未停止追求更好的自我。

我承認我的初衷是想讓父母從我身上感到滿足，而最終的收效卻遠遠超出了我的預期。

讓父母欣悅的同時，我最終收穫到的是富而喜悅的人生。

我沒有因為遇到挫折而頹廢，不得不去渡過窮而痛苦的一生，這一切都是我積極正面和好強不服輸的性格所驅動的。

在我小學三年級那年，爸媽的期待被滿足了。媽媽曾不止一次的對我說是我的存在，才引來了弟弟降生。她也不停的叮囑我，無論何時都要好好的照顧弟弟。

不知道是不是媽媽的叮嚀，產生了不可抗拒的磁場。我們四姊弟中，我與弟弟很同頻，關係也親密。

1999 年弟弟 14 歲，地震發生時他與媽媽在一起。當我在殯儀館裡靜靜的陪著媽媽最後一程時，受傷的弟弟拄著拐杖來到了我的面前。

一直隱忍的我，在那一刻徹底崩潰了。

弟弟說媽媽被砸倒後，強撐著眼睛望向他的方向，應該是確認了他的安全後，媽媽才閉上了眼睛。

媽媽走後，我們全家都在用各自的方法療傷，我在自癒的同時非常心疼年少的弟弟。

他還那麼小，正是人生觀與世界觀養成的關鍵階段，卻失去了「超人」一樣的媽媽的陪伴。

媽媽的離開對我們全家而言，無疑是不幸的，但與弟弟相比，我又是如此的幸運地多享受了媽媽數年的陪伴。

如今，弟弟也已經成為了頂天立地的好男兒，雖有遺憾，但也有好好的長大。我相信有媽媽的愛的關照，他的一生一定會平安順遂。

一年有四季，人生也多是喜憂參半，痛苦與快樂如影隨形。

弱小的樹苗不僅要接受陽光的撫育，也要經歷風雨的洗滌，方能長成參天大樹！

即便是痛苦也會對我們人生產生積極的效應，一切皆由你的思緒左右。

交錯的人生也是一樣，它會因為面對它的不同態度，而產生天淵之別。

可是每個人的人生起點不盡相同，但終點是永遠無法改變的。所以我們何必在某一個點上過於執著呢？

　　我們要做的，也是唯一能做的，就是在走向終點的過程中，如何讓自己活出自我，一步一步迎向明媚的陽光。

　　請你相信：交錯的人生也可以光彩奪目！

04 名字裡往往藏著
不可思議的天賦

　　在浩瀚無垠的宇宙中，地球是極其渺小的存在，而生活在地球上的人類就像太空中的流星，可能稍縱即逝。

　　亙古通今，對於生命之短暫，眾多文人志士皆有著無數的感慨。

　　因此世界上很多人都在追求不朽，但是真正的不朽不是人的身體，而是人的某種精神，人說過的某些語言或者是人的名字。

　　而那些被奉為不朽的某種精神或某些語言，歷經百年，千年的滄海桑田，可能被推翻，可能被昇華。只有成為不朽的名字，萬古不變。

　　可是，你發現了嗎？

　　名字雖然是屬於自己的，它會伴隨自己走過大風大浪，經過人生百味的歲月，但是卻常常被別人使用，當它成為了不朽，你的名字依然是從別人的口中被呼喊。

　　你還發現了嗎？

　　有的國家在起名字時毫無規則可言，例如緬甸人，緬甸人的名字是不斷變化的，是隨心所欲的；而有些國家在起名字時遵循一些特定的傳承規則，比如馬來西亞人和阿拉伯人。

　　馬來西亞人通常沒有固定的姓氏，但是孩子要以父親的名字為姓，父親又要以祖父的名字為姓，因此幾代人都是不同的姓氏。而阿拉伯人的名字一般由本人名+父親名+祖父名+曾祖父名+家族名或部落名構成。

這樣特殊的情形還有很多，這裡就不再一一列舉了。

然而，地球上大多數的國家或地區，家族的姓氏是固定的，不同的地方在於大多數的西方國家是名在前，姓在後，只有匈牙利人是個例外，匈牙利人的名字和東方國家或區域一樣，姓氏在前名字在後。

單就起名這一件事情而言，我們就不得不感慨：雖然世界只有一個，但世界之大，無奇不有！

而我們大中華區域，孩子的姓名由姓與名兩部份構成，姓氏是家族血脈的傳遞，而名的意義卻大有乾坤。

孩子的名字可以是對時間或地點的銘記，可以是父母某些期盼的寄託，但更多的時候，在中華民族大世界中，孩子的名字往往都蘊藏著父母對子女的美好祝願，比如我的名字。

我叫林致名，我們姊弟四人的名字都是媽媽為我們取的，「致」是來自『格物致知』的思想，而「名」字則是包含著媽媽對我的厚望。

媽媽曾對我說，她是受到了「三不朽」的啟發。

因為《左傳》中這樣寫到：「太上有立德，其次有立功，其次有立言，雖久不廢，此之謂不朽。」

而人若能「立德」，高品遠志；「立功」，出人頭地；「立言」，博古通今，那麼此人必將聲名遠播，聞名遐邇。

名字裡飽含媽媽對我的愛，對我的祝福，可是小的時候「林致名」這個名字，對我而言卻是無以承受的。

記得剛上學時，老師點到我的名字，我第一時間舉手示意，但是老師卻沒有會意過來「林致名」是我，因為這個名字太像男孩子的名字了，與我小時候的形象是不相符的。

　　我曾不止一次央求媽媽為我改名，那些溫婉高雅，富有詩意的名字，不可勝數，為何我不適合擁有呢？

　　可是我至今無法理解的是，無論我如何拜託，媽媽卻堅持不改我的名字，因為在她的心中，這個名字最符合我的氣質。

　　所以，這個世界上不僅僅有媽媽覺得你冷，還有媽媽覺得的適合！

　　我從小自律，所以無論是課業還是其他方面，我都做的很好。但是當我把所有的事情都做的很好的時候，也是我的受難時刻。

　　我的書法寫的非常好，曾經作為代表，前往日本和韓國參加比賽，當別的小朋友都期待獲得好名次的時候，他們都不知道，我甚至都想過要放棄比賽的資格。

　　先不論我是否會在這樣的比賽中獲得好的名次，單是作為代表參加比賽這件事，就一定會在校內獲得大肆表揚。

　　而每當這個時候，我都會覺得很羞恥，就因為我的這個名字。

　　那一段我從所處的位置走向司令臺接受表揚的路，對我而言是那麼的漫長且艱難。我當然知道我不是世界的核心，甚至未必會有人像我一樣覺得這個名字男孩化。

　　但是，那個時候的我，就是會低著頭，去感受那些自己幻想出來的指指點點，帶著萬般的抗拒，慢慢的前進。

　　如今回想當初的一幕幕，是多麼的啼笑皆非啊！

　　隨著年齡的慢慢長大，我逐漸開始接受這個名字，跳出了自己的象牙塔。我不會再因為名字而羞恥，只是依然不喜歡被提及罷了。

直到 921 大地震之後，我完全接納「林致名」這個名字了，並無限渴望它展示在各個領域的頂端，因為這是媽媽留給我的專屬禮物，每一次的提及，都是我對媽媽的懷念。

我曾不止一次的去感恩，一定是媽媽對我的祝福被上帝收到，才幫助我一路有貴人照顧和幸運有今日的平安蒙福。

我懷瑾握瑜，熱愛生活，與人和善，感恩生命中的每一次遇見，也被更多的朋友所感恩；我有一份正當的工作，不僅發揮了自身的天賦，每天還以自身的專業幫助更多的學生逐夢；我從未停止上下求索的腳步，我將終生與學習為伴。

如今的「林致名」老師被稱為「鋼琴女神」，在鋼琴教學領域內享有盛譽。

很多人都不吝嗇給與我讚美，我的學生，我的學生家長，我的朋友，我的長輩們，但那都不是我最想得到的那聲誇獎。

直到那天我做了一個夢，在夢裡，我趴在媽媽的腿上，仰望這天空。媽媽依然用她那雙纖細的溫柔手，輕輕撫摸我的肩頭。

我問媽媽：媽媽，我有在向「三不朽」邁步嗎？我滿足了你對我的期待嗎？

媽媽沒有說話，但是她微笑著對我點了點頭。

是媽媽的希望賦予了我生命的使命感，這份希望是我勇攀高峰的不竭動力與力量源泉，它療癒我內心的傷痛，照亮我前行的每一步。

媽媽！詹素馨女士！

我愛你！

你聽到嗎？

05 真正的天賦不僅要成就自己，
也能成就他人

天賦是上帝送給每一個人的禮物，它是我們與生俱來的才能。

這個世界不缺少有天賦的人，但卻有很多人的天賦被埋沒。就如同有人曾這樣說過，天賦不可以被培養，但他一定可以被扼殺。

天賦需要被發現繼而得以發揮，就像生活中的美一樣。生活中處處不缺少美，但是卻缺少發現美的眼睛。

古語有說：「千里馬常有，而伯樂不常有」，所以世界上擁有天賦的人其實很多，但是很多人的天賦都被埋沒，因為他的天賦沒有被發現。

你聽說過摩西奶奶效應嗎？

摩西奶奶一輩子生活在農場，直至暮年，才發現自己驚人的藝術天才，她 75 歲開始創開始作畫，80 歲時在紐約舉辦了首次個人畫展，她的一生中度過了 25 年的藝術生涯。

摩西奶奶本名叫做 Anna Mary Robertson Moses。她在晚年成為美國著名和最多產的原始派畫家之一，她對自己瞭若指掌的農場生活描繪的可謂駕輕就熟。

美國學者稱這種現象為摩西奶奶的效應，他們還認為一個人如果不去喚醒自己的潛在能力，他就會轉化或自行泯滅。

可是孩子出生時就是一張白紙，很少有人可以自主喚醒自我天賦，孩子後面成長為什麼樣子以及如何去成長？受家庭教育影響最多，而挖掘他們天賦的人又以父母為首當其衝。

所以我更想將前面的那一句天賦可以被扼殺的話，更準確的表達為：

父母可以培養孩子的才能，但不能培養天賦，父母可以成為發現孩子天賦的人，也有可能是埋葬孩子天賦的人。

因為父母是孩子的第一任老師，孩子的天賦需要父母去發現，然後去加以培養，也只有這樣孩子的天賦才能從小得到充分的發揮。

我相信大多數的父母都望子成龍，望女成鳳，然而現實告訴我們，99% 的孩子都被埋沒了天賦。

我爺爺家是從大陸經由鹿港來到南投的，爺爺一輩都分散在日本與美國留學，整個家族家境殷實，屬於南投當地的望族。奶奶是臺南人，也是望族出身，臺南女中校花，畢業於日本新宿文化學院主修服裝。爺爺當時留日就讀早稻田和也從臺灣到日本留學的奶奶在日本讀書相識相戀後結婚，爸爸是他們第一個孩子，還是在聖誕節出生。小時候聽爸爸講起這段故事，爺爺奶奶還真像瓊瑤筆下的小說男女主角，我有好多自己想像的畫面！

後來爺爺家的親戚都移民去了美國，只有爺爺留在了臺灣，他在南投開辦了書局、五金行和南投第一家牛排館，而奶奶從旁協助。

家族經濟蓬勃發展，維持了富甲一方的家族盛況，擁有許多田地。

爺爺的生意做得很好，我印象中最深刻的是牛排館的人氣都很旺，排隊的人縷縷行行，更難能可貴的是每一天都是如此。

爺爺奶奶一生共孕育了 8 個子女，爸爸是他們的長子。在他人的眼中，我們是一個令人羨慕的大家族。可是在我看來則仍有遺憾。

爺爺奶奶都是有福氣的人，生在這樣富足的家庭裡面，他們一路順風順水，因為經濟環境很好，所以任何事情做起來都相對的容易獲得成功。

"寒門出貴子，白屋出公卿。"

歷史上出身寒門的成功人士當然是有的，但是那畢竟是少數中的少數。

人們必須承認厚實的財富基礎，讓家境優渥的孩子擁有更多的試錯成本，很多人的成功之路並不是一蹴而就的，寒門子弟又有多少機會可以東山再起呢？

除了財富之外，家境殷實的孩子，一般都會擁有具有一定高度思想意識的父母。他們在潛移默化中，影響著孩子做事，做人的行為準則。

在沒有經濟壓力的情況下，為子女計長遠的父母，也會用盡各種方法去發現孩子的天賦，並為孩子鋪設激發天賦之路。

可是，那個年代高學識的爺爺奶奶，雖然家境殷實，但是他們卻沒有對子女予以更高的要求。

爸爸這一輩，除了爸爸，所有的親人都沿襲了爺爺奶奶的經商之路，整個家族在老一輩的福蔭下一片安逸的氛圍。

在我看來叔叔和姑姑們的智商都很高，他們的身上一定有天賦的存在，只是沒有被發現。

倘若以當下家長對孩子天賦培養的熱情，去栽培父親一輩，我相信他們一定過著不一樣的人生。他們不僅可以財務自由，還可以實現精神富足。

媽媽家族的家庭教育則與之截然相反。

媽媽從小要求我們練習書法，習讀古詩詞，要求我們不斷提高自我涵養，注重我們的品格教育。

　　小時候外婆在我們家一樓店面開一家花店，叫作「田尾馨花行」，因為外公外婆是從臺灣的花鄉彰化縣「田尾」，一個有花朵的故鄉、公路花園著名的地方移居到南投，當時外公是縣政府的公務員會輪調。

　　一直覺得“馨”這個字特別親切，因為我最愛的媽媽的名字就有一個“馨”。我覺得香味這個東西是很迷人的，跟音樂一樣雖不能眼見卻有強大穿透力，正如一個人有好的德行自然流露出芬芳。從小我就看著大人們每天辛苦的修剪花枝，對於那些光鮮亮麗的花兒們，我雖然很喜歡，但也不免有一些傷感。

　　鮮花呈現在人們眼中總是那樣的美麗，但是這是花匠們的汗水塑造出來的，鮮花的香氣繚繞，但是它們腐爛的部份卻也是臭氣熏天的。

　　即便是在偶有環境不舒服或人手不夠忙不過來，外婆也是辛勤勞作。

　　外公外婆要求子女自強不息，不求與人相比，但求超越自己。

　　寶劍鋒從磨礪出，梅花香自苦寒來。

　　他們發現了媽媽在讀書學習上的天賦，給予她最大的鼓勵。他們也培養了媽媽力爭上游的堅強品質。

　　所以媽媽在大學畢業後即便成為了國中教師，仍不滿足仍不止步。即便成為南投地區電信局第一位女局長之後，依然刻苦的學習，努力的提升自己。

　　而舅舅和阿姨們也是如此，他們也憑藉自己的能力在擅長的領域內獲得了一定的成就。

　　雖然他們的故事只是滄海一粟，但也充分的證明了家庭教育和父母的培養，對於孩子的天賦的發現和發揮，具有舉足輕重的作用。

每一個人天賦和自己的家庭觀的不同組合，呈現出來的思維、行為模式也是不一樣的，所以每個家庭，每位父母都應該積極的影響孩子，主動的發現孩子的天賦，切莫讓孩子輸在起跑線上。

當然我也知道，不是所有人的人生都會十全十美，萬事順遂。一個人的天賦如果能在小的時候被發掘，並得以發展，那當然是最好。

但是就像摩西奶奶一樣，人的天賦是潛伏在我們的身上的才能，任何時候都不要放棄去發現自身的天賦，要清晰的剖析自我，認清自己。

人生什麼時候開始都不晚，去發現你的天賦吧，發揮你的天賦去做你真正願意做的事吧。

就像蘇聯作家格拉寧說的那樣：「如果每個人都能知道自己願意去做什麼，那麼生活將會變得多麼美好！」

06 你當像魚兒游向大海

流年在指縫間劃過，記憶在蛻變中沉浮，心在現實中沉澱！

而童年的記憶，有時候也會在不經間湧上我的心頭，有些記憶總會在悄然之間被喚醒。其實，在童年的世界裡，我是一個比較孤僻，不愛講話，不懂表達，喜歡獨處的人。

然而，不懂表達的我也常常被人誤會，我也曾經一度在外界的誤會中懷疑自己。

就像當時外婆不經意的一句話，就讓我產生了很大的自我懷疑，我不止一次地反問自己：我真的是這樣無情的人嗎？

可小孩子哪裡懂得什麼是無情，只不過是童年無忌罷了！

要說起這段故事的始末，還要追溯到我上幼稚園之前。

在上幼稚園之前，我一直被寄養在保姆家。當時，爸爸在外島工作，媽媽也要上班，兩個姊姊已經交由外婆在照顧，無奈之下，家裡只能把我託付給遠房親戚，保姆一家人對我很好，從來沒有苛待過我，一直把我當自己的孩子一樣細心照料。

我也很喜歡他們，但我心裡知道，那並不是我家！

那時候不懂事，對家裡人也十分不理解。我不理解他們為什麼要把我送去別人家？為什麼他們每次來看過又不帶我回去？是不是我不夠好？

從那時候開始，潛意識裡就開始了自我否定！

時間久了，我的行為就變得有些怪異。爸爸媽媽每次來保姆家看我，我都不理他們，可是每次他們要離開的時候，我又特別難過，從那時候開始我就不愛講話，我也不知道要講什麼，也害怕講錯話，也很在意別人怎麼看待自己。在當時那個世界裡，我只感覺到自己是被遺棄的小孩。

雖然後來我有回到家人身邊，但這件事情在我心裡還是留下了陰影。回到家裡之後很長一段時間我還是戰戰兢兢，以為還會被送走。

到了上幼稚園的年紀，爸爸媽媽把我接回家，那一刻我很開心，因為終於可以回自己家了。保姆因為記掛我，在我回家後不久，他們一家人就來看我，可是我卻不敢見他們。

我害怕自己再一次被送走，再一次跟這個家分開！

我的第一反應是他們要把我再帶回去，所以我下意識地躲到房間，把房門緊緊反鎖，大家都被我的反應嚇到，任憑誰來敲門，我都沒有開門，這是幼小的我唯一能想到的"對抗"方式。

保姆看到我這樣的反應，在門外大哭，可能是我的行為讓她傷心了。

外婆當時對我的行為很不理解，她甚至覺得我有些無情，記得外婆事後很生氣地對我說：他們對你這麼好，好心來看你，你怎麼能這麼做？

我的想法很單純，就是不想再被送走。但是因為我不會表達，卻讓身邊的人誤會我是一個無情的人。

小孩子的世界沒有冷血，也沒有恨。當我慢慢長大之後，也明白了父母的良苦用心，他們不是不夠愛我，也不是我不夠好，一切都只是生活所迫，所有的一切不用言語解釋也就釋懷了。

小學的時候我回去過保姆家，只是很遺憾，那時候保姆已經過世了，我也有些自責。

當時我內心真實的想法不是不想見他們，只是我不知道用什麼方式來向大家證明我不想被帶回去的決心，雖然那個時候我已經回來入學了，也不可能被帶走，但我的潛意識裡還是很怕被帶走。

因為外婆的這句話，又讓我很長一段時間陷在無盡的自我懷疑中！我真的是一個冷血無情的人嗎？這樣的自我懷疑，又讓我一度很否定自己，做什麼都會被這個問題困擾。

我想，現實生活中，有很多人也曾像我一樣總是在徘徊，總是在思考自己好不好，做的事情對不對，會很在意別人對自己的看法。

然而很多時候，別人的話就像陽光下塵埃，風一吹就散了。時過境遷，我知道外婆的話也不是我想的那個意思，她只是生氣我的行為不禮貌，只是我給自己套上了枷鎖，把自己的心鎖在了那個圈圈裡。

每個人來到這個世界，都是為了活出自己。

可到底如何才能真正地活出自己？

我想，這是每個人傾其一生都在尋找的答案！

每個人從出生之後，就要面對兩種評價系統，被兩種目光所注視。一種目光注視著你，審視著你，讓你按照他們內心的期待生活；另一種目光注視著你，欣賞著你，讓你做真實的自己。

前一種目光，屬於外在評價系統，後一種目光則屬於內在評價系統，可是人在最初的時候往往最在意的還是外在評價系統，時間久了，就會跟真實的自己漸行漸遠。

我很喜歡宮崎駿的電影作品，雖然在他的作品裡呈現的都是很平常的生活畫面，也沒有磅礡的故事情節，但卻擁有最純真的情感，最能引起大家的共鳴。

他說：無論是活成什麼樣子，都有人說三道四，這個世界我們只來一次，吃想吃的飯，見想見的人，看喜歡的風景，做自己喜歡的事！

我想，的確如此，只有尊重自己的感覺，才有可能活出自己！而感覺，也是我們存在這個世界的證明。

有很多人，在面對父母和他人頻繁否定時，就會開始懷疑自己是否應該存在這個世界上，在這樣的關係中，他們的感覺迎合了對方的判斷，忘記了自己的感覺，這就意味著我們失去了自己的生命，只是為別人而活，慢慢地就會覺得活著真沒意思。

相反，如果我們能夠尊重自己的感覺，聆聽自己內心的聲音，就像宮崎駿說的那樣，就會感受到自己真真切切的存在，而且這種感覺生動而美好。

這個世界我們只能來一次，那我們來到這裡的生命意義是什麼？我想是成為自己！

你當像魚兒奔向大海，珍惜每一滴流經你的水滴，活出真實的自己，我們的生命才會被照亮，就像音樂照亮了我的生命一樣。

07 家庭教育影響行為和思維

張愛玲曾經說過：你的氣質裡藏著你走過的路，讀過的書以及你愛過的人。

也有人曾經說過：人生沒有白讀的書，那些你看過的文字，閱盡書裡的悲歡離合，人情冷暖，聖賢智慧……都會融入你的骨髓和血液，給你勇氣和慈悲；人生也沒有白走的路，每一步都積累在你的記憶與閱歷中，每一個遇見的人，都見證了你的成長和進步。

媽媽也曾經說過：凡事有因果，萬事有輪迴！

我想，不管是媽媽，還是張愛玲，還是那些分享人生感悟的讀書人，他們都在表達同一種意思：人生沒有白走的路，每一步都算數！

生活就像一根鏈條，環環相扣，如何走好每一步，對我們每個人來說都至關重要，而我們人生的第一步都是來自於家庭教育。

家庭是孩子的第一所學校，父母是孩子的第一任老師！

林家是個大家族，爺爺出生於當地的望族，奶奶也是出生於富貴人家。

兩人從日本留學回來後，就做起了生意。當時家裡開了五金行，書局，還有牛排館，經濟算是比較殷實。爸爸是家中長子，下面還有七個兄弟姊妹，爺爺奶奶在教育問題上，採美式自由風格，對子女沒有太多標準，在讀書問題上，也相對沒有很嚴格。

相比之下，在讀書問題上外公就比較嚴格一些。

在當時那個年代，外公是個典型的讀書人，憑著自己的努力，也成了一名公務人員。他寫得一手好書法，很重視中華傳統文化的學習和傳播，尤其是儒家思想。仁、義、禮、智、聖、恕、忠、孝、悌，這些都是小時候外公帶著我們讀聖賢書的核心思想，除此以外，逢年過節他還會帶著我們去寺廟禮佛。認真讀書、敬天愛人，是外公一輩子都在奉行的人生準則。

媽媽是家中長女，也是受外公影響最大的人，她的一生都在將外公的人生準則貫徹到底。

媽媽在嫁給爸爸之前，身上有長姊如母的責任，對弟弟妹妹們呵護備至，嫁給爸爸之後，身上又多了長嫂如母角色的重任，照顧著林家整個大家庭。

但同時，她還是一名職業女性，不管是在生活上還是在工作上，她都是力爭上游的人。媽媽從小成績就很好，畢業後起初是名國中老師，後來憑藉自己的努力參加特考，考進了電信局工作，最後通過自己的不斷進修學習，當上了地方第一位女性電信局的局長，印象中她留給我的背影就是一直在讀書學習。

在我們出生之後，媽媽也總是教育我們說：女生要自立自強，要有自己的一片天地！我想，我從小的認真努力，都是來自她的耳提面命。

我的氣質裡藏著媽媽教過我讀過的聖賢書、經典名著、唐宋詩詞……

媽媽說女孩子要有涵養，要注重內在的品質，而古聖賢留下來的中華傳統文化，就是我們必修的功課。每到放假的時候，還會送我們去讀經班，專門學習古詩詞，有空就會帶我們去孔子廟，參加藍田書院的活動。

最讓我印象深刻的一部古代經典名著就是《了凡四訓》，作者親身經歷的故事給了我很大的啟發。每個人都會犯錯，都會有行為不規範的時候，但只要我們去明辨善惡，修正自己的行為，積善謙德，就可以改變自己的命運，這是這本書教會我的道理。

媽媽也總提醒我說：只要照著《了凡四訓》去做，就能考上好的學校，我當時年紀小，也不是很理解媽媽的意思，但我在國中的時候就寫下自己想要讀的大學和研究所，而且後來也都實現了，我想這些都是無形中積累的力量。

長大之後，我常在想，也許這也就是媽媽經常說的因果迴圈，種什麼因，就會結什麼果！她相信因果法則。

諸善要行，積善之家必有餘慶。這些也是她經常耳提在命的話，而她自己，也是一輩子都身體力行積德行善。

因為工作的關係，媽媽其實沒有很多時間可以用來做慈善義工，但是經常會有人來家裡募捐，不管是員工還是周圍的鄰居，只是要遇到困難，媽媽都會默默給予他們幫助，我們家也常常會收到一些慈善團隊和陌生人的來信，都是給媽媽的感謝信。

她初一十五都要吃素，也從來不殺生。可這樣一個充滿善根的人，竟然被無情的地震帶走了，我很不理解命運為何會如此這般，甚至曾一度懷疑媽媽奉行的因果法則。

但是當我看到很多媽媽曾經幫助過的人，他們主動來關心我們，問候我們的時候，我瞬間明白了媽媽的堅持，雖然他們當中的很多人我們都不認識，但是這並不妨礙他們為媽媽上香，這也是媽媽為自己，為我們這個家所積下的德。

地震是天災是意外，這是人類無法左右的事情，但媽媽凡事皆正面的能量卻只增不減，一直到現在還在指引我。

我的性格裡藏著媽媽的鼓勵和讚美！

媽媽慈善刻在骨子裡，從小到大她從來沒有打罵過我們，在我眼裡她一直很溫柔慈祥。不管我做什麼她都持認可的態度，也都會給我鼓勵，也不吝嗇她的誇獎，在學習上是這樣，在音樂上也是這樣，所以今天我才可以這樣自信地做自己。因為小時候我在外面長大，回到家裡的時候很內向，也比較自卑，是媽媽用愛讓我找回了自己。從小到大，我所做的每一個勇敢的決定，都是因為有媽媽的力量在指引我。

媽媽很喜歡參加讀書會，也經常帶我們去參加這一類活動，還要求我們寫讚美日記，凡事都讓我們寫下讚美，以前小不懂媽媽的良苦用心，現在我也成了一名老師，才明白原來這是媽媽的智慧，教育我們於無形。

我的教學裡藏著媽媽的智慧！

從小，媽媽就讓我們對宇宙因果迴圈產生敬畏之心。我想這也是她冥冥之中給我點亮的燈，媽媽的毅力和她在教育上以身作則的智慧更是無形中影響著我的教學。

每個人都是這個世界上獨一無二的存在，讓每一位學生充滿自信，認可自己，活出自己，我想這是我們作為老師畢生的功課。

當自己足夠好，別人就會主動來找你；相反，自己如果不夠好，別人自然不會靠近。所以，擁有能給別人創造價值的能力，也是媽媽教會我的事。

08 生活就是這樣，
見多了就知道怎麼選了

　　人生，其實就是一個不斷需要做選擇的過程！

　　可是，大部份時間，選擇對我們來說卻不是一件輕鬆的事。正所謂一步錯，步步錯，一朝不慎滿盤皆輸，尤其當我們站在人生的岔路口時，何去何從，就是我們內心最難的一道選擇題，而這也是命運給我們發出的考卷。

　　很多題目看似會做，可是卻總算不出正確答案，因為命運這位老人家很淘氣，它早已在題目裡設下了陷阱，靜靜地看我們如何發揮自己的所學，所聞，所見！

　　然而，世界這麼大，總會有各種誘惑擺在我們面前，很多事情，隨著我們越長大，也會越偏離它最原本的樣子，我們也會變得越來越不理智，容易做出偏離軌道的選擇。

　　但是，不管世界有多大，我們一樣要生活。多走一些路，多認識一些人，多去看看外面的世界，生命的這張考卷就知道怎麼做了！

　　生活就像登山，我們每天都在努力讓自己爬的更高，爬得高不是為了被世界看到，而是為了看到整個世界。

　　人，看得多了，也就知道怎麼選了，走得遠了，也就知道自己要的是什麼了，生命的意義，大概就是選準自己要走的路，選中自己想做的事，選對白首不相離的那個人。

道理都很簡單，可是卻依然處理不好這一生，因為往往我們在做選擇的時候都會受到身邊人的影響，跟風、攀比、迎合……這些都是阻礙我們遵從內心的障礙。但我始終相信，面朝夢想，心無旁鶩，才會春暖花開！

　　對我而言，選擇走進音樂的世界，這是內心深處的呼喚，也是我最初的記憶。

　　回憶了這麼多往事，大家也都知道我出生在臺灣的南投縣，那裡是臺灣唯一不靠海的城鎮，但是有著名的淡水湖日月潭相伴。湖的中央有座美麗的小島，把湖水分成兩半，北邊像圓圓的太陽，叫日潭，南邊像彎彎的月亮，叫月潭，所以取名日月潭。

　　而南投縣內又名"高山縣"，東部多為山地和丘陵，西部為低丘陵和平原，山林簇擁，我是名副其實的山城孩子。小時候，印象最深的就是爸爸假日帶我們去爬山，帶我們領略大自然的無限風光。

　　山巒和雲海的交織，草原和茶場的映襯，交匯出秀美的山水風景，加上豐富的文物史跡和樸實寬厚的人情風味，讓南投這個地方更加迷人。

　　潺潺的流水聲，清脆的小鳥聲，沙沙的樹葉聲，就連輕柔的微風聲，聽起來都很有治癒的力量……這些來自大自然的聲音，一聲接著一聲，就像不同的音符串成了一首音樂的交響曲，獨特的聲音直奔我的每一個細胞……這些小時候記憶深處的聲音，宛如天籟之音深深刻進了我的身體裡。

　　上了幼稚園之後，我們全家搬到了透天的鬧市區，房子很大，大到有四層，我們三姊妹也都有自己單獨的小天地，頂樓還有姐姐們獨立的舞蹈教室。一樓是媽媽和外婆他們一起經營的花店，當時家裡的騎樓也租給了別人做生意。

所以，簡單來說，每天一出門映入眼簾的就是菜市場。

熱鬧的街市，車水馬龍，白天是此起彼伏的叫喊聲，晚上是川流不息的車輛湧過的聲音，車鳴人鬧，空氣中傳來的都是陣陣喧鬧的聲音。

時間久了，那些刻在我身體裡來自大自然的聲音就慢慢被喚醒了。回想起那些聲音，瞬間就能讓自己在嘈雜的環境中安靜下來，越是這樣，我越是習慣待在房間裡跟鋼琴在一起。我沉溺在它優美的旋律裡，沉浸在每個琴鍵發出的聲音中。

這個時候，音樂的世界專屬於我，我不自由自主地感嘆，原來音樂是有生命的！它會用音符溫暖我，用旋律包裹我，它不只迴響在我耳邊，也溶進了我的血液裡，震撼人心。

那一刻我知道，音樂已經成了我生命的一部份，從此密不可分，再也逃不開。

小時候，住在鄉間的經驗，大自然給我展現了每個生物的專屬聲音，這些有生命的聲音，何嘗不是一種生命的樂章，可就是這樣簡單自然純粹的音樂，總能把我的心帶回到最初記憶的原鄉！

如果，沒有住過鬧市的喧囂，我想，我也不能體會原來以前住在鄉間有風有芬多精的日子這麼彌足珍貴；

如果，沒有見過鬧市的喧囂，我想，我也不會發現原來以前那些來自大自然的優美的樂章如此沁人心脾；

如果，沒有經驗過鬧市，我想，我也不會甘願沉醉在樸實的音樂世界！

沒到過山頂，又怎麼會知道山頂的美；沒有見過偉大，又要如何成為偉大；沒有經歷過，又怎會知道回歸初心的重要。

從小我的口袋裡就裝下了大自然，所以繁華的世界對我來說也只不過是過眼雲煙；相反，如果從小我的口袋裡只裝下了繁華的世界，我永遠不會明白縱橫山水間的快樂。

由於祖上的關係，我從小就見識了什麼是"豪門"，也明白所謂的錢財，這些外在的財富都是暫時的，而內心的富足才是永恆的，也是真正屬於自己的"豪門"。

三十而立之後，我完成了年少的夢想，有了一間面向大海的房子，準確來說，這裡也是我的鋼琴教學工作室，我希望每一位來到工作室的學生都能擁有相對安靜的學習環境。能聽到內心最純粹美好的聲音。

看著他們的手指在琴鍵上跳動的樣子，我會更加堅定當初選擇成為一名鋼琴老師，能夠見證他們的成長，和他們一起實現夢想，這樣的喜悅無以言表。

教育最大的力量是喚醒！

作為一名老師，除了授業，更要解惑，而最大的力量是喚醒，教琴就是在修心，這也是我在教學上的準則，讓天賦綻放，活出自己，在音樂中得到開心、成長與自信，這也是我對他們最大的期許！

每天清晨起來，拉開窗簾就能看到對面的臺灣海峽，打開窗，海風拂面，大自然的空氣呼吸起來也分外沁人心脾。

任世界不斷變遷，我只願面朝大海，春暖花開，泡上一杯花茶，坐在鋼琴旁，靜等學生們的到來……

09 找準人生的 "G 大調"，
必將有人為你喝彩

星星之所以閃耀，是因為不甘墜入黑暗，這是星星的天賦和使命！

而就人類而言，每個人從出生開始就伴有天賦隨行，然而發現自己的天賦特長所在，並將自己的天賦優勢發揮到極致，這對我們每個人來說都至關重要，因為這樣，才能充分喚醒我們每個人身上的才能。

"能發現自己天賦所在的人是幸運的。" 蘇格蘭作家卡萊爾說，"他將不再需要其他的護佑。因為他有了自己命定的使命，也就有了一生的歸宿。他已經找到目標，並將執著地為實現這一目標而努力。"

這是我很喜歡的一位蘇格蘭哲學家，每次讀到這段話，我就很感恩命運之神，它讓我在年幼時就發現了自己在音樂上的興趣，也讓我在鋼琴上找到了內心的歸宿，我很幸運！

法國小說家斯塔爾夫人在很小的時候，就對政治哲學有著非同尋常的興趣和熱情，而那時候，和她同齡的女孩子還在給布娃娃穿衣打扮；莫札特 4 歲的時候就能彈奏鋼琴，還創作了小步舞曲，而他的很多作品至今還在全世界廣為流傳；拿破崙在童年打雪仗時就已經是軍隊領袖了。

所有這些我們耳熟能詳的人物，都是在他們年紀很小的時候就展現出了他們的天賦特長，而且在後來的生活中，他們也透過「刻意練習」積極努力地朝著自己天賦的方向發展。

我們都是幸運的，因為這種在很小的時候，就能在某個領域展現明顯優勢的現象並不常見，只會發生在極少數人的身上，大部份人的天賦和特長還是需要後天去挖掘。當然，這個過程每個人也是不一樣的，也需要我們付出耐心。

雖然從幼稚園開始，我在音樂上的天賦就開始慢慢展露，但我也用了一生的時間在與天賦同行。

只要努力發光，總會有人為你的光芒喝彩！天賦有時候就藏在我們的日常表現裡！

當我們將天賦盡情發揮時，人生就像 G 大調帶來的興奮感，光彩奪目，充滿動力。

記憶裡小時候最熱鬧的畫面就是過年。林家雖然是個大家族，但平日裡大家都有自己的生活和工作，聚在一起的時間也不多，每到過年，爺爺奶奶就會把大家召集起來，這也是一年中大家難得相聚在一起的時光。

我們這些孫輩們，每個人都會穿上漂漂亮亮的新衣服，爭先恐後地給爺爺奶奶拜年，說吉祥話，討壓歲錢。

爺爺是個很有福氣的人，出生在好人家，畢業於日本早稻田名校，做生意也順遂，在我印象中他像個慈眉善目的"彌勒佛"，大腹便便，雙耳垂肩，總是笑容滿面，給人很溫暖依靠的感覺。

我是家裡第三個女兒，在弟弟還沒出生之前，我就是家裡最小的小孩，得到的寵愛自然也是比較多。爺爺也很疼我，每次在我給他拜年的時候，他總是會把我抱起來，舉高高逗我玩，還總逗趣地說我白白胖胖長得像日本的相撲選手，叫我"小泰山"，因為我小時候圓滾滾的樣子，從他跟我的對話中，我就能感覺到他的慈祥，被他抱在手裡也是那種穩如泰山的感覺。

爺爺很有一套，面對這麼多的孫子孫女，他總是有辦法能讓我們每個人在這樣的氛圍下展示自己的天賦才能，他會設置獎勵，每個人上前表演完才藝就可以獲得相應的獎勵。

每次到了這個環節，大家就開始各顯神通，姊姊們從小就喜歡舞蹈，很早就開始接受專業的培訓，舞蹈也成了她們制勝的優勢。而我在沒接觸鋼琴之前，只要有音樂我就能發聲，唱歌給大家聽，後來學了鋼琴，如虎添翼。

就這樣，音樂從我小時候開始就成了我的代名詞，舞蹈成了姊姊們的代名詞，我們都找到了自己的位置。

而當我們找錯天賦的位置時，就會像一個迷路的小孩，沒有方向！

起初，媽媽看到兩個姊姊在舞蹈學習上卓有成績，家裡也特地設計了一間練舞房。等到差不多的年紀，也給我報了舞蹈班跟姊姊們一起去上舞蹈課，還給我買了漂亮的專業舞衣。可是，去到舞蹈教室的第一天我就心不在焉，老師課上講的舞蹈知識我一點也沒記住，回家時還把媽媽給我買的舞衣舞鞋弄丟了。

那時的我整天悶悶不樂，整個人就像一艘沒了帆的船，漂泊在孤獨的海面上，任憑風吹雨打，沒有方向……媽媽發現了我的異常，詢問我原因，我大膽的告訴她，我不喜歡跳舞。

從那之後，我就再也沒有去過舞蹈班，而是在幼稚園的時候，媽媽給我報了音樂團體班。

人生的主角是自己，不是別人！

可是我們往往卻總在錯誤的方向裡找自己！

比如面對專業選擇時，僅僅是因為父母希望自己這樣選；例如工作後，選擇一個行業僅僅是因為這個行業薪水高；例如參加興趣班，僅僅是因為這是父母的要求……

可是，最終的結果往往不盡如人意，大部份人根本不喜歡這些選擇，也不能適應。這些選擇就像一塊滾到鐵軌上的圓石頭，不但沒法給自己帶來幫助，還反而成了自己人生道路上的阻礙，人生的主角也就成了別人。

而當你的天賦與個性、生活、職業相互協調時，恭喜你，你終於找到對的方向，這時的你會愛工作愛到廢寢忘食，也毫無怨言。或許有段時間你會迫於無奈，做一些趣味不相投的事，但只要你意識到這一點，就要儘早使自己從這種狀態下解脫出來。

命運早在一開始，就對我們每個人出了難題，也許它會隨心所欲地左右我們的生活，讓我們在生活中摸爬滾打，但只要我們內心清楚自己的優勢所在，我們就能找到真正屬於自己的位置。

然而，作為一名老師，我想，學會如何面對生活也是我應該要教給學生的，在他們每個人成為優秀的人之前，他們一定要懂得如何充分發揮自己的天賦。

找準他們人生中的"G 大調"，必將會有人為他們喝彩；找到他們的天賦，必將有用武之地；找對他們的人生方向，必將無往不利！

10 在獨處中釋放心靈

獨處是把心靈停留在一個靜逸的世界裡，在那個世界裡只有自己，我享受這種感覺，就像鋼琴帶給我的靜謐一樣，能夠讓略顯浮躁的心靈得以釋放！

長大以後，在喧鬧嘈雜、五光十色的主流世界裡，我們也經常在找尋這種讓內心平靜溫暖的獨處世界。獨處的時候，不再周旋別人的情緒、不用左右顧及別人的言語、不必刻意判斷別人的心思，只是在時針的靜靜跳動中，輕嗅花香，與自己的內心通行，靜靜地走好屬於自己的路，在這樣的世界裡我們可以盡情想自己所想，做自己想做的事，會發現更美的風景。

有人說，一個人看待生命的態度，是由環境所創造出來的，我相信！

雖然從上幼稚園開始，我就喜歡自己默默地觀察老師彈鋼琴的指法，睡覺的時候還喜歡雙手在空中靜靜地模仿老師，住在鬧市區的房子裡，我也只喜歡安靜地玩弄自己的芭比娃娃……但其實早在保姆家生活的時候，我想，我就已經悄悄喜歡上了獨處。

剛被送到保姆家的時候，不諳世事的我，內心非常的忐忑不安，不知所措，因為那裡畢竟不是自己的家，而且還要跟家人分開。雖然爸爸媽媽跟我解釋了很多當時家裡的現實情況，可是對於那個懵懂年紀的我來說，我的世界裡更多的是對大家的不理解。不過，即便我心裡有一萬個不願意，我也並沒有無理取鬧，我只是不能坦然接受。

但是現在想來，這一切，也許只是命運對我的考驗，都是最好的安排！

　　保姆是遠房親戚，年紀跟外婆差不多大，她的小孩跟媽媽是同輩，也沒有同歲的小孩跟我一起玩，有些孤獨，但那段時光卻讓我愛上了獨處的感覺，找到內心深處的寧靜。

　　保姆家是由三面房子圍起來的一個大庭院，院子外面也是一派大自然的景象，路邊上長滿很多天然的花草，綠草如茵，鮮花盛開，彩蝶飛舞；高樹、矮樹俯仰生姿，村舍之間青煙相映成趣；放眼望去遠處是一望無際的稻田，每到收穫的季節，就像一片金色的海洋……每天呼吸著大自然的新鮮空氣。

　　記憶裡，當時的天空很藍，我每天都喜歡透過窗戶凝望天空，不管是陽光明媚的春天，熱情如火的夏天，沉甸甸的秋天，還是有些冰冷的冬天，我都喜歡仰望天空的感覺。雖然，也有風雲變幻，但天空不同時刻都有著不一樣的韻味，我總能在那裡找到心中所想的樣子，或許這就是自由，這就是心靈的釋放。

　　時間久了，這種感覺越來越奇妙，我也開始蠻享受一個人獨處的感覺，享受跟大自然在一起，不被打擾。

　　那一刻，我跟自己在一起，那一刻是我自己的空間，焦點也全部放在自己身上，不用去回應其他人，不用關心外界的事物，可以很專心跟自己對話，一切都是輕鬆自在的感覺。

　　最後，這反而成了我的一種能力，獨處的能力！

　　獨處確實是一種難能可貴的能力！尤其當我開始接觸鋼琴之後，我越發感恩，當時經受住了命運給我的考驗，在安於寂寞中，尋找到內心的驅動力。

有人說鋼琴是一種孤獨的樂器，彈鋼琴的人是孤獨的，這句話從某種意義上來說，有它的道理。我想，這也是任何想要在某種領域有所建樹的人，都要經歷的過程。

每個練琴的孩子應該都有過在鋼琴前一坐就是半天或是一整天的經歷；有過只能趴在陽臺上看著同伴玩耍的經歷；有過無數次迴圈彈奏同一首曲子的經歷……

這個時候就很考驗一個人的獨處能力，也是對一個人定力的考驗！

學會獨處，學會讓自己發光！

學會獨處，就是學會去審視我們自己的內心，我們到底想要什麼，我們到底喜歡的是什麼？

對於從幼稚園小班開始就學習鋼琴的我來說，跟大家一樣，這些必須要付出的時間和精力，我都付出過，但我並沒有覺得這些對我來說是很痛苦的事，我反而很享受其中。

《夏目友人帳》有一句臺詞："我必須承認，生命中大部份時光是屬於孤獨的，努力成長是在孤獨裡可以進行的最好的遊戲。"

我很清楚地知道，自己想在鋼琴上有所造詣，所以我必須為之付出超常的努力；而獨處的時間，可以很好的幫助我做自我增值，充實自己的內心，過程也許是孤獨寂寞的，但最後當我可以帶著鋼琴走進夢想中的大學，走進夢想中的研究所時，我知道，這一切都值得！

獨處是一個人成長的開始，但並等於是一個人！

只是，大多數人並不懂得如何獨處，很多時候，都是把一個人和獨處劃上了等號。

獨處並不是一個人發呆，更不是一個人宅在家裡無所事事。獨處只是一種生活狀態，而且是一種充滿生命力的狀態，如含苞待放的花朵，如即將衝破土壤的嫩芽，如厚積薄發的力量……

獨處也確實不是那麼簡單！尤其鋼琴的孩子都是孤獨的，小小年齡，就要在一個"與世隔絕"的花園裡成長。

長大後呢？我們似乎還是一個孤勇者。

鋼琴家的伴侶是鋼琴，這一生，我們可能會觸碰過很多鋼琴，就像每個人短暫的一生會碰到很多人，某架鋼琴就像我們生命中遇到的某一個人一樣，可能陪伴我們很短，一個小時，一分鐘，一秒鐘；也可能陪伴我們很長，一年，一輩子。

但是與人不同的是，鋼琴的生命可以延續很久，而對於人來說，無論是普通人還是偉人，都只能擁有一次生命。

所以，生命只有一次，人生無法重來，讓生命變得更有意義，就是我們生活的意義所在。接受獨處的狀態，接受現在的自己，在有限的生命裡，努力讓自己變得更好，悄悄驚豔所有人！

我也很感謝主在我年幼的時候，就給了我這樣一個歷練的機會，讓我在孤單寂寞中學會了獨處，這樣的能力讓我在鋼琴的情感世界裡自由翱翔，綻放生命的光彩！

世界上最寬闊的是海洋

比海洋更寬闊的是天空

比天空更寬闊的是人心

——雨果

點亮天賦，是最美禮物

　　　　　　　　——《天賦交響曲》

第二部

跳動的音階
奏響人生樂章

11 即使在浩瀚的大海中，每一顆水滴都擁有著自己的旋律

所謂同頻共振，我想應該就是吸引！

而吸引力法則就是：你給出什麼，就會接收什麼。你的大腦起心動念是什麼，外部回饋給你的就是什麼。每個人都是一個心靈投射源，把我們看到、聽到、感受到的投影給世界。

無論我們的注意力或者能量集中在哪個方面，也無論這種注意力或者能量是消極的，還是積極的，它們都會被吸引著成為我們生活的一部份。

而當我們多散發快樂、正向、自信、富足的能量，就能吸引到與之相同頻的事物。這時，不管你接觸的人還是物，都能讓自己內心充滿愛、喜悅、富足，這時你心裡想什麼，事物就會朝著你心中所想的方向發展，而且跟你處於同一頻率的人，也會進入你的世界。

有人說，吸引力就是一種能量的同頻共振，是一種能量的相互作用，你的心靈能量是什麼，就會主動吸引到什麼。我相信！

當初剛被家人從保姆家接回鬧市區的時候，我內心其實早已經習慣了安靜獨處的生活，雖然那時候我還很小，不知道如何用言語來表達出內心的想法，但現在回想起來，當時年幼的我內心就是渴望這種靜逸的感覺。

所以，每個人經歷了什麼不重要，經歷之後的感受才重要！

當初在媽媽帶我選擇幼稚園的時候，我的這種感受就發揮了重要的作用。

當時媽媽帶我看過很多家幼稚園，但只有光華幼稚園是我唯一開口主動跟我媽媽說，我想來這裡上學的地方。

雖然它也在鬧市區，坐落在一個巷子裡，但是走進去竟然有種綠洲的柳暗花明又一村的感覺，裡面有鮮花簇擁的花園、有清澈的水池、還有很多帶有造型的遊樂場，整個環境給我的感覺特別舒適，就像在沙漠中突然出現的綠洲，很吸引我。

現在想來，當初自己的選擇無疑是幸運的，也是明智的。

在光華幼稚園的那幾年，我遇到很多很好的老師，園長也很親切，她雖然有些年長，但很有赤子之心，她一開口就是給人溫柔親切，有張小燕的感覺。

她們親切，對學生無微不至的關心，耐心的教導，也深深影響著我現在的教學。

那時候我還是個孤僻的小孩，內心自閉又自卑。但是她們卻都很懂我，不管是課後跟我的互動，還是課上對我的鼓勵，都讓我感覺很有溫度，每次她們叫我名字的時候，我都會覺得內心充滿喜悅和感動，這種有被別人看到，有被別人重視的感覺，讓我重拾自信。

我喜歡自己待在角落裡，看很久的繪本，完全不會被打擾；午休的時候，同學們都睡了，我的手還在空中模仿老師彈鋼琴……這些在老師們看來都沒有覺得很奇怪，反而覺得我很特別，還會跟媽媽回饋說這是我很難能可貴的地方，也是因為有時候聽到她們跟媽媽的對話，我才發現，原來自己有這麼獨特。

後來有聽說，原來那個園長從小就移民澳洲，那裡都是比較像純天然環境的國家，而我小時候也是在大自然的環境下長大。我想，這也是某方面，我跟園長會同頻共振的地方。雖然她已經過世很久了，但只要一想起她，她的神態、她的笑臉，都會很清晰的地浮現在我腦海裡面，或許這就是心靈上的一種契合。

很多事情無法用科學來解釋，但就是很神奇！

我們家本身就是在鬧市區，一出門就是菜市場，可是就在這樣的鬧市區裡，竟然會有這樣一間讓我內心找到靜謐世界的幼稚園，很不可思議，但仔細想想，其實這就是吸引，感謝這些跟我同頻共振的老師們能夠出現在我的年幼的世界裡，也讓我在很小的時候就明白一個道理：心懷美好，就能迎向美好！

有時候，如果我們處在一個沒辦法改變的環境裡，那不如去創造一個我們可以改變的環境。

幼稚園的我，或許意識不到這麼深層的道理，但我的起心動念已經在行為中表現出來了。

當時，我沒有辦法去改變我周圍的環境，但是我可以在不能改變的環境裡去改變，去選擇我可以接受的，當我越是這樣想，迎接我的越是對我有益的人和事，都是可以跟我們同頻共振的人和事，當初在幼稚園我遇到的所有老師們，他們都是跟我同頻的人，帶給我喜悅，自信，滿足。

對比現在，我的幾位核心合作夥伴，他們都是比我年長的人，我們特別能同頻共振，他們內在也都有一顆赤子之心。所以，我也很珍惜和他們的緣份，跟他們在一起，感覺一切都很了不起！

書寫天賦交響曲，其實也是想告訴大家：每個人就像一塊磁鐵，你具有怎樣的磁性，就會吸引什麼樣磁場的人，他們都會被你的能量吸引而來，同樣，你也會被具有相同磁場的人吸引。

　　換句話說，想要成為什麼樣的人，完全在於自己。就像人們常說：外面沒有別人，只有我們自己，你是誰，誰就會吸引你，反之你就會吸引誰，遇到誰。

　　人的意識會不斷在各個頻率之間切換，如果我們不停切換，頻率就混亂，現實就會困擾我們。多保持積極、正面的想法，去除負面的情緒、語言和行為，當我們開始改變負面的心念，改變負面的能量頻率，深藏在我們心靈深處激發積極心靈頻率就會感應，一切都得以面向太陽，充滿陽光！

　　現代量子力學表明，世上的萬事萬物都是由能量組合而成的，而能量就是一種振動頻率，每樣東西都有它不同的振動頻率，所以才出現了那麼多不同事物的面貌，無論是像桌子、椅子等有形的物體，還是思想、情緒等無形的東西，都是由不同振動頻率的能量組成的。

　　振動頻率相同的事物，會互相吸引而且引起共鳴，人就是這樣的生物！

　　看不見的決定看得見的

　　人的思想也是一種能量，它會吸引那些符合自己思維模式的事物，並同時排斥不協調的事物，我們說的每一句話，每一個字都是在表明自己的想法。

　　可是，不管什麼時候，都請記得：花若盛開，蝴蝶自來；你若精彩，天自安排！

12 當天賦和興趣重奏，
就是一部人生交響曲

    又是一個如此寂靜的夜晚，佇立窗邊眺望大海，彷彿已經成為了我的一種習慣。

    溫柔的月光傾灑在海面上，大海在夜風的輕撫下微微地抖動著，這一點那一點地泛著亮光。

    我不知道大海中究竟有多少滴水，是不是每一滴都有機會發出光芒、被人們看到。而這，與人生又是何其相似啊！

    世界之大，每個人不過只是芸芸眾生之中微不足道的一員，再驚才絕豔的人，也僅僅輝煌數十年罷了，至於身後事又有誰能說得清呢？

    然而，正如德國哲學家萊布尼茲所說：世界上沒有兩片完全相同的樹葉。

    同樣的，地球上雖有八十億人，但每個人都有自己的獨特之處，都有自己存在的價值，也都有自己的天賦所在。區別只在於，有些人的天賦被發現，而有些人則沒有這麼幸運。

    而我，應該算是這其中的幸運兒。

    這首先還要感謝我的媽媽，是她當年不厭其煩地帶著我去選擇自己喜歡的幼稚園，才讓我有了這樣的機會。

    對於家裡的三個女兒，父母都是公平對待的。在我剛上幼稚園的時候，父母就帶著我們去接觸舞蹈、鋼琴、書法和繪畫等課程，並讓我們自己決定想學什麼。或許他們認為，女孩子學習一些才藝可以變得很優雅吧！

然而，並不是每個人都會做出相同的選擇，否則世界將會失去很多色彩。

最終，大姊和二姊選擇了舞蹈。而不知道是不是由於在媽媽懷著我的時候，爸爸就以古典音樂來為我做胎教的原因，我卻對鋼琴與音樂情有獨鐘。

最初，媽媽應該是希望我能像姊姊們一樣去學習舞蹈的，為了鼓勵我，還為我買了很貴的舞鞋和舞衣。但我卻依舊不為所動，甚至為了表達自己的意願，在上完第一次舞蹈課之後，我就直接將鞋子和衣服丟在了學校裡，空著雙手回到了家。

而至於我的鋼琴天賦是什麼時候被真正發現的，事實上記憶已經有些模糊了，後來聽到媽媽和她朋友的一次對話，我才知道了事情真相。

據媽媽回憶說，一天在幼稚園裡教音樂的藍老師找到她，並且告訴了她一些關於我在學校裡的與眾不同之處。

藍老師說自己發現，在幼稚園上音樂課時我總是非常認真，並且會非常專注地盯著老師彈琴的手型。然而更為有趣的是，在午睡的時候，我還會情不自禁地雙手舞動，似乎是模仿她彈琴的樣子。最後藍老師還告訴媽媽，一定要關注我的這個特點，好好培養。

我非常感謝藍老師，是她的明亮慧眼，開啟了我追求藝術的人生賽道。

媽媽對朋友說，當她知道了我對鋼琴有興趣之後，也認為或許這就是我的天份所在，不能被埋沒，於是便給我報了鋼琴的團體班。

每個人的心中都蘊藏著一顆天賦的種子，這顆種子一旦發了芽，或許就將迸發出意想不到的能量，從此一發不可收拾。

　　愛因斯坦說：興趣是最好的老師。這句話在很多偉大的人物身上得到了印證。

　　愛因斯坦小時候，就是因為對"指南針為什麼總是指著南北極"這個物理問題產生了濃厚的興趣，從而成為了歷史上最偉大的理論物理學家；達爾文從小對動植物懷有特殊的興趣，經常到野外收集各種標本，甚至把自己的小房間變成了生物館，最終成就了一代偉大的生物學家；羅曼•羅蘭自幼酷愛寫作，16 歲時曾發下"不創作，毋寧死"的誓言，遂在其後鑄就一代文豪；韓德爾 5 歲時對音樂產生興趣，即便遭到父親的反對，也要趁著夜晚家人睡著後跑去屋頂練琴，最終成就一代令皇室推崇備至的音樂大師。

　　興趣也是人類潛能的開採器，能夠幫助人們釋放埋藏在內心深處的巨大力量，創造很多的不可能。

　　子曰：知之者不如好之者，好之者不如樂之者。

　　是啊，當一個人能夠從所做的事情中找到無窮的樂趣，他距離成功或許就更近了一步。

　　曾經有一個身形瘦弱的奧地利少年，因為愛上了健美而開始瘋狂地訓練並樂在其中。數年之後，他練就了一身雕塑般的強健體魄，在參加的所有洲際及世界健美比賽中斬獲了冠軍。23 歲開始闖蕩好萊塢，在電影中塑造了無數堅強不屈的硬漢形象。他正是好萊塢巨星、前美國加州州長阿諾•史瓦辛格。

　　興趣和天賦是人類前進的原動力，而當二者聚焦於同一點時，人生就會變得不可思議了。

在我剛剛參加鋼琴班時，身邊有很多小朋友一起學習。可是，隨著學習內容的逐步深入，一起學習的人就變得越來越少，課程從最早的團體班到一對多，甚至最後只剩下了我一個人還在堅持，演變成了一對一授課的狀態。

　　其實，當時除了鋼琴之外，我還同時在學習繪畫和書法等課程。

　　對於繪畫，我是提不起興趣，但也去畫了幾張素描和水彩。至於書法，我談不上反感，似乎真的有一點天賦，雖說只是帶著平常心去練習，效果卻超出我想像，記得我國中第一次參加學校比賽竟然拿到第一名，還贏了當時教務主任讀美術班的女兒，甚至還代表學校去日本韓國比賽獲獎。但由於並沒有到特別喜歡，我也就沒有在書法這個方向上尋求更大的發展。而作文，倒是在我高中遇到很欣賞我的國文老師，其實我一直也覺得我表達能力不差，但也是覺得應該沒到可以寫到特別驚人吧，當時的這位常常在班級公眾表揚我的陳老師，竟然就是我後來讀臺大的學長，這也證明了宇宙真的是有一股能量在同頻共振，交響出我的生命樂章！

　　每個人都會選擇自己擅長的且有熱情感興趣的事情去深耕。

　　所以，我對待鋼琴的態度則會完全不同，好像自帶導航一樣，可以主動去練習，從來不用父母催促。由於練習認真，老師也經常會給我各種小禮物作為獎勵。或許是因為愛屋及烏的緣故，這些禮物雖小，但我卻非常珍愛它們。

　　讀國小時，我在鍵盤類樂器方面的天賦就已經展現得蠻明顯。五年級的時候，我獲得了 YAMAHA 的 5 級認證，這就意味著我已經達到了可以當電子琴老師的水準。

　　那時候的 YAMAHA 有雙層鍵盤加腳踏的電子琴真的很貴，是純日本進口型號，要十多萬一臺，比鋼琴還要貴。

原本，我是想在電子琴方面也要有一定成就的，所以雖然價格很高，雖然當時家裡也已經有了鋼琴，但爸爸還是支持我學習，甚至每周日不辭辛勞專程從南投驅車到臺北拜師一位日本山本老師門下進行學習。

不過，相較於鋼琴而言，電子琴的觸鍵比較輕，在彈奏力度上與彈鋼琴會有很大的差異。如果長期這樣下去，對我學習鋼琴會產生不良的影響。加之電子琴專業的學校較少，幾經思量，最終我決定放棄電子琴，專注在鋼琴方面的發展。

然而，這段電子琴的學習經歷也並非沒有好處。電子琴也有它的優點，比如它的多變性音色就豐富了我的音樂色彩與層次，有助於我在編曲能力上的提升。

找到自己的興趣是人生的一大樂事，發現自身天賦是生命賜予我們的禮物，當兩者匯聚在一起並成為一生的追求時，精彩的人生樂章就即將拉開帷幕。

13 世界上最遙遠的距離，或許
就存在於想到與做到之間

韓愈在《師說》中說到：「師者，傳道授業解惑也。」

在人生的各個階段，我們會接觸到很多可以為自己傳道、授業、解惑的人。不管在學校裡還是市井中，也無論有沒有正式的拜師儀式，他們都是值得我們記憶並尊重的。

如今，自己也早已為師者，便更能夠體會到"春蠶到死絲方盡，蠟炬成灰淚始乾"的那種浩然使命。

這一路走來，我遇到過很多老師，他們每一個人都是我心中耀眼的星。

從上幼稚園開始，我就正式開啟了自己的鋼琴生涯，而我的啟蒙老師就是鋼琴班的李老師。她長相甜美，是那種讓小孩子看一眼就會喜歡的類型。

李老師是一位非常有才華的女性，不僅鋼琴彈得好，聲樂也非常好。她是基督徒，每次演唱聖歌，都會讓我聽得如醉如癡。

此外，她還擁有著深厚的文學底蘊，這對我的影響非常深遠，因為我也是從小接觸傳統文學，這一點上我們再一次同頻。也正是得益於此，從那時候開始我的文學和鋼琴就齊頭並進，這也為我後來在音樂之路上的發展拓寬了管道。

由於我在鋼琴方面有優秀表現，特別是很有音樂性，李老師對我也抱有很高的期待，而且對我的要求極其嚴格。我當然也有自己的小叛逆，而每次當我產生厭倦、懈怠而不想練琴時，她都會為此感到傷心失望，有時我們也會因此而賭氣。

即便如此，我依舊視她為自己的偶像，因為她可以把音樂之美帶給身邊的人，是播撒美好的天使。

時間的車輪永遠不會停歇，我們終將會被它帶著慢慢成長。

轉眼間，我也來到了國中時代。由於學業壓力非常大，這三年中學校音樂課都拿去配學科補強。為了讓我的鋼琴訓練不間斷，父母只能接送我到老師家學習。對音樂的追求，也成為了我在國中時期唯一的救贖，也讓我更加堅信，未來自己將要選擇音樂這條路。

到了高中時期，我所就讀的是一所教會女校，也是一所音樂學校，因此，音樂也就成為了我們在這一時期的主旋律。與國中時期不同的是，我們在這裡都是住校的，也沒有那麼巨大的課業壓力，取而代之的是，修女們經常一起做彌撒所形成的凝聚力，以及同學們一起鑽研、切磋音樂技藝。

在這個時期，對我鋼琴藝術生涯影響最大的，非謝老師莫屬了。她是一位氣質美女，說話總是輕聲細語，始終保持著溫文爾雅的狀態。

身為教會學校的老師，謝老師也是一名基督徒，在她的身上，我彷彿能夠感受到神一般的慈愛。即便是在放假期間，她依舊會來電話詢問我練琴的情況。

和李老師一樣，她也非常看重我的天賦，對我總是高標準嚴要求。我非常愛戴她，為了達到她對我的期望值，每次上課前我必須做好充足的準備，就是不想愧對她為我所做的付出。

不同層次的人比天賦，而同樣擁有天賦的人，比的就是誰的基礎更扎實。

　　謝老師的琴技也同樣非常高超，在跟隨她和李老師學習的過程中，我深刻地意識到扎實的基本功對於一名藝術從業者的重要性。音樂性或許可以通過很多方法去激發和提升，但如果技術不過關，很多高階的藝術作品就將根本無法完成。

　　也正因如此，我開始更加刻苦地訓練自己的基本功，讓它不會成為自己藝術之路上的絆腳石。

　　然而，天下沒有不散的筵席，只是我沒有想到這離別會來得如此之快。讓我感到無比遺憾的是，謝老師在帶了我不久之後，就因為要出國深造，不得不與我分別了。即便如此，她的溫婉內斂、她的言傳身教，都讓我受益終身。

　　轉瞬之間依然過去了許多個春秋，即使現如今我和兩位老師已經很多少聯繫，但她們的形象依然清晰地留在了我的記憶之中。

　　這樣，我的第三位老師洪老師，就順理成章地走進了我的生命之中。巧合的是，她同樣是一名基督徒。

　　有時我會有一種夢幻般的感覺，彷彿學習了音樂之後我就距離上帝更近了，而這幾位老師就是上帝派到我身邊的天使，幫助我、引導我、保護我。她們的生活中都充滿著儀式感，懂得生活、極富品味，這一切的一切無時無刻不在影響著我。她們讓我真切地體會到，我們所做的事不是單純的彈一首曲子給別人聽，而是要成為一位音樂的天使，將音樂的美好傳遞給身邊的每一個人。

　　除了這幾位鋼琴老師之外，在這期間我還有一位聲樂李老師。她對我也非常好，在媽媽離開之後，還邀請我到她的家裡給予了我極大的溫暖和安慰。

真正的情誼，或許並不會被時間所沖淡、被距離所拉遠。

不知道是不是因為我特別有"老師緣"，遇到的每一位老師都是那麼溫暖、和藹、友善，即使過了這麼多年，如果能夠再次與她們相見，我依舊可以回到小時候的狀態，可以一一來親近她們，可以擁抱、可以撒嬌，雖然如今的我已經不再是小孩子了。

高中畢業之後，我很開心能進入了臺灣地區藝術類第一名校臺北藝術大學，考進去當時的名字還叫做國立藝術學院。

進入大學之後，我首先遇到了大一的導師朱老師，他成立了一個在臺灣非常著名的個人打擊樂團。在交響樂的組織中，打擊樂向來居於相對弱勢的存在，但朱老師卻創造了一個奇蹟，將打擊樂在臺灣和全世界發揚光大、家喻戶曉。

朱老師在音樂專業上表現無庸置疑，但他對我影響最大的，是在開學之初他向我們所有新生提出的一個問題：未來你們到底想要朝著哪個方向發展？他並拿出作家吳靜吉的《青年的四個大夢》：人生價值、良師益友、終身志業和愛的尋求來鼓勵我們。青年時期（17 歲到 33 歲）的這個階段，影響了我個人生涯至深至遠！

曾經的我們，或許都是以成為這所學校的學生為目標，而在完成這個目標之後究竟要怎麼做，卻很少有人思考過。朱老師的這個問題，彷彿給了我們一記當頭棒喝，讓我們意識到需要認真思考自己真正的藝術人生。

也正是因為這個原因，我開始給自己重新定位，將在文學上的興趣和音樂結合，無悔地選了音樂學，也由此認識了劉老師，從而為自己的音樂世界打開了一扇全新的大門。

而在大學期間，這些優秀的老師當中對我影響最大的，應該要屬林老師了。她也是我的鋼琴課老師，在專業技藝方面給予了我很大的幫助；同時，她也是我的精神導師，在媽媽突然離開導致我萬念俱灰憂鬱低落，是她一直陪伴我、開導我，讓我最終從噩夢中走了出來。她帶我聽了三場現場的海頓神劇《創世紀》，最後還帶我認識上帝。

或許，我所愛戴甚至崇拜的她們並不完美，也不似我想像的那般光鮮，但無論怎樣都無法改變他們在我心中的地位。

感恩所有關心和幫助過我的人，我也會如他們一樣，盡自己所能去溫暖那些在寒夜裏尋找光明的人。

14 不經意的觸碰，
打開了新世界的大門

今夜輾轉無眠，獨自起身來到琴房，手指輕輕拂過琴鍵。抬起頭，隔著落地窗望向蔚藍而又深邃的大海，海面泛起的粼粼波光瞬間映入了我的眼底，耳中迴盪著海水拍打岸邊的聲音，彷彿希望哄著整個大地快些入睡。隨著心中流淌的音符，我伸出雙手，不由自主地奏響了那段熟悉的旋律……

天上的星星不說話，可是媽媽，我卻有好多好多的話想要對您說。您已經很久沒有來到我的夢裡了，是為了讓我在醒著的時候思念您嗎？

媽媽，雖然事情已經過去了很多年，但我始終覺得您依舊守護在我的身邊從不曾離開。

時間越久，這種感覺就越發清晰，漸漸凝結成形浮現在眼前。

媽媽，您是否還記得？在我 14 歲那年的一個夜晚，我們一起躺著，天馬行空地想著、聊著。我們雖是母女，但更像朋友一樣，經常會有說不完的話。

記得當時說到，如果有一天您生病了，我該怎麼生活；假如您不在了，我的世界將會垮塌……說著說著，我們不禁抱頭痛哭，彷彿那就是即將要發生的事情，那對於當時的我們而言都是無法接受的。如今回想起來，既感到溫馨又覺得好笑。而這樣的情景，以後將再也不會出現。

此時，望著窗外的大海，雖然風平浪靜卻也無比深邃；面對它，我突然有了一種弱小和無力感，彷彿一不小心自己就會滴落進去，與浩瀚的大海融為一體，成為一顆看不到身影的水滴。

作為宇宙中渺小的個體，我們不知道下一刻將會發生什麼，也會有很多事情無法改變，但卻必須要去面對。

不知道是不是冥冥中自有天意，或許正是在那一晚您的勸慰和開導，讓我的世界在現實中噩耗傳來的那一刻，才沒有徹底坍塌破碎，而是爆發出生命的最突強音。

媽媽，您是否還記得？在我很小的時候，家裡經常收到來自福利社團的感謝信。當時因為爸爸在外地工作，您一個人照顧我們姊妹三人，雖然忙碌辛苦，卻依舊堅持每個月都會去為那些孤兒捐款，多年來從未間斷。

您信菩薩，會憐憫眾生，哪怕是面對一隻小昆蟲，您對我們說它們沒有危害，要我們放其離開。

我不知道真正的菩薩是什麼樣子，但我知道菩薩一定是能夠真心幫助別人的，在我的心裡，您就是菩薩一樣的存在。

可是，您曾經幫助了那麼多人，為什麼在那個危險的時刻，佛祖沒有出現幫您渡過難關呢？難道祂也需要您的照顧嗎？而祂卻沒有考慮我的感受！

媽媽，您是否還記得？您經常對我說感激因為有我的存在，家裡才迎來弟弟的降生，讓我一定要對弟弟好。

可是說心裡話，在您和爸爸想要給我生個弟弟的時候，我並不是很理解，更是沒有像姊姊們一樣期待弟弟的到來。

但是我知道，正因為我是女生，給您和爸爸帶來了小小的失望，而這也正是我如此努力想讓自己變得更優秀的重要原因。

不過也請您放心，我沒有辜負您的囑託，現在我過得很好，和弟弟的感情也非常好，他是我在這個世界上最親近的人，希望全世界都會如我們一樣對他偏愛。

媽媽，您是否知道？在您離開之後，我曾經崩潰過，甚至很久都沒有回去過曾經的那幢房子。

那些我曾經最鍾愛的芭比娃娃、那些好看的各式各樣可愛的信封和信紙、那些朋友之間留言的紙條，無不埋藏著對於您的記憶，成為我不敢去觸碰的軟肋。但當我想到您的愛依舊支持著我，我就鼓起勇氣再次站立起來，重獲擁抱幸福的能力。

媽媽，您是否知道？您對我的影響是如此的深遠，也終會伴隨我的一生。

您是一個非常理性的人，對我的教導雖然要求，但是只要我提出的合理請求，您都會給與尊重。

還記得您帶著我去選擇幼稚園的事情嗎？當時我們跑了好幾家幼稚園，可是我都不喜歡。

所謂成功，只不過是比失敗多了一次嘗試而已。

讓我感動的是，您就這樣不厭其煩地陪著我去了一家又一家，給了我充分的自由，讓我自己做決定，直到我滿意為止。

最後，我因為喜歡其中的一間教室，而選擇了那家幼稚園，而您也滿足了我的要求。我是一個不願意妥協的人，不知道是不是因為這種堅持讓神給了我意想不到的帶領，正是自己的這個選擇，才讓我遇見自己的啟蒙老師，從而走上了音樂藝術這條路。

我深深地知道，在那個年代，能做到這一點的父母真的不多，因此我也被很多同學們羨慕了好多年。

幸福的人與其他人的主要區別，就在於可以擁有更多的選擇權。其實細想之下，無論是王侯將相還是販夫走卒，窮極一生所要追求的究竟是什麼？無非就是選擇的權利罷了。

從這個角度而言，或許當時年紀尚幼的我就已經品嘗了幸福的味道。

媽媽，感謝您給予我所有的愛，我很慶幸自己能夠擁有您這樣一位偉大的母親，鼓勵著我找到了屬於自己的方向，沒有您支持和信任就不會有我的今天。

沙漠由一粒粒細小的沙子匯聚而成，草原因一株株小草美麗如畫，每一粒沙每一株草都有著它們不可替代的價值。

在無邊無際的宇宙中，再小的塵埃都會有它熠熠生輝的角度；在浩瀚的大海裡，每一顆水滴都擁有著自己的旋律。

而人生又何嘗不是呢？我是芸芸眾生中的一員，是如此的渺小而又微不足道，但在自己擅長的世界裡，同樣擁有無限的能量，能夠發光，生命旋律也可以動聽。

15 和絃中，
你才是自己的主旋律

　　當黑白鍵彈奏出彩虹的色彩，溫情脈脈的當下，明眸善睞，遠星野望，冰封的湖水融化，曾靜穆如鏡的湖面，被這彩虹的琴聲打碎，萬道波光隨了暖風蕩漾。碧波輕瀾，遊人如織，扁舟輕，用最簡單的音符，卻創造了一個最純粹又最炫麗的世界！

　　當你愛上鋼琴，其他任何一種樂器都有一些寡淡，然而吉他對我而言，是一個例外，當你的手指在琴鍵上游走時候，隨手一按就是一個動人的和絃。節奏負責音樂的動能，旋律負責音樂的雋永，而和絃負責營造一個美好的氛圍，把節奏與旋律天衣無縫地融為一體。我感覺和絃是一個始終站在路邊鼓掌的人。

　　我並不眷戀舞臺，我也不迷戀表現自己，有時，我更喜歡站在路邊鼓掌當啦啦隊、支持者，為我的學生鼓掌，也為世界上任何一個認真生活的人鼓掌。

　　英雄經過的時候，我們只需站在路邊鼓掌；而美好的事物，經過我們的人生，我們應該學習，如何自己也去創造同樣的美好！因為，世界也許只需要一個英雄，但對於美的需求卻是多多益善的！一個和平的世界，甚至不需要英雄，因為一將功成萬骨枯。而長夜聽長風，長風的歌唱，讓這永夜變得無盡雋永！

　　原本我只想著，孤獨是人海如盲，是人生某種宿命的際遇，一柄烏傘走夜雨，縱輕旅亦恐孤寒。如今忽覺，該是荒原落雪，暖盞無朋，聽了一宿的殘闋，雖千山吾獨往矣。有時，真的會感到一些孤獨，雖然世界上有那麼多人愛我，但當孤獨感襲來的時候，最親近的人也幫不上什麼忙，能撫慰自己的也只有音樂。

音樂像是一種稀釋劑，它能輕易將濃得化不開的愁緒或別的執拗的情感一一稀釋化解，使人豁然開朗，我常常說，當你愛上音樂的時候，就等於發現了一個夢中的桃花源，美是簡單且易得的。

有時，我也想一個人會孤獨，很大原因是因為自己常常被拿來和別人比較，比較來比較去，最後我心裡就會生出一個疑問：難道我就不能只做我自己嗎？

其實，拿我跟任何人比較，我都不會生氣！但最讓人無語的是，有些人居然常常拿女生跟男生做比較？要知道男人跟女人，分明就是兩個不同的"物種"，好嗎？我負責得了風華絕代，你能負責得了指點江山嗎？

所以一旦，有人拿我跟男生做比較，你懂嗎？就是不能輸，你會覺得自己要夠好，可是後來長大才知道，其實每個人都有輸贏的概率，重要的是做事情的過程。當我們接觸一個陌生的領域，被拿來跟行業大師、大咖、達人做比較時，其實這並不利於我們成長。聞道有先後，自己跟自己比是最重要的！我在小時候的時候，一定是有這樣一個自卑的情節，其實，就是受到"別人家的孩子"的傷害，而我心裡的想法是："也許，在別的小朋友的父母眼裡，我也是別人家的孩子，而我的表現良好，也無形中傷害到別人家的孩子。"

外形上的自卑，常常是無解的。如果沒有比較，我們每個人都是天使，一有比較，不管美的還是不美的，我們都稍稍會有一點難堪，所以，在這樣拼命比來比去的世界，我們每個人都壓力山大。因為我姊姊她們都是學舞蹈的，與學舞蹈的她們比較，我就顯得太內向了。講實在話，她們的身材確實曼妙，比較活潑，那是我沒有辦法的。但在媽媽的眼裡，每一個孩子都是最美的；當然，在我的眼裡，我的每一個學生也都是最美的。我常常說：如果身為一個老師，不能發現學生的優點，那是失職的。

我常常覺得，陌生人喜歡拿沒有見過面的人，例如只知道"致名"這兩個字，就評頭論足，拿我跟別人做比較，是非常輕率和不負責的。

玫瑰，永遠不能跟大樹比偉岸，石頭也永遠不能跟流水比柔韌性！

人是生活在"天"和"地"之間的，因此，會比較喜歡做比較。但是，我們常常忘了，我們來到世上，不是為了評頭論足的，我們是有自己的使命的。在"天"和"地"之間，我覺得"人"是來調和天地的，我們需要一個和平、祥和、美好的世界，這需要我們共同努力。就像音樂的世界需要有和諧的共振，需要和絃的交織，沒有和絃，旋律會顯得單薄。

流行音樂教父羅大佑說，他寫《追夢人》這首歌，就是在飛機上，有了靈感，隨意哼出來的。我曾看過他的電臺專訪，他是一個長期練琴的人，已經習慣與琴融為一體，他的《追夢人》是從他心中的吉他上流瀉出來的。又例如，羅大佑的第一首創作，以徐志摩的譯作譜曲《歌》，就是配上了分解和絃，完全是吉他的和絃自然一體的流出與凝結。藝術，確實講究渾然天成，要做到這一點，需要我們付出扎實的努力，天人合一很難，人與琴合一，相信通過努力可以辦到。

吉他的特色是"和絃之王"，而鋼琴則是"樂器之王"，羅大佑、周杰倫都是從小彈鋼琴的，如果沒有這樣的古典鋼琴基本功，很難想像他們會創作出那麼多傑作。

鋼琴，是一個世界！

落霞與孤鶩齊飛，秋水天長共一色。天空和大海相愛，但是他們的手無法相牽。天空哭了，淚水灑落在海面上！從此，海比天藍。

　　小的時候，如果你是一個差等生，比較，對你而言就是一場災難。如果你是一個優等生，是最喜歡比較的。如果你考了 A+，而大人沒有留意到，你恨不得把 A+ 的考卷有意掉落在地上，以便他們去發現，去驚嘆！但，我們在經歷了內心的滄海桑田、現實的物是人非、夢中的斗轉星移之後，我們更在乎的是有沒有忠實地做自己，今天的自己，有沒有比昨天的自己更好一些，有沒有比昨天的自己更喜歡、更幸福！

　　每一個成熟的人，都知道世界上並沒有完美的人，那些善意的人發現的都是你的優點，而那些惡意的人，發現的都是你的缺點。而我們自己呢？只需要點頭微笑，對他們的關注和在乎表示感謝。

　　音樂也不是一個完美的世界，旋律是在打破一種平衡而發展下去的，而節奏常常不能表達過份細膩的情感，而和絃在這中間，起到均衡一切的作用。和絃，就是那些站在路邊鼓掌的人，他們是真心愛這個世界的人，希望世界充滿鮮花、掌聲和喝彩。

　　音樂，讓每個人做最真實的自己，你有你做事的節奏，你有打動人心的主題旋律，你也可以雲淡風輕地做一個和絃。人生是一種經歷，一直做主角，到頭來，也許不一定是主角！而你把大大小小的角色都做了一遍，最後，你一定是人生的“大主角”！

　　神在創造了世界之後，並沒有真正休息，他的工作是為一切美好的事物鼓掌，就像一位慈愛祥和的長者。而和絃是音樂世界裡的天使：離九宵而膺天命，情何以堪？禦四海而哀蒼生，心為之傷！

16 真正的友誼不是一輩子不吵架，而是吵架了還能一輩子

齊秦有一首老歌是這麼唱的：「誰能夠划船不用槳？誰能夠揚帆沒有風向？誰能夠離開好朋友沒有感傷？我可以划船不用槳，我可以揚帆沒有風向，但是朋友啊，當你離我遠去，我卻不能不感傷！」

大陸畫家老頑童黃永玉說：「只有狼才成群結對，而獅子、老虎從來都是獨來獨往的！」但我覺得，說這話的人，其實他的朋友是最多的。

在書裡結交了上下五千年的幾萬個朋友，在藝術裡結交了億萬天下蒼生。

我也一樣，在音樂的世界裏，結交了滿天的繁星！

但說到底，我最不能忘懷的是小時候的朋友，最初的不一定是最好的，一定是最真摯的，那時的我們根本就不懂什麼叫虛情假意，喜歡是真的喜歡，不喜歡是真的厭煩，這才是生命應有的本色！

幼稚園的時候，我的朋友太少了，父母就充當了我的朋友，但當然也不像。那時，我比較認可的朋友是我的表姊。像齊秦一樣，我也有能帶我玩的好姊姊，而且不只一個，最初牽著的手是最溫暖的。

表姊是射手座，跟我同年，表姐年頭，我年尾，有點「君住長江頭，我住長江尾，共飲一江水」的感覺，同年紀，總是有說不完的話。我們是同齡，她是射手座，我是獅子座，所以從小我只知道這兩個星座。因為一個人，而了解、愛上一個星座！

有姊姊做依靠，所以那時候我表姊就整天跟我在一起，可是很妙啊，我一度覺得那個幼稚園，我媽真的是為了我量身定做，也許在她的心裡有什麼"教育心法"吧！她讓我和表姊親近交好，但卻沒有和表姊念同一間學校，我表姊那間也不錯，她那間是天主教的，哎！可是我們卻沒有同時讀同一間。馬太福音有句經文大意這樣說："有的，我要繼續給；沒有的，我要繼續取回。我同樣也可以說："親近的，不能太親近；不親近的，倒要讓她們親近親近。"

　　小的時候，我們家一樓有一間花店和一間壽司和飯糰店，花店讓我認識了生命的綻放與凋謝，學會了珍惜，而壽司飯糰店，讓我品嚐到了家以外的最初的滋味。說來也感到有趣，對一個小女孩來說，「記憶裡深刻的鮮花與美味」，正巧這兩樣，我的童年裡全都有。

　　小時候，我媽媽沒辦法親自帶我，因為我已經是我們家第三個孩子，所以，我媽媽就把我送到一個保姆家。每每說到這一段，我總是想落淚。其實，哪有媽媽會願意讓自己的孩子離開身邊的呢？媽媽也有她的無奈，但我那時並不理解，不過，我想，即便理解了，也還是會落淚吧？

　　那位保姆，算是我們的遠親，就是我外婆那邊的遠親，所以，媽媽還是比較信任她的。那為什麼我沒有跟著外婆呢？是因為前面兩個姊姊已經在外婆那邊了，外婆忙不過來了。有一句話說得很好："一切都是最好的安排！"

　　那個保姆其實年紀應該是比我媽媽大，然後他自己也有小孩，我媽媽就說，她每次去看我，我都不理他們。小孩子最怕的是一種遺棄感，我那時真的有點這種感覺。

　　後來，爸媽把我帶回家，我躲在自己的房間，他們就一直叫我，我都不開門哦，也許，我潛意識以為我又要被帶回去了。

小孩子只有正在被愛著，才有真正的安全感。做父母的其實也很難呀，他們要不斷證明他們的愛永遠不會變，而且取之不盡，用之不竭。尤其是當你把自己的孩子送到別人家寄養又接回來，要證明這種愛，就要加倍地證明！

　　到小學的時候還比較快樂，因為我小學就可以跟我表姊她們一起玩芭比娃娃，或者是一起看卡通，小時候趁著媽媽還沒下班，我們就會去看一些卡通，什麼湯姆歷險記啊，我就覺得想起來還覺得挺有趣的。

　　最快樂就是放學之後，可以去跟表姊她們一起玩，所以真的，我弟弟沒有出現之前，我舅舅已經有三個女兒，因為我的排行比較後面，所以我都是跟著姊姊她們玩，其實就是愛漂亮，一起玩好看的玩具、好看的文具之類的。當然更有趣的是追蝴蝶什麼的，當然，也想著要玩泥巴，但是，小女生愛漂亮嘛，也就打消了這個念頭。

　　小學的時候，除了我這幾位表姊跟我要好之外，然後，最開心的一件事，就是發現了新大陸：開始交朋友，原來，沒有血緣關係的人，也可以像親人一樣相處，甚至更加親密無間！

　　小孩子交朋友，完全沒有利益的考慮，全是憑著自己喜歡或不喜歡。那時的朋友總是打打鬧鬧的，三天一小吵，五天一大吵，有時甚至有可能打架。不過，現在都記不清楚了，回憶起來，就只記得她們的好，還有那種特別快樂的感覺。

　　最初敞開的心扉，漂泊萬里河山，歸來依舊一汪碧泉。閱覽千態人間，歸來不改眉目清淺。踏破百丈紅塵，歸來仍是舊時相識。

　　多年以後，和小學時的朋友相遇的時候，已經認不出面貌，但一旦互相確認之後，那時的一切又湧上心頭，就像不小心觸發了一個總開關。

　　當我和小學時的朋友相遇的時候，我才發現原來人的一輩子，或許可以喜歡一個人到極致，或許可以喜歡一個人到歇斯底里，或許可以喜歡一個人到可以放下一切，但只有小時候的夥伴，能讓我在她們面前，不用太禮貌，不用太克制，不用太謹慎。這很像是家鄉給我的感覺，到世界任何一個地方，都沒有我出生的家鄉給我的那種安全感與放鬆感。

落霞、星月、山川、清溪、繁花，我見過世界上所有美好的事物。燈影泛舟，鮮衣撫棋，逆風執酒，我體驗過世界上所有的美好。晝為繡錦，夜為漁歌，上下四方為枕，古往今來為衾。倘若少了兒時的夥伴，總感覺少了分享對象的遺憾。

曾經出現在我的生命中的笑容，隨著歲月如霧般消散，而那笑容再次出現的時候，我不用她解釋流年的相思，因為，見到她的剎那，我已經與歲月和解。能抵擋似水流年的，就是我們一起走過的日子！

不用每時每刻都想起，我知道，你們都在！也不用過多傾訴，因為我們擁有共同的童年回憶，而未來，我們也將一起閱盡千山，望盡星辰，天涯可思念，比鄰可相伴，心若相知必然相印！

寂靜山林的清皎月色，不必拾起，也無從驅散。沉默的河流，蒹葭蒼蒼，水霧茫茫，逝者如斯，時光總是抓不住，月光也總是握不住。美好的一切，不必去握緊，因為我們就是這美好的一部份，友誼也是如此！

時間很短，天涯很遠，往後的一山一水，一朝一夕，我們都不會孤單！

17 人生無限的可能
不應被困在圍牆內

慶幸的，遇見了你；遺憾的，只是遇見。

師者，傳道、授業、解惑。教育意味著一棵樹搖動另一棵樹，一朵雲推動另一朵雲，一個靈魂喚醒另一個靈魂。沒有交流，就沒有教育，我們在教育孩子的時候，孩子也在成就我們，這就是交流，我們是在引領、指導孩子，而不是在指揮孩子。

如果分數是唯一的標準，那麼教育就會變成一個大型的競技場！孩子們會問：「難道我其他方面的成長都不算數嗎？」確實如此，我們不是在培養「考試機器」，我們更不是在培養懂得取巧的孩子，而是在培養有真才實學與真本領能掌握自己人生的孩子。

數學考題，一定會有分數，可是音樂和藝術它沒有，有人聽過 100 分的音樂和藝術嗎？當然沒有這種說法！每個人的個性不同，喜好的音樂自然也就不同，也許你心中 100 分的音樂，在別人那裡只能打 50 分！

沒有絕對統一的標準，這就是藝術的魅力！

沒有統一的標準，這就是藝術的魅力！

大畫家白石老人說過：「學我者生，像我者死！」孩子們在老師這裡學會的是方法和修養以及學習力。孩子們要把學習到的知識和技能「內化」為自己的東西。

學校裡每道題都有標準答案，但社會不需要標準答案，也沒有人時刻跟在你身邊隨時給你評分。例如說，中國書法盛於魏晉與唐朝，宋朝已經在走下坡路，而到了明清之際，出現"館閣體"，書法基本上就是"末世"了，其原因就是人們給書法定了統一的標準，在這樣的情況下，100分與0分實質上已經沒有區別！

　　不要太在意這些東西，反而你要去在意，這個評審他給出什麼樣的評語，他給你什麼樣的反饋，那我們下次可以怎麼做，這才是真正的目的。

　　有一次，我的一位學生，鋼琴檢定得了一個自己滿意的分數，覺得瞬間意氣風發。我就跟他說："你看啊，就像你在推一塊巨石，你可能剛推的時候，你覺得這石頭很重，你覺得你兩隻手很大力地推它，它一絲一毫都不動。可是呢，突然間，過了一段時間，你突然再推它，它輕而易舉就被推動了。這並不是因為石頭變輕了，而是因為你的手長肌肉了。"

　　學習，就是一個"內化"的過程。把自己需要的知識和技能"內化"為我自己的一部份。學習並不是簡單的輸出，能力也不是簡單的輸出。只有"內化"為自己的一部份，你才能舉一反三，一通百通！

　　而且，我們要非常重視學生的天性和靈感，有時學生會說："老師，我想這樣彈可不可以？我覺得這麼彈，對我來說，比較順手！"我當然知道，但那是錯誤的指法，但我通常會說："你把老師教你的彈法，和你自己想出來的彈法，在三天的時間內，全都用上，讓你的手指自己做出選擇。有時，我們的頭腦猶豫不決，但我們的手指會做出正確選擇，稍稍給手指多一點時間。"

　　很多事情，並不是立刻就會的，很多答案也不是立刻就有的，最終是時間給出了所有問題的答案。我們有時要鼓勵孩子多用點時間，自己去尋找答案，別人給的答案是蒼白無力的，而自己找到的答案才是有血有肉，鮮活、可複製、可無限衍生的。

小時候，媽媽叫我們寫《讚美日記》，多讚美，身邊美好的事物會成倍增加，多鼓勵，孩子會加倍激發出自己的天賦。有一本書叫《生命教育法》，教育是在生命的喚醒，並不是在卷面上做出的。古代戰國時期的趙括「紙上談兵」，我們卻不能紙上做教育。教育的過程，比教育的結果還重要，體驗比分數重要，全面的成長比考試重要。

通過持續寫《讚美日記》，我有這樣的感觸："教育就像光，光一到，黑暗就自然消失了。所以不必過多糾結孩子的缺點，而是應該不斷發現他們身上的閃光點，讚美他、鼓勵他、引導他，把優點放大，缺點自然就消退了。相反，如果一味糾結缺點，孩子反而在黑暗中迷失了自己前進的方向！"

小時候，我的老師經常叫我去參加朗誦比賽，我嚇死了，我想說怎麼老師突然叫我去什麼朗誦比賽，我一點準備都沒有，而且，之前也從未參加過類似的比賽，一點底氣都沒有！然後，他就跟我說，說我媽媽有跟他講，說我在家很愛讀故事書，然後講得很好，所以希望我參加朗誦比賽，名次並不重要，重要的是體驗參與的過程。於是，我先在家裏朗誦給媽媽聽，她給我很多鼓勵；在學校，我又朗誦給老師聽，老師給我很多讚美。我就是這樣，在鼓勵與讚美中走向朗誦的舞臺，實現了突破自我的過程。

如果說人生是一個大舞臺的話，會有各種各樣的角色，總有一些角色，沒有人願意扮演。100 分的孩子幸福嗎？不幸福，他們也戰戰兢兢："我下次，還能不能考 100 分？"而那些被迫貼上差等生標籤的孩子，當然也不幸福，學校對他們來說已經變成一個競技場。這就是現行教育體制給孩子帶來的傷害。

我想："之所以，學校教育會以分數為綱，那是因為學校在教育方面技窮了，如果沒有分數這個工具，他們根本無法開展教育。然而，只重快樂教育、放任教育，我也不贊成。孩子是需要守護和引導的，因為他們還是孩子呀！"

我喜歡作家沙林傑《麥田捕手》描述的場景，一群孩子在山上的麥田和草地上玩耍，山的盡處有一個高高的險崖，我呢，願意做麥田的守望者，發現孩子們有危險，就去引導和幫助他們。身為老師，我是過來人，知道音樂路上所有的"坑"和"斷崖"，在守望中，孩子可以少走不少彎路，體驗音樂路上的一路歡歌！

前陣子，我有個學生生日，她媽媽就跟我說："哎，以前呢，剛生出來，是期待她能夠平安健康，可是呢，越長大，我們就期待她更多，可是後來呢，我們就不得不面對孩子的平凡與普通！"

我說："平凡和普通是不一樣的，孩子日後可以在事業上非凡，在生活中平凡，這樣就容易幸福。而普通就不一樣，缺乏個性，缺乏追求卓越的精神，這就不可取。現在有一個詞叫躺平，又有一個詞叫內卷，都不可取。生命的品質、生活的品質、學習的品質、能力的品質、幸福的能力，這些維度全都是相通的，而且是互相成就的，因此，我們要找到孩子最佳的成長頻率和軌跡，引導他們，使他們養成適合自己的學習習慣。更重要的是養成成功的習慣與態度，是的，成功也是一種習慣。有的人習慣成功，享受成功；而有的人習慣失敗，自怨自艾。"

在黑暗中待久了，我總擔心他們會愛上黑暗；在光明中待久了，我總擔心他們會忘記這世界上還有黑暗。林清玄說："常思一二，不念八九"。沒有事事如意的事，重要的是我們遇到事情，做出正確反應的能力。60 分的孩子，希望下次考 70 分；100 分的孩子，不怕下次只考90，這兩個孩子其實都是滿分的。

我覺得，"虎爸虎媽＋分數指標"，是孩子的噩夢，而我希望給我的每一個學生都頒一個大獎，因為在他們看來學習是人生一大樂事！他們有的視奏好，有的技巧姿勢指法到位，有的音樂性佳，有的節奏感很強，而有的學習方法很高效，沒有一模一樣的兩棵樹，按自己的時序成材，就都是高聳入雲的參天大樹！

　　體制化、標準化的教育常常能引發動機，但往往帶來的卻是傷害。而且，教育也不是花錢就能搞定的事。花錢可以建一座跨海大橋，但，搭一座通往孩子內心的橋，搭一座通往未來的橋，只有以心換心，以當下的一點一滴的努力換取想要的未來！

　　行於朝朝暮暮，出入雲端潛底，與星輝一同為音樂沉迷，浮生若夢，夢境如詩，百轉千折，終將遂心而圓滿。

　　路過你的眼，握住你的手，我對孩子的愛，總是毫無緣由，最容易打動我的東西也就只有執著和熱愛，我即使只站在小山坡上，舉起手中的光，你們就都向我走來！我是音樂朝聖路上虔誠且卑微的信徒，我也是教育朝聖路上孜孜以求的行者！

18 現實版"悲愴交響曲"，
值得人們深思

　　龍應台在《目送》中這樣寫道：「我慢慢地、慢慢地了解到，所謂父女母子一場，只不過意味著，你和他的緣份就是今生今世不斷地在目送他的背影漸行漸遠。你站立在小路的這一端，看著他逐漸消失在小路轉彎的地方，而且，他用背影默默告訴你：不必追。」

　　子女與父母的關係，也是如此，至親之間總是傷別離，或短暫，或長久的別離。

　　人生的苦難，有時是分期支付的。我大二的時候，臺灣地震了，然後我親愛的媽媽就永遠離開我們了。而這種痛，在我的人生中，總是一次又一次不斷地侵襲我，這也使我關注到死亡的話題，人生除了生死都是小事，而我們整個人生就是由一件件小事構成的，而平安和幸福，就像荷蘭的野薔薇，野蠻生長，把芬芳播撒向全世界！媽媽希望我幸福，而我絕不能辜負她的期望！

　　媽媽的離去，讓我萬念俱灰，彷彿世界末日提前到來了。

　　但是，我的老師真的很有愛，她不止教我鋼琴，還教我人生，林老師是一個企業家夫人，但她為人非常真誠、踏實與低調。大學時期，我學校在關渡的山腰上很美，老師很美，音樂也很美，美是我在逆境中的一束光！

　　如果說媽媽是獨照我的那束月光，老師就是為我點一盞燈的人。她是個基督徒，她對我有憐憫，但不會刻意表現出來，只是在學業和生活中對我關懷備至。愛，其實不必掛在嘴邊的，會自然地在眼睛與舉止中流露出來。那時，我從老師身上看到，老師在傳遞音樂知識的同時，也是在傳播愛，也可以說，沒有愛，也就沒有真正的教育。

我的老師，就是上帝和天使的化身，她非常的親民隨和，非常愛學生與愛音樂，她會在家舉辦很多沙龍音樂會，老師家中的史坦威名琴價格不菲，而她卻把自己的一切無私地與更多人去分享，讓同樣熱愛音樂的人聚在一起。真的，一束充滿愛意的光，可以照亮所有的人。

有時候，在媒體看到有些阿兵哥自殺，或是學生因為學業壓力想不開的新聞。其實，我們的人生不過百年，時間並不長，不必焦慮，不必提前結束自己的人生。只要勇敢地去生活，終究每個人都是有機會的，幸福與苦難必然是等量齊觀的，幸福也是源源不斷的！

我從事教育工作多年，看到學生自殺的新聞，發現很多學生家裡條件都不錯，不必為衣食住行擔憂，唯一的焦慮來源於學業。據我所知，很多在學校裡的優等生，他們的心理承受能力其實是很低的，當他們高中或大學畢業之後去當兵，或是從事別的職業，這時他們有了一定的自主權，他們就會表現出叛逆的一面，這就是對過去學生時代“壓抑”的一種補償和報復。

我也聽說，有些小學生，作業太多成為壓跨他們的最後一根稻草，輕身之前留下遺書說：“爸爸媽媽，我要去到一個沒有作業的地方，我再也不會為了讓你們高興而讀書了。”

想想小孩子與父母都很可憐，從這一點上來說，孩子太順風順水也不好，太養尊處優也不好，至少是要有一點“挫折教育”的，不然，每個孩子都是玻璃心，將來不僅學業無法完成，走上社會也承受不住打擊，生存力很低，也就無法獲得比較理想的人生。

我以前在國中的很嚴格的女體育老師竟然是我爸爸的學生，很多同學都不知道這一點，我想，如果他們知道了，一定會驚訝得張大嘴巴。但老師並沒有對我有多一點點額外關照，該罰的還是照罰不誤！挫折教育一視同仁沒人能躲得過，才能學會挫折容忍度！

　　最好的教育不是滔滔不絕講個沒完沒了，而是陪在孩子身邊，陪著他們成長。我始終覺得一個缺乏師長與父母陪伴的孩子，他們的內心是孤獨的，也是十分脆弱的。

　　我很喜歡貝多芬的《悲愴奏鳴曲》，因為這首曲子，淋漓盡致地表現了我們生命中的一些感觸。我常常把“貝多芬”寫成“悲多憤”，樂聖是一位敢愛敢恨的性情中人。據說貝多芬在創作完成該作品時，他的父母不幸去世。有人認為該作品是貝多芬前半生的寫照。反映了他內心孤獨但又不向命運低頭執著的性格。但也有人將其與《羅密歐與朱麗葉》相比較．認為這是對青春的詠嘆。實際上，這首奏鳴曲被變奏後常常成為戀愛電影的配樂。

　　可見，音樂與心境一樣，也是可以轉調變調，可以逆轉，可以由“悲愴奏鳴”走向“歡樂頌”的，悲愴有悲愴的淒美，歡樂有歡樂的壯麗！

　　關於生活中，那些沒有徵求我們同意而選擇突然永遠離去的人——你的離去，沒有帶走你最愛的藍天白雲，也沒有帶走你嚮往的高山大海，過去我還可以清晰地回憶起關於你的一切，但時光流逝，我已經漸漸模糊了你的面容。

　　未來，我將用音樂繼續演繹我們的《生命之書》，生命是一個奇蹟，而我們卻過得如此平凡，然而，平凡難道不是一個奇蹟嗎？天穹、繁星、玫瑰都如此平凡，陽光、空氣、水也都如此平凡，但它們絕對同時也是一個又一個奇蹟！

　　花開始凋零，我開始遺忘，這種感覺就像再失去你一次！

19 擇無對錯，
結果才分對錯

世界上最難的事是什麼？世界上最難的事是我們始終不知道怎麼跟自己相處，也不知道怎麼跟自己和解。你見過月亮只為你一個人溫柔嗎？你見過花朵只為你一個人美麗嗎？你見過滿天的繁星只為你一個人點亮嗎？

人生要幸福，最起碼要做對 3 件事：

1. 要與自己和解

2. 要懂得拒絕

3. 要在正確的時間做正確的事情

不是我個性開朗，我的悲傷一點也不比同年紀的人少，我也曾有過很多失眠的日子，那些不肯放過我的往事吞噬著我，生命中那些遺憾與傷痛也不止一次折磨著我，我只是喜歡笑，喜歡空氣新鮮又明亮，我也愛行走在陽光中，生活不會事事如意，但我願意像茶把苦澀留在心裏，散發出來的都是清香！

我是善於和自己相處的人，尤其在一個走心的音樂私房空間裡傾聽，我常常覺得此時此刻的我就是最好、最幸福的我。

現代人的盲點：在外八面玲瓏，能處理好各種複雜的人際關係，把事情一件一件處理得十分週到妥貼，但在獨處的時候，就各種心煩意亂，自亂了陣腳，內心無比焦慮。

我想，這可能就是因為我們的內心不夠強大，沒有學會"向內求"，更沒有學會與自己靜靜相處，沒有學會放過自己：為什麼我要那樣做呀，我完全可以做得更好！為什麼我要放他離開，我應該開口留住他！為什麼我不能更努力一些，那個位置明明應該是我的！

其實，跟我們最近的，就是我們自己；跟我們相處時間最久的，也是我們自己；我與我自己是無時無刻地相處，若我與我自己不能和解，我想在我的身體和心靈中一定發生著一場又一場曠世的戰爭。而且，在這樣的情形下，沒有任何一個人能幫到我，其實，這是屬於我們每個人天生的考卷，我們要自己去面對，自己與自己和解，落花隨流水，飛雪舞穹蒼，當下無掛牽，就是自由人。

這幾年，"與自我和解"這個字詞越來越頻繁地出現。遇到挫折，陷入焦慮、抑鬱等情緒時，自我和解是最立竿見影的辦法。這種自我和解，它和你未來的成長（Growth）和努力（Effort）同時存在，而且隨著年齡增加，越來越重要。

在每個人心中，都有很多需要我們面對和處理的東西：極待滿足的成就感和價值感，需要管理和安撫的情緒，生命中那些你不喜歡但又確實存在的部份……等等。

壓抑、無視、歪曲事實等等都是不恰當的方法；放棄、躺平、擺爛也同樣不可取，這些消極情緒只能造成內心更大的衝突，對自己產生更多不滿和指責。自我和解就是幫助自己面對和處理內心的不安與躁動，幫助你緩解和自己的衝突。

我想，我們每個人生活在世界上，都被很多人關愛著，而最應該關愛自己的那個人，一直以來都最應該是我們自己！

"和自己和解"是解決"內耗"的問題，而"懂得拒絕"則是解決"外耗"的問題。

　　"他一定是走投無路了，才來找我……"、"要是我把他拒絕了，我就是壞人……"這是我們在接受求助時的心理。

　　《蝙蝠俠對超人：正義曙光》這部電影裡面，從不拒絕救助任何人的超人，面臨著一個巨大挑戰：民眾在恐慌，這麼一個能力巨大的人，他為什麼只是幫助人？未來會不會有一天，他用這種強大力量反過來殺人？

　　因此在法庭上，眾人拷問超人這個問題："你到底是誰？"

　　不懂拒絕別人的人，有意無意地其實是把自己當成了超人。而事實上，我們並不強大，而且我們也不能低估別人的能力。孔子說："有所為，有所不為"。我們應該拒絕一些自己做不到的事，或是不應該幫的忙。有時別人只需要一個微笑、一句鼓勵、一聲加油，但我們卻太過熱情，這反倒成越俎代庖了。我們不需幫別人完成他們自己可完成的事。有時拒絕他人，也是把成長的機會留給他人，每個人都要學會自己長大！

　　拒絕：時而溫柔，時而決絕。

　　三毛說："不要害怕拒絕他人，如果自己的理由出於正當。當一個人開口提出要求的時候，他的心裡根本預備好了兩種答案。所以，給他任何一個其中的答案，都是意料中的。"

　　如果我們要獲得理想的人生，還有一點很重要，那就是"在正確的時間，做正確的事情。"

　　完成一個任務實際花費的時間總會超過計畫花費的時間，就算制定計畫的時候考慮到冗餘法則，也不能避免這種情況的發生。這說明，我們與時間的完美合拍是一件很難的事情，但是，如果我們不能與時間合拍，又怎麼能把事情做好呢？幼稚園去學大學課程，大學去學幼稚園課程，都是因亂了"時序"造成了可笑的偏差！

音樂是時間的藝術，我常跟學生說，你要認真用心彈每一個音，因為浪費音符等於浪費生命！不可不慎！

有句話說：種一棵樹，最好的時間是十年前，或者是現在。

很多人做事拖延，其實，這對我們來說，有百害而無一益。想像一下，一首鋼琴曲如果有兩三個音亂了"時序"，也許整首曲子就亂了節奏，或許一首經典的樂曲就因此變成了某種躁音了。理論與作曲學者張錦鴻在《基礎樂理》所謂的"音樂"定義，就是音與音之間有一定的頻率和順序。我認為藝術是建立在科學上的，而科學是幫助藝術更有質量！

時間與機遇不等人，青春也不會永遠停留，很多時候，沒有開始就已經晚了，這時，我們要做的就是"現在開始"，否則，更待何時？

任何事情，都具有三個屬性：何事（What），何因（Why），何法（How），清楚了解事物本質的屬性，有助於我們把每一個事做到完美，而"正確的時間做正確的事情"是這一切的前提，選擇比努力更重要！

感知時間的神奇，讓行為和時間搭配！有的人被時間雕琢成璞玉，有的人在時間裡墮落成朽木。正確的時間做正確的事情，我們才能借助時間的力量，形成一種"勢"能，乘勢前行就是"風口"，讓事業與生活都超水準發揮，最終獲得理想的幸福人生！

"時序"是音樂的法則，是自然的法則，也是我們人生應該遵循的法則，只要你想變得更好，就和時間做朋友吧！

選我所愛，愛我所選，一分不差，一秒不偏！

20 與正能量同頻，
人生便會向陽而開

你不只是生活的體驗者，更是創造者。

宇宙冥冥之中存在著一種神奇的法則，世界上大部份成功人士都掌握。這個法則就是——吸引力法則，一個非常著名的心理效應。當然，我們也可以把人的屬性按"春夏秋冬"來劃分，春天可能更容易發生什麼，夏天可能更容易發生什麼，秋、冬又更容易發生什麼，一定是有它的道理的。你若盛開，蝴蝶自來，這就是最簡單的吸引力法則，就是"同頻"才能"共振"的道理！

當你堅定了一個目標之後，好像全世界都在為你讓路，努力的過程沒有阻力，一往無前；反之，當你對一件事充滿遲疑，總是會無端冒出各種干擾因素，來打亂你的節奏，阻礙你的成功。

所以，當我們充滿正信、正念、正能量時，我們會吸引那些愉快的、幸福的、正能量的一切到我們身邊來！

不幸常常來源於：貧窮窘迫、家人關係惡化、焦慮無措……當我們的內心被"你是生活和處境的創造者"這句話深深震動時，改變這一切的契機才真正出現。

我有位因感情想不開自殺的女同學，她媽媽哭訴著說："為什麼會這麼傻，感情又不是人生全部。" 我說："她是遇人不淑、憂鬱生病才想不開的。"然而，世上遇人不淑、憂鬱生病的人很多，如果她努力調整自癒，不再依賴藥物；用行動替代抱怨，用積極的正能量來面對將來的生活，那她也就不會輕生了。"

中國古人說"物以類聚，人以群分"，如果我們明明知道那個人與我們不是一類人，卻偏要跟他建立某處關係，也許就是遇人不淑的開始吧。我們不需當好人，更不需有認為我們只要付出愛，別人就一定能按我們預想的去改變。

當一個人充滿負面消極的思想，那麼被他吸引過來的就會是不好的事情。近朱者赤，近墨者黑！我們身上的正能量，會被消極的人吸血鬼似吸取並逐漸消磨殆盡，這就是悲劇的開始。

所有的一切，都是來源於自己的心理模式。

所謂的吸引力法則，不過是在潛意識裡埋下一顆正向的種子，擺脫負面的模式，才能收穫到更好的能量和頻率結果。心理學家榮格說："你的潛意識操控著你的人生，而你卻稱之為命運。當潛意識被呈現，命運就被改寫了。"豐子愷也曾說："你若愛，生活哪裡都可愛。你若恨，生活哪裡都可恨。不是世界選擇了你，是你選擇了這個世界。"

生活中，我為什麼會遇到這個人，應該就是說這個人是要來教會我什麼事。但是，一盒糖果，拆第一個不好吃，第二個也不好吃，就沒有必要繼續拆下去了。但如果你的性格偏執，就會一直拆下去，本來是小失望，結果變成大失望，這或許就是"性格造就命運"。

可是你要去退一步想，哎，那我為什麼會遇到他，是不是我身上也有什麼可以跟他共振的？一切還沒有到最後，也許最好的結果還在來的路上。舒服的感受還是有的話，是不是我還沒有走過這個過程，因為如果我可以把它完全走過，我再回來看的時候，我相信它會已經化成一件幸運的事了。

但我們要警惕"溫水煮青蛙"的過程，當我們真的確知對方跟我不是一類人，或是對方的負面情緒已經堆積如山，那就應該快刀斬亂麻，及時止損。《三十六計》最高明的一計就是：走為上計！從整個事情跳脫出來，那麼，這整件事情也就與我無關，也就影響不到我了！"沉沒成本"有時是很可怕的，沉沒成本就是使我們在"遇人不淑"之後反而"越陷越深"的罪魁禍首。

　　當我們堅持一個原則，只與正能量的人為伍，那會怎麼樣？

　　你會發現：原來有這麼多人是這麼溫暖，有這麼多本來很冷漠的人，這個時候突然間心全部向你打開了。原來這個世界是有無常的，但是我們平常都太習以為常，我們都忘記了，一切事物不是靜態的，都是"向量"，因為每一件事物都是"向量"，就必然有方向性，如果它是指向美好，那麼它的正能量，一定是可以與我"同頻共振"的。

　　而且，我們要理解平常的珍貴，這種平常能夠讓我們安穩和幸福。這種日常化的事物，其實就是最珍貴的幸福，因為你看有些人可能就在日常裡面找到了他們的大幸福與大喜樂。

　　如果我們不好好把握隨手可得的平常的小幸福，也許我們就會被突如其來的生離死別所擊倒。

　　習以為常的幸福最珍貴：媽媽的陪伴與關愛、爸爸賺錢養家與擔當、父慈子孝、兄友弟恭、姊妹陪伴成長……

　　很多事情並非理所當然，當生活發生巨大的變化的時候，才發現以前那種平淡的日常，原來是最大的幸福！你會覺得其實平淡才是最幸福的。地震、戰亂、經濟崩盤等等，都是不平常的事，它們都只能帶來災難，而不是幸福。

　　正，則邪氣不侵，哪來的遇人不淑？正，則福氣相隨，怎麼可能不幸福？

21 找一盞明燈，
照亮人生前程

　　我很感謝我爸，他是很喜歡古典音樂的知音，因此，他是我在音樂道路上的第一個領路人。爸爸在我很小的時候，就帶我去學琴，去拜師。許多大師班和工作坊，那時候也有國外和大陸的一些音樂家們來臺灣，鐘點也是非常貴，例如一小時 3000 到 5000 臺幣等，當時的 3000 可能是現在的 5000，但是再貴，爸爸也還是會帶我去學。有時路途遙遠，趕路時爸爸就叮嚀我在車上睡一下，爸爸任教的學校在臺中，常常我們假日都是南投臺中兩地往返，這也是記憶裡我跟爸爸最常相處的片段。

　　其中有一位老師，現在想來，她是非常睿智的，她不但教會我技巧和詮釋，同時教會我專注，以及"少就是多"的道理，因為以前，我練習就是貪多，想要多練，但是練得多卻不扎實，處處重點就沒有重點。我的這位老師，一眼就看出我的問題所在了！

　　老師說："動作做正確了，妳哪裡需要練那麼多呢？"嗯，原來過去就是練太多，把錯誤的動作重複再多遍，也只是把錯誤練更熟而已。老師告訴我："妳要拆解，拆解就是做減法，要拆解做減法才能進步，少就是多，要聚焦在方法與品質上，而不是追求量！"

　　很純粹吧？我覺得她就是不食人間煙火的音樂仙女。她音樂修養很高。我當時是很崇拜她，我覺得好厲害哦，但是我長大之後，我就覺得這樣人生似乎只有音樂，這樣好像也不太好，因為生命還是應該豐富多彩多姿一些好。但她自己很開心，樂在其中最重要。我覺得有一點是不難發現的，她就是活在一個高端象牙塔裡面，就是在音樂的那個象牙塔裡面不問世事，可是她如果感受到足夠快樂，那也很好，只是我感覺她生活上好像就沒有辦法像我們一樣。她可能也是在歐洲待久了，我就感覺她生活不太能自理，她不能騎機車擔心手會受傷，甚至碗也不用洗，她教課的時候，她的媽媽一定要在旁邊，就是經紀人一般。但她倒也不是現在人們說的媽寶，其實，除了生活方面，她在其他思想方面還是很有主見，也很卓越的。

我感覺她就只要把鋼琴彈好教好，然後她媽媽就每天規定她要做的事，然後幾點接她到下一個行程之類，經紀人全預定好。我到現在都還不知道那個老師後來有沒有生小孩，我想她如果自己都照顧不好，怎麼去照顧小孩？那時候的她就像是個公主一般，剛從歐洲留學回臺，是個不食人間煙火的音樂家。因為她被保護得很好，我當時是蠻羨慕的。但是現在想一想，這樣子的人生只有音樂，似乎又有點無趣啊。我骨子裡完全沒有要過這樣的生活。

我感覺她就像一個歐洲的貴族吧，然後回到臺灣，從事音樂的事業，而生活方面依然要靠別人打理。我們很多人沒有這樣的際遇，所以，我學她的鋼琴技藝就好了，不必學她怎麼生活。音樂要求專注，而生活是放射狀有各種可能性的，什麼都要去嘗試，越豐富多彩多姿，人生會更有趣味，而且，生活上豐富了，體驗多了以後，音樂上面也會有更多的音色與層次，因為藝術來源於生活！大塊假我以文章！

我沒有從老師身上學到“不食人間煙火”，卻學到了她的認真、她的嚴謹、她的純粹，也就是說，我和老師之間的主題就是音樂，除了音樂還是音樂，我很感激她幫助我進一步走進音樂世界。

老師的生活蠻歐洲化，例如說她吃完午餐，還會吃一些甜點什麼的，就是整個人給我的感覺就是歐化的。我也常有出國玩的經驗，你就會感覺到，原來在歐洲的感覺就是她那樣的，然後我會感覺她在臺灣也是過著類似像在歐洲時的那種生活。其實，有一點像上海的老克勒（Old whitcollar）歐化、上流海派社會那一階層的感覺，始終在骨子裡保存一些貴族式的優雅。

而且，她更偏向德奧的那種感覺，或是維也納，就是音樂的發源地，她整個人都變成了音樂元素的一部份！然後你會覺得，哇，其實也蠻好，就是去感受那種氣息啊，可是我長大以後，我會覺得這樣似乎感覺少了什麼，這少掉的部份也許就是平淡的日常體驗與瑣碎的生活吧。

她不太問世事，跟她聯繫都要透過經紀人爸媽去過問，然後，她似乎也沒有什麼過份的追求，就是個音樂家很單純、就像他教會我練琴簡化、專注那樣，某方面來說，我覺得她很像一個瓷娃娃，或是洋娃娃。這位老師，在我看來，也算是一個"妙人"！

她一彈琴，哇，就是很狂野，一下子就從"公主"變"女王"！

不瘋魔不成活！在音樂藝術上，老師用她那執拗的專注力與優雅的氣質，為我點亮了一盞明燈，照亮了我前行的路！

22 每一朵鮮花的盛開
都曾經歷歲月風霜

在車流中聽轟鳴，看路人匆匆，喧囂的都市，人們浮躁的心在驛動。

一曲琴音滌蕩身心，一處佳境生幽然，旋律中透露出的優雅淡然氣質，有鮮花著錦的婉轉柔美，也有吞吐四海的盪氣迴腸，讓聽者可以回歸本真，重拾自我。

半壁山房待明月，一盞清茗酬知音。不論晴雨，不管春秋，音樂中融匯萬物精魂，有山川陸地的盛景，也有四海八荒的蒼茫。一切利慾榮辱皆如戲，雲散煙消，寂靜歸塵。

一山一水、一草一木，都在一人一琴中漸漸融入春夏秋冬、寒來暑往的流轉之中，練琴的辛苦，就像唐僧西行求法取經，即便十萬八千里，縱然妖魔阻擋，亦或女國動凡心，然而這黑白鍵上的"天地法則"，我將用一生追尋！也無需刻意，順其自然，花間夢如星，曲中意雋永，知己常伴左右，知音天涯比鄰。

信手漫彈，似泉邊溪水石上流，如林中聽細雨，清新暢透。巴哈的敬虔深刻，蕭邦的浪漫詩意，莫札特的純真詼諧，拉赫馬尼諾夫的盪氣迴腸，回味無窮，高雅互融，意境絕妙！

我為鋼琴音樂藝術付出了青春年華，而他還給我的是內在的強大、愛與支持熱烈的掌聲、四海間的朋友和一整個世界！

作家錢鐘書說："你如果喜歡吃這只雞蛋，你何必去看生這只雞蛋的母雞長什麼樣呢？"他這話講得超級幽默！音樂家其實應是最不喜歡表現自己的，因為我們表面光鮮靚麗，而背後的辛酸苦楚很少有人能體會。不過，我倒是經常講自己學琴、練琴的經歷，我要告訴我的每一個學生："你們所經歷的一切，老師都經歷過，我感同身受，知道你每一步的成長，也知道你每一次的迷惘，更知道如何攜你的手，向極致的琴藝精進、探索與揚帆！"

西方古典音樂，很多是與宗教有關的，例如巴哈、韓德爾的音樂，基本上就是為宗教而寫，音樂是用來榮耀造物主的。而我高中時念的是天主教女校，看到身邊這些虔誠的修女，我更能感受西方古典音樂文化下的思維，那時，我練琴更能投入，浸潤在神聖的音樂本源光中。有時，我也會和修女們一起去參加靜心唸經禱告，我想學她們的那種虔誠，因為音樂也需要虔誠，而虔誠是為了走進自己內心深處，在自己的潛意識裡去體會古典大師們的深意。

有一次去參加修女們的彌撒，回來就翻出了莫札特的《最後的彌撒》（K626），然後把它用鋼琴總譜的方式彈出來，那時候對於鋼琴的熱愛已經超越了十七八歲年紀，恨不能把天地萬物，四季流轉，風花雪月，全都用這88鍵彈出來！鋼琴雖難，但它最怕的是恒心，練三年與練一年、練一個月，這幾乎就是天和地的差別，你要彈出天壤之別的詮釋，就要有滴水穿石的毅力；你要彈得行雲流水、天衣無縫的完美，就要磨礪自己的技巧和音樂性，讓十隻手指儲存著所有的"指法記憶"，深心淺彈，看似著毫不費力，就要在背後付出百倍的努力！

那時，我的老師很慈愛，像是"神的使者"，但在教琴這件事上，非常嚴厲，如果我彈錯，她會馬上翻臉。鋼琴就是這樣，練琴時常常戰戰兢兢，因為一旦彈錯了，手指形成錯誤的肌肉記憶，簡直就是遺禍無窮。這也許就是老師看到我用了錯誤方法，會立刻翻臉的原因。我很感謝我的老師，因為有人在一旁及時指出錯誤，這是練琴者的一大福音。

而更多時候，練琴就是我的獨處時光。

上帝給你我一種叫"獨處"的經歷，練琴給你我一種叫"辛苦"的滋味，不是想讓你我忍受這種孤單、艱辛與寂寞，而是要讓我們享受這段美好的與音樂單獨相處的時光。唯有如此，我們才能漸漸褪去對熱鬧喧囂的癡戀，從而不必吮吸虛假的喧嘩來驅趕虛空。

後來，我大一的時候，住在學校，為了練琴，付出就更多了，因為要到處找琴來彈，有時去琴房，有時去學生家裡彈琴。冬天北風凜冽，我騎著機車，穿梭在都市，像所有奔忙的人一樣，但他們哪裡知道，我只是為一臺鋼琴而奔忙。

歲月不知道時光的輕淺，時光也不知道歲月的厚重！練琴的時光裝訂成冊，就是厚重的歲月之書！

那時，我已經有一定數量的學生了，教學是非常重要的經歷，因為這種持續的內化輸出，同樣也會磨礪自己的技巧和多樣化的音樂性！每一次教課，我都會認真備課教材，每次我都會想："如果我是學生，我會想得到什麼？"因此，我會力爭在最短的時間，教會學生更多乾貨，讓他們學琴，不要像我一樣辛苦！

學琴教琴，教學相長，在當中學會觸類旁通。我不是一味地彈琴，我還去跨領域聽了很多講座，甚至我修音樂學，就是去了解中西、臺灣音樂史的文化底蘊脈絡，還實際去做田野調查，其實這都是在刻意訓練我的思維。教鋼琴，需要有豐富的內涵，要持續輸入各種知識與養份。當別人彈琴或講話時，我們都可以以欣賞的態度去聽，在聽的過程中汲取營養，這些營養會讓我們的音樂更加有血有肉，也會讓我們詮釋更快地成長，與作曲的音樂家更同頻，也更愛音樂。每個人的花期不同，要堅持自己的節奏，道阻且長，堅持、堅持，再堅持，沒有最好，只有更好。不追求完美，但追求卓越！

"物之美者，招搖之桂"，桂花，幾乎不見身形，可濃郁香味著實迷人。音樂家可以是過份低調的人，但當她坐在鋼琴前面，指落音起，那一剎那，她就是音樂世界的女王。

我在教學生彈琴時，總是暗自想像著他們成為"月亮裡的桂樹"，正如一簇簇黃色的小花，有著一縷縷清甜的香氣。世人都只知月光之美，又有誰嘗過"月亮的味道"，那一定是經歷艱辛後的彌漫在整個月亮的"名桂奇香"！

每一朵花有自己的花期，在屬於自己的時節綻放，才能展現自己最茂盛的美麗。春天有燦爛的桃花，夏天有清冽的荷花，冬天有幽香的梅花，而藝術化的月亮有桂花的芬芳，不張揚，卻是花香中的王者。

藝術的世界就像月亮，行於星海之上，孩子們慢慢長大，日拱一卒，日有所進，而在這相伴的悠悠歲月中，我也在他們身上感受到了"每一朵花都有自己的花期"與"成長時節"。

後進的孩子要多多溫言鼓勵，勤奮的孩子要多啟發方法，聰明的孩子要提醒謙遜，調皮的孩子要引導紀律，因材施教是重中之重的，因為每個孩子都有自己的花期，守望每個孩子，花期，分秒不差。

陽光、土壤、空氣、水，還有春、夏、秋、冬，四季變遷，以及刻在時間之上的倔強成長，流於琴鍵的靈性之光，一切都已備齊，每一朵花都會迎來自己的花期！

我未曾驚豔世界，因為我渴望的不是一朵花，而是一片花海！

23 在天賦上行走，
整個宇宙都會為你助力

當你的天賦覺醒，世界瞬間由嘈雜變得專注美好，因著它是上帝給你的禮物！

旅行可以飽覽塵世的風光，然而，我們內心的豐富，只有憑藉紛亂的夢境和藝術去體驗一二。其實，本質上我們並不了解世界，我們也不了解我們自己！

藝術的迷人之處在於憑藉不輕不重的今生，到處瀏覽自己的前生和來世。不需要闡述太多，兩個字就可以概括全部："藝"就是天賦，"術"就是技術或方法。當你發現自己的天賦的時候，你會花千倍萬倍的精力去磨鍊自己的技術和技能，因為"天賦"需要被看見，需要輸出，需要一個更大的出口！

這就是"藝術的自覺"！

"藝術的自覺"和"藝術的天賦"同等重要：天賦決定起點有多高和最終能達到什麼高度；而藝術的自覺決定了你能堅持多久和在藝術的世界裡走多遠。

藝術不只是在發掘自己的潛在能力，更是探索並洞悉自己，是探究"我是誰"的最好機會。這個過程是艱難而又孤單的。天地如逆旅，我獨自一人向遠方走去，夕陽將我的身影拉得斜長。遠方已經萬家燈火閃耀，可我，仍在藝術的路上徘徊。

等待著每一輛經過的車，也許這輛車叫蕭邦，也許這輛車叫巴哈，也許這輛車叫莫札特或貝多芬，也許這輛車叫亨德密特或史特拉汶斯基，其實並不重要，重要的是時光匆匆，這一輛輛車可以讓我去到更遠的地方。

藝術的真諦，不是他人的督促，而是憑藉你的天賦，產生藝術的自覺，去尋找到生命的春光。在一個完全陌生的環境，也許是內心深處一個隱秘的角落，放空自己，享受孤獨！如果你在內心見到了世人都沒見過的風光，那麼，你這一生註定不會平庸，而你的天賦與藝術的自覺，將帶你走向簡單如黑白琴鍵，浪漫如彩虹，炫麗如新星爆發的世界，這個世界的名字叫：未來！

藝術是另一種生活，生活是另一種藝術！

行進的腳步，永不停歇。不妨撿拾生命中的美好與失落，以天賦之名，讓藝術多了生活的意義，讓生活多了藝術的心境。本質上，藝術沒有對和錯，只有喜歡與不喜歡，鋼琴彈得動人，歌唱得動聽，或者表演者自己覺得已經充分表達了自己，其實，這樣的藝術就已經很好了，因為其中已經包含了一個最重要的元素：真誠摯愛！

藝術不在乎終點，而是在於旅途中的人和事，還有那些美好的記憶和與塵世繁華等量齊觀的內心的丘壑！把眼睛留給風光，把心靈留給藝術，讓纖纖的十指在 88 個琴鍵上跳舞、歌唱，永不疲倦地訴說對這個世界的愛！

把自己流放到內心的某一個角落，背上裝滿音符的行囊去遠方，那個夢寐以求的目的地。別忘了最初的夢想，別忘答應自己要去的地方，無論過程有多難，有多遠。

未知總會帶來一點恐懼，對舒適的留戀將阻止你天賦的發揮。如果天賦在驅使你做一些事，我們何妨踏上一段冒險的旅程。當你做出這樣的選擇，你就永遠不會後悔。因為，天賦的"渴望"驅使你去做的事，往往才是對的。

一路歡歌，在音符的世界徜徉，路上的風景開始向後退去，前方的清風越來越清爽，在藝術的世界裡，在音樂的宇宙裡，我們活了一世又一世。我們在時間的曠野裡流浪，一種逍遙，渾然忘我，與"大自在"交融，聽風吟，看花開，心弛神往，流連忘返。

不停地遇見，不停地思考，不停地感受流逝的光陰，不停地更新自己的記憶。保持一份平和，保持一份清醒。享受每一刻的感覺，欣賞每一處的風景，用內心的強大，用藝術的自覺，讓世人看到我們活生生的天賦。這乃是人間清醒！

我有一個學生，自小學舞也讀舞蹈資優班，小三時找我學琴上課，本來國中想換跑道考音樂班，我鼓勵她藝術的路應該是可以愈走愈寬廣，並非只能二選一，只要努力不懈，上帝自會為她開路。並且勉勵她，想要想得海闊天空，做要做得腳踏實地，透過她不斷地自覺與努力，她2022年在申請美國的大學時，上帝回給了她很多！她決定主修表演藝術，同時申請到加州和紐約幾所名校，還拿到獎學金，最後選擇了加州一間最靠近好萊塢的學校，同時修習舞蹈與音樂！她憑藉自己的天賦，一步一腳印前行，如今夢想成真，已漂洋過海赴美留學！。

這是我們本來都沒想到的事，她卻憑藉天賦與我對她反饋引領她"藝術的自覺"做到了，因為那是"上帝給的禮物"！「神為愛祂的人所預備的，是眼睛未曾看見、人心未曾想過的。」哥林多前書 2:9

然而，天賦何嘗不會被世俗的紛擾，生活的瑣碎所消磨？當天賦不被看見珍視，日復一日的消磨，也會使人精疲力盡！黑夜下，撕開那張面具盡是怠倦的容顏，無神的瞳孔。也許你在碰壁之後，迫切想逃離這周遭被鋼筋混凝土堆架的城市，停止每日在車水馬龍的市井裡忙碌的穿梭……幻想著坐在最高的山頂上，捕捉最後的流星。

藝術，需要一個人靜下心來往內慢慢體會；天賦，需要每個人細心守護。放空自己，讓音樂大師們經過時間淘選而留下的經典作品，不斷激發你的天賦吧！

天賦，閃閃發光，但只有有心人才能發現它的存在。玫瑰與薔薇的細微差別，只有愛過的人才會懂；哪一朵雲會下雨，只有被大雨濕透一百次的人才會在乎。

將來若有人願意保護你，就剪掉身上的刺吧。

24 天賦是隱性的，
我們應該堅持不懈地去尋找

你的天賦是什麼？

小草的天賦是不管多大風，它的根始終能抓牢大地；白雲的天賦是醞釀閃電與暴雨；太陽的天賦是使萬物生長；光的天賦是使眼睛看清萬物；上帝的天賦是創造天賦，並把它藏在你內心隱秘的角落，當世人發現的時候，上帝沉醉地欣賞著世人的驚訝與讚嘆！

天賦，並不是人生贏家才有的東西，我們每個人都具備某一方面的天賦。

天賦，從某種程度上來說，就是我們的命運！很多時候，天賦會在潛意識裏驅使我們做出一些選擇，並為之付出積極的努力或消極的逃避。我們每個人的天賦不同，這就決定了我們每個人的命運不同。

確實，好像一提到天賦，我們的腦海中就會浮現出天才形象，例如愛因斯坦，例如莫札特，例如達文西。但是，如果一棵小草都有它的天賦的話，我們每個人都是萬物之靈，怎麼可能沒有驚人的天賦呢？上帝給的禮物，非常隱秘，要不斷挖掘和探索。

我幼稚園時被發現有音樂的天賦，我小學時被發現有朗讀的天賦，而寫作的天賦則是無意中被發現的，文學，是很神奇的東西，它是其他一切藝術的基礎，也是生發其他藝術創作的溫床。當貝多芬和歌德並肩交談時，他們會有很多共同的話題，他們之間溝通無礙；當貝多芬拿著德國文學家席勒的詩作《歡樂頌》時，《第九號合唱交響曲》的經典名曲就在樂聖的內心逐漸構思成型。

天賦並不是"能做到的事"，它是基因深處的技能，是與生俱來的彩蛋，我常說天賦是上帝給的禮物，而且是"盲盒"，很多時候，連我們自己也不知道自己有什麼天賦。直到機緣巧合，上帝給的禮物被有心人發現，我們的天賦才熠熠生輝！天賦，本質上是那些我們不需要苦苦練習，就能做得比別人好的部份。

天賦，不僅僅是上帝的禮物，而且，它還是"上帝的偏愛"！

其實，每個人都有自己專屬的天賦，但找到並發揮出來，卻非易事。每一位家長，要善於了解自己孩子的天賦，每一位老師要善於發現，並幫助孩子發揮自己的天賦。如果連上帝的禮物都不被珍視，那我們又能珍視什麼呢？

有時是因為我們太習慣去補齊短板，看不見天賦的存在，例如，你數學考了 0 分，而語文考了 100 分，家長、老師，包括你自己卻只看到了 0 分，卻對 100 分視而不見。

有時則因為天賦隱藏得太深，難以發覺，像是一朵奇花被各種雜草所覆蓋，世人是很難發現的。天賦有時就是這樣藏在我們討厭的特質裡。而有時，天賦又像雪蓮花一樣，在大雪中迷失了蹤跡，鷹的眼睛也很難發現它的存在。

你的天賦，才是你的命運！

臺灣流行音樂教父羅大佑，從事音樂事業之前是一名醫生；寫出《廣島之戀》的張洪量從事音樂事業之前，也是一名醫生；國父孫中山從政前是一名醫生；魯迅先生從事文學創作之前，也是一名醫生，他們的經歷何其相似！我並不是說，要做出點大事，必須要當幾天醫生，我的意思是天賦是非常隱秘的，它需要一點觸動，例如看看世間的生老病死，看看人間的悲歡離合，才能發現自己的天賦，同時發現自己的命運的走向應該是什麼樣的。

找到自己的隱藏天賦，比傻傻地奮鬥三十年還重要！

有一段時間，我發現我有"拖延"和"慢"的習氣，但我沒有及時去改正它，而是通過它發現了隱藏著的資訊和天賦：慢的背後，是超乎常人的耐心。拖延的背後，則是"完美主義"在作祟。因為"慢"，我非常嚴謹，彈琴基本不會出錯，說話也不會說錯；因為追求"完美主義"，每一次教學，我會多花幾倍的時間去準備，所以，總能收穫意料之外超出預期的優異效果。

我還有一個習慣，就是喜歡寫字記錄，把身邊的人和事，把聽到的人和事，把想到的人和事，通過文字的方式記錄下來。而且幾乎可以做到跟講者同步！我記得考大學時，去補習班補強學科，還有不認識的同桌同學花錢要買我的筆記，真是不可思議！後來，大學時也當了四年的校園記者。我的一位好友看到了，說："Carol，妳為什麼不嘗試著文學創作呢？妳記錄下來的文字，甚至比妳的音樂還感人，這就是文學呀！"

音樂，離我很近，以為文學離我很遠！

然而，當我想抒發自己的情感，音樂是可以辦到的，但當我要發表對這個世界的看法，我就必須借助被我這位朋友發現的我的另一個天賦"文學寫作"。音為心音，言為心言，我想，不論是音樂，還是文學，我的天賦都來源於心，來源於上帝的禮物。

天賦，帶來一生努力的追尋，帶來的也是遊刃有餘的"大自在"！

現在知道了自己的長處，也懂得規避自己的誤區，所以總是收到正向的回饋。天賦，不僅能給自己帶來益處，也能給身邊人帶來好處，甚至，因為我的天賦，可以讓這個世界更美好的話，我想，這才是"上帝的禮物"的真諦吧！？

發揮天賦，綻放光芒，在過程中追求卓越。天賦，也許並沒有藏在禮物盒裡，它或許藏在揉成團的扔在廢紙堆裡的紙團之中。原來天賦，有時就藏在被我們嫌棄的人格特質裡，上帝給你最好的，但又不想讓你知道，這不是捉迷藏，而是在提示天賦的無比珍貴！

天賦和命運一樣，驅動著我們人生的"渴望"，天賦寫在基因裡，它的本質是等待被發現並不斷挖掘和成就它。天賦若能全部發揮，我們每個人都可以是超人。

潛藏的能量不斷轉化為生命力，成為你獲得幸福人生的本領，也成為你幫助別人的資本。人人都有天賦，天賦讓人卓越，也讓這個世界更美好！

當這些潛藏的能量不被看見或認可，就會被埋沒，在你沒有察覺的時候，使你的人生黯然失色。因此，我們要及時發現自己的天賦，使之成為"正能量"。

上帝不但送給世人一顆宜居的藍色星球作禮物，而且還在旁邊懸一顆月亮，啟迪審美和藝術。

天賦，是一生為明月寫詩；天賦，是江山代有才人出，各領風騷數百年！

25 用不一樣的角度看人生，
就會發現不一樣的風景

　　請記得我的好，或者，記住我就好。時光忘記一切，歲月卻珍藏著每分每秒。

　　一個週末的傍晚，落日的餘暉穿過玻璃窗，彷彿我在雨後用細長的手指寫在起霧的玻璃窗上的名字仍然還在，就像一彎永不消逝刻在天穹之上的彩虹一樣！暖暖的夕陽灑在地板上，一片金黃。我從書架翻到塵封已久的相冊，青澀的少年，浪漫的少女，一張張笑臉，在夕陽裡鮮活起來，彷彿就在昨天，星光與眸光交映成輝！

　　思緒像時光穿梭機，一下子把我拉回到了曾經的天主教高中時光──那個青蔥的、浪漫的、奮發向上的時光。曾不只一次在夢裡回到這裡，我結識了聖母瑪利亞，祂向我一一介紹祂的信徒，，還有指派給我天使般的同學。

　　上天眷顧的"幸運"，那是周公也解不開的香甜的夢。

　　彈指一揮間，已是時過境遷，真摯的友誼，不會因時間的阻隔而沖淡，師恩只會隨著歲月而增其厚重。昔日的承諾，也不會因似水流年而消磨改變。我和好友們約定：記取高中時光，我們有朝一日，一定回到那裡，相聚傾訴流年的相思。

　　傳承數千年的天主教會教育體系在臺灣得到充分尊重，人類文明的火種，被播撒到世界各個角落，展現著宗教入世的一面和世俗化的功用性。天主教會內，始終有一群人在努力捍衛天主教的傳承與傳統。他們本著堅定的信仰，幾乎獨立撐起了無數傳統教區與學校。還有個值得注意的細節就是，望彌撒的時候，有時，我們小女生們也不由得自覺地佩戴上了頭紗，表示對天主的尊敬。和很多大學相比，我們的高中學校，並不大，不過麻雀雖小五臟俱全。

與其他天主教會學校不同，孩子們在這裡學到的不僅僅是文化知識，天主教會的傳統知識，我們也會學到，從某種程度上來說，天主教會的傳承在此得到延續。

聯考是很重要的，那時除了讀書之外，也沒有其他方面的活動，考入教會學校後，學習和生活都變得豐富多彩起來，而且見到了很多"妙人"，真的非常開心，也受益良多。那時，老師們已經發現了我的音樂天賦，覺得 Carol 日後走音樂道路，藉此來榮耀天主，這應該是不錯的選擇。

那時，我最喜歡做兩件事，一是彈鋼琴，二是念聖經。我並不是一個正式的天主教徒，但通過念聖經，尤其是「主禱文」，我可以和身邊的修女和老師有更多精神上的交融，我覺得是蠻好的事，這樣會讓我自己覺得，我也是一個"妙人"。吃飯前要先唱謝飯歌並且雙手合十禱告，常存感恩珍惜的心，這都是我高中時期覺得很棒的回憶！

世界上有很多美好的事物，我們渴望也成為他們的一部份。大海渴望天空，因此把整個天空投影在自己身上。月亮渴望像太陽一樣發光，因此，月亮在夜晚充當了太陽的職務。我們在這個美麗的藍色星球上詩意棲居，其實有太多說不盡的美好！

高中生活是蠻有趣的，教會學校會有很多群體性的活動，而且都帶著宗教藝術與文化的色彩。而且，和同學們的交往也非常和諧，我的閨蜜中有吹長笛的，有吹豎笛的，各種都有，也有交響樂團。而我也常彈鋼琴伴奏，並且得到了老師和同學們的認可，常常在唱詩時派上用場。

我國中時，學業的壓力非常巨大，所做的夢都是惡夢。然後來到高中，因為與學音樂的同學們有伴，就會比較能夠學在一起、玩在一起、也開心在一起。一起笑，一起鬧，一起禱告，也一起努力追求理想中的學校。砥礪啊、切磋啊，然後一起投入整個身心去練琴，我覺得現在回想還蠻有意思的，憶及當時，此刻嘴角上揚，內心充滿喜悅。

天主教有聖母瑪利亞，我們早上都要念祈禱文，就會有那種感恩的心境，感恩的文化也蠻好的，是一種非常觸動人心的情感，體會過的人都知道，那是一種對自己身心洗滌一遍又一遍無比聖潔的心情。

高中時我遇到的鋼琴老師謝老師，她總是輕聲細語、氣質高雅，在教學上非常專業，是那種平時慈愛，而教學中又非常嚴厲的老師。老師沒有子女，她常常把我們當成她的兒女。一日為師，終身為母。這句話用在我老師身上，確實是很合適的。

她是一個基督徒，我總感覺她是上帝派來教我們的。

音樂老師很多都是基督徒，我在他們身上都可以感受到那種神的慈愛。我那時理解了"神是怎麼愛世人的"，我給出的答案就是："神"是通過"人"來愛世人的。

我想，"神"通過我的老師來愛我：當然，也會通過我來愛我的老師和世人。其實，這種感覺是非常妙不可言的。星空很美，我沒想到自己有一天可以成為星空的一部份，因為我們每個人也是一顆美麗的星辰！

我要用詩歌讚美天主的名號，並要用感恩的心彈奏最美的曲調，為天主增輝：這將使上主滿心歡愉，勝於蹄角具全的牛犢。但義人要在天主面前踴躍歡樂，他們也必在愉快之中加倍喜悅。

「應常歡樂，不斷祈禱，事事感謝：這就是天主在基督耶穌內對你們所有的旨意。」

那時，我的內心是充滿喜悅的。而在日後，我有了很多學生，有了很多朋友，我也持續地將我的喜悅與他們分享，而分享本身也是一種喜悅。贈人玫瑰，手留餘香！

我當時對造物主理解的偉大之處在於，祂在創造了世界之後就休息了，並沒有過多干涉人的生活，祂讓人類按照自己的意志生活，而我們內心的"生命的喜悅"將通過"藝術的自覺"而得以彰顯，不僅是為了榮耀天主，同時，也是為了榮耀我們自己。

每一個平淡的日子都值得尊重，每一個喜悅的日子都值得慶祝，每一個真心愛過的日子都值得記念，而來過我們生命的每一個人，都值得說一聲：謝謝！

每一個還在身邊的人都應該珍惜，願你眼裡有星辰，身邊有微風，心中有暖陽。

繼續善良，繼續聖潔，繼續感恩，也繼續喜悅的 Carol，相信生活不會虧待；一天天，一年年，繼續對每件熱愛的事物都全力以赴，就算不能滿載而歸，做美好的事，變成自己更喜歡的人，這已經足夠讓我的內心充滿喜悅。

看滿天繁星閃耀，看時光如流，看遍野繁花，不急不躁，不辜負他人，也不違背自己心意，願我的存在，配得上世間一切的美好，也願我的存在，能讓世界更美好，且人人充滿真心的喜悅。

若錯過了夏花絢爛，必走入秋葉靜美！上天不會辜負心懷善意、時時微笑的妙人！

再小的一雙翅膀

也大於一座天空

　　　　　　　——《天賦交響曲》

第三部

生命的交響曲
應該由你自己譜寫

26 與有天賦的人同行，
就會明白努力的重要

　　後來我如夢一般考上我的第一志願：國立藝術學院（就是現在的國立臺北藝術大學），這是全臺灣最好的藝術殿堂。有全臺灣頂尖的藝術家、音樂家師資和環境。

　　每年十月都會在校園舉辦大型藝術活動——關渡藝術節 Kuandu Arts Festival ，展演類型包含：戲劇、舞蹈、音樂、電影（關渡電影節）、美術（關渡雙年展）、大型儀式演出、樂團表演、創意藝陣表演、創意市集、OPEN DAY（教學卓越計畫歷年成果展）等。讓藝術更親近人群、貼近生活。

　　母校位於美麗的關渡平原，是一所非常有創新精神的藝術院校，建構雙向互動的國際標杆課程；提升思辨論述及跨領域整合能力；鼓勵師生自主跨領域學習與實踐；因此，從母校畢業的學生不僅專業成績優異，而且具有跨領域整合的能力。

　　進了大學，我就一心都在音樂上，全力以赴。因為在這個第一志願的藝術大學裡，各類藝術天賦的人才濟濟，所以自己受到這種環境的影響，也感覺到一種緊迫感，時刻驅使自己更加用功地學習。

　　學校的環境非常好，考進去時叫國立藝術學院，後來改制更名為國立臺北藝術大學，這個學校，真的就是我的夢想校園，校園非常美，有天然的侏羅紀公園，有校狗也有校牛，超級酷，能感受藝術與大自然生態共生，然後每一個學生都很厲害，不管就讀哪一個科系的學生，都是人中之龍鳳。與龍相伴，必傲視天下，與鳳同舞，必涅槃新生！

　　我從高中就蠻獨立的，上了這麼好的藝術院校，感覺總算辛苦沒白費，圓夢成功。那時候真的感覺很開心美妙，能讀到我最想讀的大學，自然我也立志要成為一流的大學生。就是"今日，我以母校為榮；他日，母校以我為榮"這樣一種感覺。

　　就我的圓夢經驗分享，一是要有信心，二是要有興趣，三是要為之努力，踏實認真的去做，當然如果我沒興趣，當然就沒有辦法，可是如果我是有興趣的，我一定會想辦法去克服前行路上一切困難。而在大學裡，最大的感受就是，可以和全臺灣最優秀的老師、最優秀的學生們一起學習，絕佳的環境，讓我的成長一日千里。

　　有一位朱老師，他初中開始學習打擊樂，後來到維也納深造留學，回國成立打擊樂團，並且在各大音樂系教授打擊樂，作育英才無數，學生遍佈全世界，而且擅長藝術管理，是音樂人中難得的管理人才。有幸他當了我們的大一導師，我們結下了難得的師生緣份，後來他更當上母校的校長、國家兩廳院院長，一步一步實踐他的理想，是我敬佩築夢踏實的夢想家，除了在音樂藝術領域下功夫、帶領團隊，還繼續精進在EMBA 商學院的學習。

　　這位導師所教會我的是立定人生方向與生涯規劃，讓我在日後的音樂生涯中受益匪淺。我們大一的時候，他就問我們的短程目標和遠程目標是什麼。我從小就蠻喜歡音樂跟文學，所以除了鋼琴之外，我選擇了音樂學、中西臺音樂史、並且在歷史音樂學、系統音樂學和民族音樂學都有更進一步鑽研，這樣既有音樂又有文學和史學的架構下，有助於我的音樂教學和演奏詮釋。

　　教我音樂學的是臺灣知名音樂學者劉老師，他是維也納音樂藝術大學的音樂學博士，也有如我在音樂專業學習上的爸爸，一日為師、終身為父！他特別是古典音樂史的權威，他為我們解析導聆世界古典音樂發展的內涵，讓我知其然，還知其所以然。我們要了解一個人，一定要了解他的經歷，而要了解古典音樂，也一定要了解古典音樂走過的幾百年歷史。他教會了我從「聽音樂」去了解歷史。他常對我說，「就在語言的盡頭，開始了音樂！」

作為一個極致的音樂人，能有"音樂史學"的深厚背景，讓我可以與更多人分享音樂並深入探討。我不僅能跟普通的觀眾去分享音樂，我也能和資深音樂家去解析探討音樂。就像武俠小說裡講的情節一樣，優秀的音樂家老師們給我輸入了音樂理解的'內功"，讓我每一次的彈奏有"音樂史學"的底蘊，使我可以用更廣闊的視野來表現音樂和教授音樂。

鋼琴是音樂樂器裡的一部份，鋼琴是一個縮影，一個單兵作戰的士兵，是贏不了戰爭的，每一個士兵都要了解整支軍隊的狀況，才能贏得戰爭。尤其是在彈奏鋼琴協奏曲時，例如貝多芬《第五號鋼琴協奏曲》，這樣大型的協奏曲，如果鋼琴家沒有"音樂史學"底蘊，就不能像指揮家那樣去了解音樂的全貌，就比較難詮釋出音樂的整體靈魂與恢弘的氣勢。

鋼琴是樂器之王，鋼琴是一個世界，而我在上大學之後發現鋼琴以外的世界，哇！你會覺得其實整個音樂世界是很美好，它不只是鋼琴，我們只是從鋼琴出發，但是鋼琴只是裡面的一個元素。鋼琴不是孤立存在的，它是跟整部人類歷史相聯繫的，這就是視野被打開之後，才能真正體會的真諦！

鋼琴，是一種樂器；演奏技巧，是藝術世界的敲門磚，就是說你不是只有彈鋼琴，你要傳承整個音樂文化，並從"音樂史學"的角度去發現過去現在和未來。整個音樂文化，你越深入了解的時候，你在彈琴，你在詮釋的時候，你能夠更加深刻地去感受到作曲家他所要表達的意涵。

除此之外，我也修臺灣音樂史、中國音樂史，讓自己全面去理解音樂歷史的架構與系統是主要方向，學習全面了解會有宏觀與微觀不同的思考角度。曾經有人就跟我說，妳學這個音樂，像是巴哈，巴哈他是洋人啊，他又不是我們華人！其實，在更大的視野來看，藝術是沒有民族界線，藝術也是沒有國界的，甚而至於藝術是超越時空的，能表現人類細膩的情感就都是難能可貴的藝術，我們不應該有那麼多分別心。

臺灣的音樂資源非常豐富，不僅接受外來的音樂，還有原住民音樂，還有客家音樂，還有民族音樂和宗教音樂等。慶幸感恩在大學時期，我都有廣泛涉獵，這些都是我今日的養分。學習音樂，應該放空自己，要有空杯心態，讓自己像一個容器一樣，能包容古往今來和海內海外各種音樂，然後，融會貫通，有了堅實的基礎，最後才能通過整合創新，實現自己的音樂夢想。

學習音樂，要培養獨立思考判斷的能力，不能單一化，如果只限古典音樂的思維，你就會被古典音樂的思維給"框"住，態度需要更多謙卑、更多沈潛，還有更多反思與歷練。

而且更有趣的是，我後來還研究音樂中的京劇元素，而我在臺大音樂所寫的論文主題是臺灣"外江"（海派）布袋戲音樂，是不是超級大跳躍！所以，感恩我在藝術大學所學對音樂理解建立了"深度"和"廣度"的認知，因此，大學時期對我來說是非常重要的，為我日後成為一位出色的鋼琴導師打下了堅實的基礎。

我跟鋼琴的故事，寫著我跟世界的故事！

27 生命是自己的，
色彩由自己選擇

唐代李翱《贈藥山高僧惟儼（其一）》一詩中，寫道：練得身形似鶴形，千株松下兩函經。我來問道無餘說，雲在青天水在瓶。

鋼琴家的魂像雲一樣，清清朗朗，在九天之上；鋼琴家的藝術，像水一樣，在瓶中，法度森森，無一指在法度之外。

我有一個學生，現在已經大學畢業，水瓶座，以下我用"春、夏、秋、冬"四個能量象限來分析。如果以天賦屬性的四季能量分析，他應該算是秋季，善於感知他人與環境，擁有踏實、做事穩健、掌握節奏、與人一對一連結，善於服務的特質，做事能有結果收穫的屬性。他算是我最早一批的學生之一。小學一年級跟我學琴直到後來他也出師！

一開始是他媽媽來跟我學鋼琴，本來他媽媽才是我的學生，後來，媽媽也想讓孩子也一起來學，並詳細介紹了孩子的情況。

"水瓶座"男孩非常有天賦，像"風"一樣，可以飄在"創新之天"，也可以裝進"法度之瓶"，經過我的悉心教導之後，真可謂前途不可限量！

因為他媽媽也是鋼琴老師，所以他的學習環境和基本功條件都蠻好！

其實，有天賦的孩子，就是很好教，天賦從某種程度上比努力更重要。我們之所以努力，就是為了不斷激發天賦！他後來也當成了一名負責任的鋼琴老師，且多才多藝的那一種！

　　天賦好，得有人發現，還需要花時間找專業的老師培養。他是家裡的獨生子，所以他爸媽很早就去探索他的天賦並著重培養。由於他爸爸是學校裡的主任，所以擁有很多教育資源。當他媽媽發現可以跟我學鋼琴時，就把他送到我這裡來學習。

　　他媽媽很疼他，是那種“寶媽”型，將他照顧得無微不至，他爸爸則有點“老男孩”的感覺，例如說，兒子在客廳彈琴，他爸偏去開音響，跟他聲音對抗，也許也是在訓練他的專注力吧！其實，他爸爸並不十分支持他未來以教琴為職業，愛好音樂沒問題，但覺得男生教琴很難養家謀生，就是他爸爸這一輩的態度觀念。跟我爸爸一樣，總是希望自己的子女進入到學校、公務員體系中去，從而安穩幸福度過平實的人生。

　　話說心理學家馬斯洛有“需求層次理論”，是一個金字塔形狀，首先得解決生理與安全需求，才能考慮其他需求。但生理與安全的需求，是本能生物性的，對於有天賦的人來說，完全可以跨過這種第一層次需求，直接到“尊重”與“自我實現”的需求。

　　獨生子女，其實是有一點孤單的，從小缺少玩伴，有時還有一點脆弱玻璃心。還好，他天賦高也認真練琴，因此被我責備的機會相對很少，基本上都是一點就通。如果你彈得毫不費力，要不是非常努力，就是因為你有較高的天賦與練琴品質。

　　他後來高中也考得不錯，考到一個全臺北排名前十名的公立高中，大學也考到離家蠻近一所前三志願的有名私立大學。畢業如願考上公務人員，下班閒暇之餘也在大學社團教鋼琴！由於他爸爸不是百分之百支持他學鋼琴後走音樂的路，所以相對之下，我們都當他學琴只是學興趣。但是他很特別，比有些音樂系的孩子音樂性還好，加上我的長期教導之下，不管表演或比賽都大受好評拿到冠軍！我的後輩學生都稱他為大師兄，圈粉了無數的師弟妹們！

　　水瓶座的屬性應該可以說是十二星座最創新無法歸類的！神童莫札特，歌曲之王舒伯特等都是水瓶座！我也有很多學生都是水瓶座的，有男生、也有女生，他們都有像風一般的特質"一點就通，一通百通"的特點，這就是天賦。他們都是行走在天賦之上的孩子！

　　他們情商、智商蠻好，思維能力和創造力高，也愛好和平善於交友！這是非常幸運的星座。我的水瓶座學生們成長軌跡一般都不會出太大的問題，他們有主見，會聽從內心的聲音，而不盲從。他們內心有脆弱的部份，也有強大的部份，不會悲天憫人也不會懷疑自己。

　　他們在成長的過程會比同齡人更聰慧，也許造物主更偏愛水瓶座，給他們的天賦更多。

　　天賦，從某種程度上來說，是一種"降維打擊"的概念，如果你頭腦裡的是四維觀念，那麼二維的事情，對你來說就太簡單了！相反，如果你頭腦裡只有二維視角，是很難理解四維的微妙的。所以，勉勵我們要不斷精進、提高思想維度，才不至於被時代的進步更新所淘汰！

　　經歷過，才會真正懂得；因為懂得，所以從容；因為從容，所以得"大自在"！

　　水瓶座：不趕什麼浪潮，也不搭什麼船，我有自己的海！

28 深紮根、慢生長，
終有一天你可以笑傲四方

曾經滄海難為水，除却巫山不是雲。

"Carol，妳的生活真讓人羨慕呀！妳有這麼多優秀的學生，有自己建立的的事業和音樂專業，可以過你喜歡過的人生。有些人努力半輩子可能都達不到這個結果！"

我擺擺手說："這一點成果，不過是站在前輩音樂大師肩上的緣故，我跟你講兩個關於我大學室友的故事，一個是得到臺灣金馬獎戲劇系室友的故事：一個是我的舞蹈系室友如何在歐洲發光，成為德國舞團劇院的唯一亞洲面孔的故事。這兩個故事，我假借竹子和荷花，講給你聽。"

我的戲劇系室友，經過多年努力，拿到了金馬獎最佳女配角兩次，這是臺灣演藝圈電影界最大獎項，可不是一般人能拿到的。我總結她的過人之處在於，平時不斷向下深紮根，默默努力，以"慢就是快"的精神，十年如一日地奮鬥，終於等到爆發之年，在強手如林的演藝圈榮獲了金馬獎！

她的精神，就像竹子一樣。竹子用了四年的時間，僅僅長了 3 釐米！從第五年開始，竹子以每天 30 釐米的速度瘋狂地生長，僅僅用了六周的時間就長到 15 米！

這是不是奇蹟？這可不是什麼奇蹟。

其實，在前面的四年，竹子將根在土壤裡延伸了數百平米，這確保了從第五年開始，它可以同時吸收幾百平米內的所有養料。這就像軍隊一樣，兵馬未動，糧草先存！

做人做事亦是如此，不要擔心你此時此刻的付出得不到回報。世上不存在付出而無回報的事，只要努力了終有一天會有所收穫！

沒有醜醜的根在看不見的黑暗的土壤裡掙扎，哪來的美美的葉與美美的花，以"參天之姿"享受千萬人的讚美？

所有前期的付出都是為了紮根，再有天賦的人，就算是"天縱其才"，也需要有所儲備，才能迎來全面爆發的時刻。多少人成了王安石筆下"傷仲永"的主角，天才了得，不肯付出，不肯努力，用怠惰消磨了天才，最終沒熬過那三釐米，成了"非竹之竹"，成了"非材之才"，最終成了"無用之人"。

人生要經得起打磨，耐得住寂寞，扛得起責任，才擔得起使命，最終實現自我的價值！

看見別人輝煌的時候，不必羨慕，他們不只有天賦，而且付出比你想得多，在紮根的過程中，他們熬過了所有難關！

我的另一個舞蹈系室友，考入歐洲的劇院打拼，經過多年的努力，最終成為德國國家舞團的唯一亞洲面孔，而且，在她與舞團成員的共同努力下，逐漸躋身一線天團女主角之列。

演藝圈是最熱鬧的地方，娛樂圈也是最寂寞的地方，耐不住寂寞，不能持續向下紮根，就等不到所有人向你揮舞螢光棒的高光時刻。

我的這位舞蹈系室友，她的精神很像荷花，我就借助荷花來講述她的經歷吧。

“荷花定律”有多可怕？它跟“蝴蝶效應”一樣，比核子武器的威力還大！真正理解的人，都能走向成功。而不理解的人，多半半途百廢，與成功失之交臂。

　　什麼是“荷花定律”？

　　在一個荷花池中，第一天開放的荷花只是很少的一部份，第二天開放的數量是第一天的兩倍，之後的每一天，荷花都會以前一天兩倍的數量開放……

　　假設到第三十天荷花就開滿了整個池塘，那麼請問：在第幾天池塘中的荷花開了一半？

　　是第十五天嗎？錯！

　　是第二十九天！

　　這就是著名的荷花定律，也叫三十天定律。

　　我還聽過另一個故事：往圍棋的棋盤上放米，第一格放一粒米，第二格放四粒米，第三格放八粒米…….請問最終這個棋盤上有多少粒米。答案是：就算把全世界的米都放上去，也還不夠！

　　這就是指數級增長的效應，這就是“複利效應”，你每天多做一點，每天多進步一點，結果就是天壤之別的！我們千萬不能因為遇到困難而半途而廢，因為也許成功就在下一秒！

　　有句成語：“行百里者半九十”，意思是說：走一百里路，走了九十里才算是一半。越接近成功，越困難，越需要堅持。從“量變”堅持到“質變”，從而實現飛躍！

　　荷花定律最好的詮釋：不斷煎熬，不斷超越，不懈堅持，做到極致，於是才有了“出圈”的可能，才有了人生中滿池浪漫荷花。

有一種成功，叫永不言棄；有一種結果，叫荷花滿塘。荷塘月色，是人生中最美的風景，如果堅持到那一天，那也一定是你人生的高光時刻！

　　從現在開始改變，突破自己的舒適區，沉下心來向下紮根，耐著性子一點一點不斷進步，越過那個“最後一公里”的門檻，成功或許會離我們越來越近。

　　我的戲劇系室友，她的人生目標未必就是金馬獎，而我的舞蹈系室友，他的人生目標也未必就是進軍歐洲國家劇院舞團。但是，不管你的目標是什麼，只要對從事的每一件事都盡力去做，那麼一定會：山窮水盡疑無路，柳暗花明又一村！

　　如果說上天最慷慨的是“天賦”二字，人生最怕的就是“努力”二字！你一努力，全宇宙的力量都來幫助你走向成功！天助“自助”者，天妒“自渡”者，就是這個道理！

　　熬過黎明前的黑暗，迎來東方之既白；破曉時刻，你將全面爆發，全面收穫，實現夢想！

　　天道是什麼，就是因果，你想得到什麼果，就先去種什麼因！

29 天賦是你綻放生命的源泉

　　遠星也許比鄰居更能了解我，天賦潛行，眼裡有光。

　　不可否認，臺大是臺灣最好的大學，像這樣的大學，當然是人才輩出的，其中也不乏一般人看不懂的 "鬼才"。

　　我國中有一個學長，考進臺大，他是那種非常厲害的角色，厲害到連老師都怕他幾分。有時，他上課就是打瞌睡，但這不妨礙他每次都得全年級第一名！好像每一個知名的大學，都有這樣的人，像仙一樣的才，像鬼一樣的存在。有人開玩笑說他是文曲星下凡，而看到他本人那個樣子，又覺得，更像一個鬼精靈，有靈氣，但身上也有很多很難捉摸清楚的東西。

　　這樣的鬼才，讓人心生敬畏，也讓人產生濃厚的興趣。我想，他憑藉他的天賦超越一群只知埋頭苦幹讀書的人。天賦的源泉一旦打開，它的噴湧一定比瑞士的日內瓦噴泉來得生猛吧？！聽了他的事蹟，因此我在國中時期就對臺大也產生了幾分嚮往。

　　考研究所時，我同時考上了臺大和母校臺北藝術大學，結果我選擇了臺大，除了聽從爸爸的建議，當時很多人都不太理解。畢竟，母校的藝術環境與師資在臺灣都是頂尖排名！

　　一旦決定了就勇敢往前走。天性好奇寶寶的我，抱持著想要拓展我的眼界跟思維，我想要去認識不同領域的人，我想要去不同的環境，想要去找出新的可能性。一直以來，我還挺欣賞自己的勇敢，追求新鮮事物，追求天賦的發揮，追求一種同頻共振的精彩人生！就像我們打高爾夫球，要專注眼前的洞，然而你內心要有一個最遠的洞，所以也不能只看眼前。

如果我短視的話，我可能只需念到高中就可以了，因為那時候的琴技，已經足夠讓我教一些初級的鋼琴學生。我在考上大學、高中畢業的那個暑假就已經開始鋼琴教學！認真講起來，我十八歲就出道教鋼琴了！但是，我的天賦能有全部發揮出來嗎？沒有！所以，還是要做長遠的打算，並做持續精進的事情。因此，我後來去讀了大學，大學之後又讀了研究所，一直一直都在往前走。

如果天賦像大海那麼寬廣，你不能只拿一個杯子去裝，至少，你要開創自己的一方天地，用那大大的天去裝下大大的海！

我覺得不能辜負這麼認真的自己，我也不能滿足只是教鋼琴，雖然我看起來就是在教鋼琴，可是我教的內容跟我想要表達的都不只是鋼琴，我相信當我自己能量高，我教的學生也會有超凡的潛能的爆發，至少是能跟我一樣的。

同頻必共振，這是物理定律，也是心理定律！

和我同頻的學生這麼多，這是我的幸運，也是他們的幸運。

有的時候，我們需要對自己的天賦做一次"沙盤推演"，以你的天賦為基礎，構建春、夏、秋、冬四季能量盤，去覺察感受自己在平流層、逆流層和順流層時的所做的不同選擇。並且在推演過程中，找到同頻共振的夥伴進行團隊合作。有句話說，"認識人，了解人，讓人無所不能。"這世界這麼大，如果只能靠自己單打獨鬥，也未免太可惜了！

與天賦共舞的日子，你會更多感恩生活，珍惜擁有。對身邊的伴侶和朋友至少每人每天十分鐘全心陪伴；為了夢想再堅持一下不要放棄，因為天賦的爆發需要時間累積；明確自己的目標和每天要做的事，不讓一秒光陰偷偷溜走。

善用自己天賦的"四季屬性"，例如我就是春夏型的明星（閃耀者），我有夏天滿滿的熱情和春天靈活的創意思維，善與人連結、建立信任，在人群中容易被看見、以及正向能量，把這些能量和自己的音樂與教育培訓專業整合，形成一股勢不可擋的能力，追夢人不迷惘，心的旅程不懼難。

同時，要善於叩問自己內心，每一次的發問，都是對自己一次很好的覺醒與檢視。讓你看到時而有偏差，也讓你看到了自己有哪些的進步。這就是深刻檢討覆盤！

強大的責任感來自害怕失去的恐懼；渺小的身軀蘊含著巨大的能量；善用自己的天賦，放對位置，在時間的助推下，使它產生有效"複利"；每天多愛自己一點，並通過同理心，愛人如己，讓正能量持續傳播出去。心有夢想，放下頭腦的顧慮與重擔，勇敢去追吧！因為你擁有超凡的天賦與使命感，還有堅定如鋼鐵般的信念。

我擁有夏天的能量，我有溫度，我可以去感染別人，所以我可以去跟人連接，完成傳道、授業、解惑的工作與教育培訓的使命。我懂得先認同別人，愛別人，所以別人也會回饋他們的愛與支持給我。

在天賦的渴望驅動下，我覺得我的思維唯一不變的就是一直在變，我是在教鋼琴，可是教鋼琴這件事情，我把它當成我認識世界的一個可能性，不是全部。就像人生不會只有一個季節一樣。我的人生需要的是豐富性、互補性與契合性。豐富，配得世界的多姿多彩；互補，找到能補我不足的夥伴，契合，可以與我的天賦屬性同頻共振。

除了鋼琴，與人連結，認識新朋友，維繫老朋友，這也是我天賦的一部份，這部份是屬於情商與覺商方面的天賦。

　　這世上有無數種天賦，為何只有音樂天賦於我發出更強的光？這一定是三生三世的宿緣難以解釋，或是那說不出口的一說就錯的禪機。

　　天賦的前世今生，都是不可逾越的"生命的故事"！妙不可言！

30 人生的維度不止有長度，
也有寬度

　　人生就是一場修行，人生不會只有一種可能性，也不會只在一個維度徘徊！

　　然而，每個人潛藏的天賦不同，每個人的追求也有所不同，有人追求財富名利，有人追求簡單快樂，也有的人隨波逐流……關鍵是讓自己的選擇出於自己的本心，而這"本心"與你的"天賦"相關！不管是哪一種選擇，我們要重視這四個人生的維度：長度、深度、寬度、溫度。

　　人生長度，並不是指生命的長短，而是指你在一個領域裡能走多遠，所謂寧靜致遠，卑以自牧，以成其遠；人生寬度，不僅指你有能力跨不同領域做成很多事，而且指你的心胸、視野和格局比常人大；人生深度，代表你對一個領域深入的程度，你的專注力和深耕的程度，決定你在一個領域能取得多大的成就；人生的溫度指你的人生體驗性，在走向成功的過程中，你是否感知到內心的喜悅及滿足感，以及在這個過程中，你給別人帶去的溫度與溫情。

　　《易經》六十四卦中，每一卦都有凶有吉，唯獨第十五卦——謙卦，沒有凶，只有吉，是最好的一卦。《易經.謙卦》言："謙謙君子，卑以自牧。"以謙卑自守，以謙卑的姿態守住低處，大吉。這就是海納百川，"處其下，成其大"的氣度！

　　"卑以自牧"的狀態，像大海一樣，永遠低姿態，也永遠不會枯竭，以此成就其長遠、博大！

而學識淵博，睿智，幽默，言語深邃，不經意的一舉手一投足，都體現著氣度、從容與優雅，有跨領域的能力，有跨意識形態的胸懷，有海納百川的氣魄，這些又都體現著人生的寬度。

我的很多朋友，她們也是學鋼琴出身，有些在音樂的領域繼續深耕，做到了音樂總監的位子；有的跨行經商，憑藉出眾的財商，也做得風生水起。同一個天賦，你可以用它做不同的事情，所以，人生不會只有一種可能性，也不會在同一個維度上徘徊。

國學大師王國維曾說：古今成大事業、大學問的人，必須經歷三重境界。

第一重境界："昨夜西風凋碧樹，獨上高樓，望盡天涯路"，指明確人生目標與方向。這其實是我們發現自己天賦的過程，當我們知道自己的天賦所在，我們就能夠明白我們做某件事能做到什麼程度，我們在某個領域能走多遠！有時，我們的天賦是驚人的，我們可以到達"連夢都到達不了的遠方"！這是在成就人生的長度的過程。

第二重境界："衣帶漸寬終不悔，為伊消得人憔悴"，指我們磨礪自己的天賦，發揮自己天賦的過程，執著追求，忘我奮鬥，耐得住寂寞，不斷突破自我，不斷超越別人。我們專注於一個領域，不斷深耕。我們的天賦和努力，決定了我們將窮盡這個領域的所有可能性。同時，我們還將具備"一通百通"的能力，從而成就人生的寬度與深度！

第三重境界："眾裡尋他千百度，驀然回首，那人卻在燈火闌珊處"指豁然開朗，厚積薄發，讓人生不再是一味地追求單純的成功，而是兼顧了成功之外的溫度，包括在追求成功的過程中內心喜悅的體驗，並通過持續的利他，讓自己事業的成功，給更多人帶來幸福與喜樂，讓自己的人生擁有"驀然回首"的溫度與溫情！

聰明人的人生做加法，多才是好，不斷給自己的人生增加新的負擔；智者的人生做減法，少即是多，開始時夢想很多，最後，夢想往往只有一個，而這個夢想就是"天賦"為我們所做出的選擇，在自己擅長的領域不斷"加碼"，最終出圈！

內心真誠熱烈，甚至有些衝動，那是你的天賦在內心暗暗釋放能量！

獨一無二的你，一定也擁有獨一無二的天賦。上帝給你獨一無二的稟賦，也一定會為你準備好獨一無二的未來！

天賦是這個世界上唯一一個與"命運"等價的詞，天賦是創造性的、開關性的。

因為認識到天賦的重要性，我就深度參與"財富覺醒訓練營"，以一名極致的財富流教練的身份，用自己的親身經歷與能力，帶著大家進行沙盤推演，幫助大家覺察自己，並且在推演過程中去發現自己和別人的天賦，以便更確定未來的發展方向。關於自己的天賦，實際上我們了解得很少。就像是季節有四季，春夏秋冬能量，其實我們感知到的只是溫度與萬物的變化，但萬物為什麼隨著溫度與環境而變化，我們需要通過一些系統的方法才能認知與一一解構。

分析天賦，這主要是從人的天才、興趣、熱情等方面入手，你天生毫不費力的事，投入濃厚興趣的事，持久熱情不斷的事，都有可能是你的天賦所在。而且，人的天賦是具有延展性的，你有彈鋼琴的天賦，不僅說明你是心靈手巧的人，也表明你是有"整體性思維"的人，鋼琴家就像指揮家一樣，具備對一首曲子進行系統整合拆解的能力，例如它的節奏型態、它的和聲走向、它的旋律線條或是鋼琴協奏曲中鋼琴和樂團的音樂織度，如果一個人精通鋼琴藝術，這說明她既可以做一個鋼琴家，同時也可以經營一個專案，這就是天賦的延展性，同一個天賦可以做不同的事，並不是在一個維度上一直延伸，天賦與人生不僅有它的長度，也有它的寬度！

在紛繁的人世間，世界賦予我們很多職責，為己、為他人、為社會、為國家，我們的天賦不僅能令自己幸福，也能讓這個世界變得更美好。持續利他的天賦，註定同時具備長度、寬度、深度、溫度，而我們人生的氣度，正是從這四個維度而來。

只願叫醒我的不是太陽，是我的天賦！天賦直覺驅動下所做的選擇往往是對的。

天賦是一個寶藏，有時我們並不知道它的存在，甚至於，它就藏在被人忽略或厭棄的那些性格特質裡。所以，天賦就像是最名貴的寶石，蘊藏在地心深處，等著我們去發現、雕琢，唯有如此，它才能熠熠生輝！

天賦，是我們“平凡”表像下蘊藏的“卓越”！

31 當天賦被現實擊潰，
你應及時調整人生的方向

浮華一世轉瞬皆空，徒留癡心淚流未央。

北宋思想家王安石講了一個《傷仲永》的故事，就是一個天賦被現實擊潰而消磨殆盡的悲傷故事。王安石說金溪這個地方，有一個小孩，名叫方仲永，是一位震驚海內的神童。方仲永四五歲就能吟詩作對，而且他寫的詩比同鄉的秀才還要好！但方仲永的父親，發現這是一個財路，日日帶著方仲永去財主和鄉紳家表演，以便得到不菲的賞金。日復一日，年復一年，七年過去，方仲永十二三歲的時候，王安石再次見到方仲永，仲永此時已經"泯然眾人矣。"從一個神童到泯然眾人，只用了七年，天賦就完全被現實消磨掉了！這真是一件非常傷心遺憾的事情！

方仲永的悲劇，讓我們想到：仲永之通悟，受之於天，天賦不可謂不深廣。然而，為名為利，受制於現實；結果天賦和理想，均被現實一一擊潰！令人深深感嘆！

這讓我想到另一個故事：音樂神童莫札特的故事。

莫札特也是一位神童：1760 年，莫札特的父親開始給予莫札特最初的音樂教育，其中也包括文化基礎教育。1761 年，莫札特四歲就顯露出驚人的音樂天賦，彈琴、作曲樣樣在行，八歲寫出第首一首交響曲，被譽為"音樂神童"。

莫札特六歲就開始和姐姐一起在整個歐洲巡演，十四歲被義大利波隆納音樂學院聘為榮譽會員，同年在羅馬梵蒂岡獲得教皇親自頒發的"金馬刺頭銜"，晉升騎士。

有一次，他聽了西斯汀教堂的內部音樂會，默寫出教皇視若珍寶的聖樂《求主憐憫》，打破了教會多年對這個作品的嚴厲封鎖。

1773 年莫札特獲得薩爾茲堡大主教宮廷教師的職位，但因嚮往自由，不滿大主教對他的嚴厲管束，於 1781 年辭職來到維也納，走上了艱難的自由音樂家的道路。

在維也納他結識了海頓，並師從於他。兩人建立了深厚的友誼，情若父子。莫札特從海頓那裡學到了很多創作技巧，但又超越了海頓。

莫札特最大的特點就是無論生活多麼困苦，都能保留著純真燦爛、明朗活潑的情緒。

在莫札特的音樂裡聽不到任何憂愁和抱怨，這是因為莫札特身上明顯地體現出他人格特質所具有的堅定、樂觀。

莫札特和方仲永的區別：

1. 莫札特的父親是宮廷樂師，他非常珍視莫札特的音樂天賦。

2. 莫札特懂得現實與藝術的關係，懂得調整自己的方向，不斷精進，始終讓自己處於奮發向上的態度。

3. 環境使然，莫札特處於一個藝術環境，而方仲永卻身處名利環境。

我的一位學生，冬天鋼鐵能量，處女座、個性敏感細膩，他可以把德布西的《小黑人》（Le Petit Negre）彈得節奏感十足、富有舞蹈性。第一個樂段表現能歌善舞活潑的小黑人的音樂形象，第二樂段則體現了寧靜安逸而略顯憂傷的感覺。這些迥然不同的音樂形象，他都能通過鋼琴的演奏淋漓盡致地表現出來。可以說他簡直是靈魂鋼琴家！小小的身軀爆發出無限的音樂表現力！

然而，他也是一個媽寶，什麼都按他媽媽的安排去做。小心翼翼、深怕犯錯！

他媽媽說："我仍然記得第一次聽他彈琴的情景，那時他還是一個嬰兒，但對聽到的琴聲，已經能做出符合節奏律動的反應了。學琴路上點點滴滴都歷歷在目。一轉眼他已經比家裡的三角演奏鋼琴高了。"

我對她說："孩子的天賦非常高，這個不用懷疑，但是，大人應該學會適當放手，讓孩子多些獨立自主精神，這更有益於發揮他的天賦！"

她覺得我講得挺有道理，就按我說的去做。一開始孩子就像剛斷奶的孩子，很不適應，也會有些叛逆。但是，時間久了，孩子也就慢慢適應了。我發現，孩子有了獨立精神態度以後，他主動學習的能力增強了，而且，能自主思考，設計優化"指法"，我對他未來的發展前景更有信心了。

天才不是什麼都會，我教他鋼琴，更重要的是教他認識兩位朋友，藝術和美。同時，我還盡力教會他生活的態度和獨立思考的習慣。

天賦，是一顆參天大樹的種子，不能種在溫室，應該種在森林裡！

會彈琴是技巧還是藝術？當然是藝術，只是沒有技巧支持就不會有藝術。孩子出生前就可以多聽古典音樂，四歲半到五歲可以正式開始學琴。人生不是比誰更快的競賽，但鋼琴是需要一點基本功的，儘早開始對手放鬆更為有利。但，媽媽們不能讓有天賦的孩子成為"媽寶"，因為他們最終是要走向全世界的，除了鋼琴，他們的世界應該有其他一切美好的事物。

天才，從某種程度上來說，是有一點脆弱玻璃心的，尤其是"媽寶"這類的孩子，更是如此。因此，適當的挫折教育也很有必要。誰也不能輕易成功，就連莫札特這樣的天才，也是一輩子刻意練習彈琴，一輩子學習，一輩子努力，一輩子持續不斷地向上攀登！

作為媽媽或老師，永遠想把最好的東西給孩子。藝術是永恆的，天賦是珍貴的，磨礪是必要的！孩子，請你慢慢來，就像觸鍵的感覺一樣，溫柔而堅定。在永恆的藝術裡找到永恆的快樂與夢想！

錯過清晨的第一縷陽光，錯過傍晚的最後一抹晚霞，錯過一個上天贈予的天賦，也錯過一段青青子衿的年華。人生的遺憾就是：錯過！人生本就是一場看不到頭的旅行，但因為你遇到了那個天使或貴人，看到了你的天賦，幫助你成長，也讓年少無煩惱，歲月不再漫長。

天涯太遠，一生太長，花期荼蘼，也抵不住荏苒時光。天賦是腰上的寶劍，也是日行千里的汗血寶馬，俠客愛寶劍，伯樂識良駒，誰無悔著誰的執著？

我見過春花、夏風、秋葉、冬雪，也踏遍南國、北海、東麓、西嶺，可這季節的流轉，並非人一己之力可所為，自然的天賦就像宇宙洪荒，若無有心之人的逐夢同行，又怎能讓滿天星辰閃閃發亮。能跨越億萬光年的，是你與生俱來的天賦，也是我前世今生的守護，更是當下時光的十指相扣，共啟藝術之門，蒼山靜水，都不及你對我展眉一笑！

仁者樂山，智者樂水！山水相合，才是風光無限！

愛，是人人具有的天賦；才，是少數人具有的天賦！但只有把二者結合，才能才情無限，無往不利，直達藝術的王國，跨越夢想的國度！

32 機會總是留給有準備的人

學鋼琴難嗎？入門用對方法不難，難的是最後登頂的部份，正確的起步是放鬆簡單的。

學琴的前三個月，著重在於手部的放鬆，這是「行」（實踐）的部份，而『知』就是認知、視譜與基本樂理的部份。我常跟學生說學鋼琴有一雙翅膀，一個是「知」、一個是「行」。強化基本功，蓋樓較輕鬆！初學不要求進度快慢，手要先鬆，建立好指力集中，積極不心急。例如我有教一個較我年長的大學教授彈鋼琴，從一隻手到兩隻手，從零基礎開始跟我學習。他現在已經出師，都已經可以自己開發曲目，例如蕭邦名曲回家自己練習，其實，並不需要用力教，也不需要用力彈，而是要用心，只要方法對，基本上一點就通。

如果不是那種立志當鋼琴家，只是把彈鋼琴作為一種興趣愛好的話，出師之後就可以自己去練，偶爾回來跟我學，我會糾正你錯誤的指法，這樣階段性地指導一下，進步是非常神速的。如果是出於愛好，也不需要一輩子學琴，出師之後偶爾回來彈給老師聽，就很有成就感了！

出師後，老師在，你可以彈得很好；老師不在，你也可以彈得很好，這才是教學的目的。而且，關鍵是讓你產生"藝術自覺"，你自己感知到藝術裡的純粹與真善美，自己主動發揮天賦，用對方法練習，就能持續提升鋼琴能力。

我的學生基本上不會覺得鋼琴很難，大道至簡，大樂必易！因為我教的是方法，會者不難，難者不會，就是這個道理。而且，我在從事家教的時候，都會考慮到要因材施教，要達到"事半功倍"的效果。而且，我鼓勵"實戰"操練，在學生有了一定基礎時，鼓勵他們去參加一些活動，現場表演鋼琴演奏、檢定或比賽，這樣，會激發他們的潛能、綻放天賦，使他們進步更加神速！

　　我是最反對"埋頭苦練"的，如果你的手不鬆、指法有錯誤，錯一次，馬上糾正，就還好；但方法錯、指法有誤，你把錯誤重複一百次，那就十分可怕！我本來只需一分鐘糾正它，現在我要花兩個小時把你錯誤的指法糾正過來。鋼琴講究"手指肌肉記憶"，也講究當下自覺意識，所以，是不允許把錯誤的指法重複多次練習的。一張白紙，才好作畫！寧慢而正確，不求快而隨便！

　　我教學算溫和了，我小時候的老師都還蠻嚴格，有些老師很凶，他們翻臉的速度比翻譜的速度還快。一旦錯音，就引來狂風暴雨式的責備。他會覺得你今天彈不好，就是在浪費我的時間，我還在這裡聽你、陪你練琴！

　　我開始當家教教琴的時候，並不是像現在這樣，學生排著隊還有候補來找我學，而是一種雙向的奔赴，有時是學生主動找我，有時是我主動找學生，更多的時候，是家長替孩子來找。剛開始，大多數情況是到學生家裡去教鋼琴課，而現在都是學生自己前來上課，所以學生都會相對放鬆一些，這樣一來，教學的效果反而會更好。

　　起初，來到北部求學，學校以外，我一個人都不認識，學生是挺少的，只有一、兩個。後來口碑傳出去了，轉介紹的特別多，就漸漸有點忙不過來了！

　　後來，就有很多大人也找我學琴，有很多大人是因為小時候有鋼琴夢，但那時家庭條件不允許，現在不一樣了，有錢有閒，就想圓一下兒時的夢想來找我學琴。其實，我很欣賞、尊敬這些有夢想、愛音樂的大人的，而且，他們有時學得比小朋友還快，一步一腳印、按步就班而且聽話照做！小孩子的優點手較鬆，沒什麼"違章建築"，大人的理解力好、但手比較緊，然而，事在人為，有心就能得力，跟我認真學，絕對能"知行合一"！我做家教是一種嘗試，他們學琴也是一種嘗試，但只要用生命投入去做，做好充分的準備，就一定有成功的機會。

我還遇到一家三口來跟我學琴的，我同時教媽媽、和兩個兒子學琴，他們的優勢顯而易見，就是有非常好的學習環境，常常聽到他們反饋，三臺鋼琴同時開動，整個家都充滿溫暖的琴聲，交織著開心之情。不僅我可以教他們，他們三個之間也可以互相學習、切磋、精進！其實，我們為鋼琴也做了很多瘋狂的事，再不瘋狂，我們就老了！是不？所以，藝術不怕晚，但最難能可貴的是：想到，就馬上去做！從某種程度上來說，學彈琴是需要一種執行力的，因為彈鋼琴，它不僅需要認知，更重要的是實踐，學百遍不如彈一遍！

像這個媽媽二十八歲，辛苦帶兩個孩子，在這樣焦頭爛額的柴米油鹽的生活當中，她還能想到帶著孩子一家來學鋼琴，她真是一個"妙人"！愛藝術的女人是最優雅、也是最美麗的。她這份對生活的熱愛，她這份對音樂的熱愛，她這份對夢想的渴望，讓我動容，也讓我更加全身心地教他們彈琴，她們學琴也非常主動，平時練得也挺多，因此，他們出師比別人要快很多。

不可諱言，學生時做家教是很辛苦的，成天這裡跑，那裡跑的。但當我看到學生可以彈出流暢動聽的世界名曲的時候，我又覺得樂在其中！學鋼琴，不可能不遇到困難。有的學生手指太緊，不夠放鬆靈活，這就需要花更多時間感悟體會，我也特別去想了不少辦法來輔助他們的手指放鬆變靈活，我的方法很好意會，我都會隨時變出可用的道具來實際操作說明，我天賦裡有春天能量的創意和夏天能量的熱情、加上有些秋天能量，能不斷耐心地要求學生們重複反覆刻意練習，這就是跟我學鋼琴才能得到的收穫與禮物。每一個學生都是我的寶貝和 VVIP，我全情投入、全力以赴！我常常教的不只有鋼琴、更多的是自信！

　　我做家教的那段時間，教了不少的學生，有小孩，也有大人。確實很辛苦，因為不同的人，你要研究不同的教學方法。但，一切辛苦都是值得的。當我聽說，學習鋼琴幫助他們在學業中獲得了強大助力，讓他們可以在同學間嶄露頭角的時候；當他們告訴我，音樂給他們帶來了全新的視野，讓他們可以走向全新的幸福生活的時候，我的內心充滿著喜悅與欣慰！

　　見山是山，見海是海，唯獨遇見音樂，遇見了鋼琴，山河有了顏色，大海有了情懷，新世界從此有了我們的故事！

　　世界好大，大到一輩子才能了然藝術世界的旖旎風光；世界卻也好小，小到我可以若干年後，再次遇到一個更加出色的你。一萬星辰掬在手心，三千清音彈不休。願你霜塵夢不朽，白月牽衣袖，春秋撫眉頭，登臨峰頂看天下！

　　但願人生始終有鋼琴相伴，以後你的生活溫柔、有趣，不必太激烈；三餐，四季，不必太匆忙，畢竟有一生的時間，讓天賦在琴鍵上共舞，與琴相依，深情與共！

　　從此，你不必一個人和日月星辰對話，和江河湖海晤談，和每一棵樹握手，和每一株草耳鬢廝磨，你已經準備好，讓天賦在八十八個黑白琴鍵上跳躍歡舞，頓悟宇宙洪荒和日月盈昃的深意！

33 夢想只要開始了，
永遠都不晚

學鋼琴，從練第一個音開始就要學會"聽"！

我進大學後教的第一個學生，一開始，我不僅教她放鬆與基本功，我還教她如何去聽，如何去感受，我們並不是只用手指就能把琴彈好，還要打開耳朵、用心，以及我們整個的內涵素養與感悟。鋼琴，像是一個系統，我們要調動整個身心靈去學、去彈，只有這樣，我們指尖下的音符才會有音樂性！

我的第一個學生，是我在做家教的時候遇到的，緣份很奇妙，她是我讀大學後的第一個鋼琴學生，而我是她的第一個鋼琴老師，緣份在冥冥的際遇裡，讓我們邂逅在鋼琴藝術的世界。我並不是一個技巧導向的老師，而她是一個心思細膩對藝術性敏銳的學生，所以，我和她是一種同頻共振，她很有天賦，而我也沒有辜負她的天賦！

這個學生挺優秀，我教她時她讀小學，後來考上高中就讀北一女，是臺北市高中生的第一志願，她現在已經是一名老師了，她大學讀的是國立臺北教育大學，現在已經結婚生子，畢業後彼此各自天涯，就少聯絡了。不過我對她的印象還蠻深刻的，因為她是我就讀大學時最初教的學生。

她的爸媽都是留日回臺，媽媽是日文老師，當時就來我們學校音樂系館找家教，還特別問助教，幫忙推薦優秀的鋼琴老師，因為她很喜歡我們學校，想要在我們學校找一個鋼琴老師，可以教她女兒，最終千挑萬選，就找到了我，現在想起來還是蠻神奇的。

我那時還有非常多的在修的學業，所以，只能用課餘時間去教她女兒彈琴，我其實也不比她女兒大多少，所以有很多共同話題，因此，她女兒對我也沒有排斥感，學習也非常用心。

我的這位學生，一直都是品學兼優的，當時在學校裡當班長，所以，做什麼都追求卓越。她在音樂方面，也挺有天賦的，音樂性蠻好。有一顆少女心、纖纖玉手，非常靈活、靈巧有靈性，是個射手座、領袖型、具有冬天加春天能量的學生。

她也有冬天能量人少見的強烈表演欲望，所以，她學琴的時候不怕辛苦，例如我讓她把一個姿勢指法練十遍，她可以主動練上三十遍！有天賦，又肯努力，當然就沒有彈不好的！所以，學了一段時間之後，她就能在學校才藝表演當眾表演鋼琴，老師和同學都對她讚譽有加，這使得她學琴更用心了！

她後來考上大學，打電話來問我意見，計劃雙主修，她考進去時是社會教育，她想雙主修音樂，請我幫她準備考曲。其實，這兩個方面都是她的夢想。一個是學科分數加願望而考上的科系，一個是小時候對音樂與藝術的理想。畢竟單考音樂系太辛苦了，像這樣考進去再加考音樂是最幸運的事了。感謝主，她真的有恩賜又幸運又肯努力，再加上有我教她鋼琴，這更加讓她水到渠成，在同學間也更顯得有特色了！

她從小就是領袖型人物，我也不斷地激發她在音樂上的潛能，她自己本身天賦好，我教她的時候她很能吸收，更可以發揮她在整合性思維方面的長處。而且，她智商和情商都蠻高，對音樂的理解也全面。她媽媽看到女兒一日千里的快速進步，非常高興，後來又幫我轉介紹，給我帶來了不少新學生。因為都是我的學生，這些學生之間，也互相交朋友，彼此促進，切磋技藝。而她的妹妹，自然也成了我的學生。那時，我心裡小小得意："看，我二十出頭，就已經快要桃李滿天下了！"

我最初的這些學生，有一個共同的特點：她們心裡都很清楚自己想要什麼，並願意為之付出加倍的努力。態度決定高度！

在很多時候，我們過於強調老師的作用，其實學生的天賦與肯學也是非常重要的。如果學生既有天賦又非常努力的話，實際上，老師就可以少操很多心。我那時要上學又同時教四、五個學生，也不覺得辛苦，因為她們都是非常有恆心毅力，每天都堅持練習。天天練習，一天兩天看不出來，半個月、一個月就看得出天壤之別的效果了。

我的這些學生，一是學習力很強，善於吸收知識；二是"內化力"也很強，善於把學到的知識和技法內化為自己的技能，因此，往往學個兩、三個月，就能上臺表演，並獲得蠻好的評價！還有就是她們有方向、目標感強，例如我今天要達到什麼程度，一個月之後要達到什麼程度等等，她們內心是非常明確的！我常常都會跟學生說，心中沒有籃框，就會流於打散球，投不進籃框！

在教琴了一段時間之後，我的這些學生也把我當成朋友，當成自己家人，她們很願意跟我分享一些比較內心的話題，我也和她們打成一片。我更了解她們，她們學得也更放鬆了，原先很難克服的技巧，也被很容易就突破了。因此，在蠻短的時間內，她們的琴藝就突飛猛進，得到老師和同學以及親戚朋友們認可，令人刮目相看。因此，找我學琴的人就更多了，而我自己的教學也有了更豐富的經驗，就更加如魚得水！

有些學生很聰明，但她們彈琴，時而流於表面，就是說你只是把音彈出來，音樂性不夠。這時候，我就會鼓勵她們去多聽一些古典音樂大師的作品，比如巴哈、莫札特等，或是聽一些浪漫主義作品，例如貝多芬後期作品、舒曼、蕭邦的作品等，同時也可以聽一些現代音樂家的作品，例如荀白克、蕭斯塔高維奇的作品，一來開闊眼界，二來培養音樂性。聽多了，自然彈出來的詮釋就會有內涵，更加有層次。畢竟鋼琴不是技術，而是一門藝術！

鋼琴的觸鍵不同，音色就不同，觸鍵和放鬆決定了音色，剛開始，我的這位最初的學生前兩週還有一點保留，然後第三週之後，哇！就整個手臂、手腕到指尖都放鬆了，然後，鬆了之後，再強化基本功與指力，就可慢慢彈出音色的層次了。

後來她跟我說：「哎，真的，老師，我覺得我以前彈，很明顯感覺我在彈琴，而且很吃力，我要很用力，後來呢，我發現其實越放鬆聲音越大聲！鋼琴確實是神奇的樂器！」我說：「就是這個，這個原理很重要，並不是說愈用力彈就會愈大聲，也不是愈用力彈就會彈得愈好聽，你得用心感受，不斷仔細聽、不斷修正，一個音一個音彈清楚，這樣才會有音樂性。尤其是在輕重變化方面，要有力度對比，才會有戲劇張力。」

領悟了要領之後，我的學生進步非常快，她們很容易被看見，成為學校裡的風雲人物。

我的第一個學生，她後來真的在大學裡雙主修，同時修習社會教育和音樂，平時課程很滿，十分努力，她完成了當一名非常有特色的學校老師，同時，還用業餘時間去表演鋼琴。在她的朋友圈成了小明星！圓了她兒時的夢想！

不要試圖去追一匹馬，用追馬的時間去種草，來年春暖花開，駿馬自然會來。其他人是頭頂星辰，是南遷候雁，你不一樣，你是秋音，是奮鬥的艱辛，也是收穫的歡喜！落霞與孤鶩齊飛，秋水共長天一色，追求美的路上，沒有任何一個人是孤單的！

夜賞天河星漢縹緲，晝品春秋炎涼琴聲悠遠。這山河遠闊，人間煙火，聲聲是你，聲聲是我，聲聲是眾生！不如趁年華正好，讓自己優秀起來，不僅是對自己的餽贈，也是給未來的期許！

相信"光"，也相信"時光"，更相信緣份安排的際遇。時光，既能讓人愛到荼蘼，也能讓人親如並蒂，一曲琴聲，歲月靜美，波瀾不驚。

緣來緣去，一曲傾情！鋼琴圓了你的夢，你也圓了鋼琴的夢！

34 既然選擇了遠方，
便只顧風雨兼程

人生的目標不是考 100 分，學校裡有標準答案，而社會不需要標準答案。

有時候，我覺得，人之所以會陷入選擇困難症的漩渦，那是因為在你眼前往往有成千上萬條路可以走。其實，我們並不是選擇太少，而是選擇太多，這就是為什麼我們一定要了解自己的天賦的原因。你甚至可以不了解世界，但你必須對自己有基本的了解。

別人給我安排的路，可能並不是我想要的，而學校給出的建議則是在並不完全了解我的情況下做出的，因此，在人生的十字路口，我們必須自己做出抉擇，這也是我們已經長大的標誌之一。

我讀完大學的時候，面臨兩個選擇，一是繼續讀研究所，一是出社會打拼。在再三權衡之後，我選擇了前者，決定報考研究所。

決定報考研究所，對我開闊眼界，磨礪自己的思維方式是很有幫助的。終究，一門學問也好，一門藝術也罷，最重要的是思維方式與眼界的開闊。我覺得我那時並不缺乏知識，也不缺乏技術，缺乏的是思維方式的升級與眼界的提升，這就是我報考研究所的初衷。

為了能順利考取研究所，我還是下了一番功夫的。除了中西音樂史、臺灣音樂史、和聲、樂理，與對位，全部都複習了一次，我還把所有的考古題拿出來申論模擬，針對不同學校走向認真準備，也詢問考上的學長姐們的經驗，我並不想浪費報名費。我們要有所收穫，有時需要對自己殘忍一點。最後一哩路沒有堅持到底，恐怕會功虧一簣！

考上臺大音樂學研究所之後，遇到了很多來自不同優秀學校畢業的人、不一樣的事，光是這個遇見，就教會我很多東西。就像一個人原來生活在一個像在山上修煉如仙境的世界，突然有一天機緣巧合之下來到一個熱鬧市區"繁華都會"，他會驚訝：哦！原來，終究還是要下山來接地氣的啊！

我原先是在幽靜的高山的，現在，我終於見到繁忙港口般的大海了！

母校臺北藝術大學是臺灣藝術界裡的臺大，臺大是全臺灣最好的大學。

沒有好壞，各有優缺，只有風格的不同！這就像師範大學也是頂尖學校，是師範體系第一志願！

換了一個環境，我整個人的身心靈都發生了變化。人，其實受環境的影響很大！螞蟻眼裡的聖經，也許只是大象眼裡的一片落葉。南半球的人，未必真能懂得北半球的人感受到的天氣變化。

讀研究所的這個過程如同唐僧取經，透過環境改變，面對新的環境、新的人、新思維方式幫助自己修煉直到完成論文，也就是取經任務。身為一名追求卓越的人類，理應該要有志氣，寧為鳳尾，不為雞首，就是這個道理。在高手如雲的校園裡學習，期許自己遇強則強。所以，對於天賦而言，它的本性就是不斷在外界尋找新鮮事物，以便激發和釋放天賦。

天賦是潛在的，但它往往會左右我們的選擇。天賦在春天和夏天能量高的人，都喜歡新鮮的環境，接觸有趣的靈魂。世界上唯一不變就是變，變化是這個世界的常態，如果你不能接受變化的常態，就很難跟這個世界和解，最終你不能完全融入到世界中去，也無法獲得世界對你的助力。

臺大裡的研究所，我們不能說一定第一，但在臺灣一定是居於前列的，因為文無第一，武無第二，其實，頂尖的學校之間是很難齊頭式作比較的，只能說是各有千秋。

讀研究所的好處是，"圈層"瞬間發生改變了，原來在藝術大學裡接觸的都是藝術科系的人類，現在接觸的有來自各種學院、科系、你想得到與想不到的，在這個第一學府裡都有。一個人是否能成功，和進入什麼圈層非常重要。例如說，如果你周圍都是世界級的鋼琴家或是世界級的學者，那麼，你呢，自然也不會落差太遠。是吧！？

我在臺大念研究所，接觸了很多音樂系所以外的學院校系頂尖人才，發現他們的優點與值得我學習之長處，就會感到十分佩服並學習用他們的思維看事物。學習後在生活實踐中下功夫，透過跟這些鬼才人類交流，真是"聽君一席話，勝讀十年書"的那種感覺。

讀臺大研究所，最重要的是不同系所之間的交流，通過圈層又與一群人中鬼才建立了高質量的朋友，例如哲學研究所美麗的博士學姊、醫學院裡的實習醫生、傳播學院裡的新聞主播研究生等等。這些都是人生無價的資源。而且，我在研究所的指導教授沈老師也是對我有良多啟發，我的指導教授是臺大當時國際交流中心的主任，我在她身上看見了一位做學問繁忙的學者，還能將行政事務做得這麼好、對人有溫度、親和又謙虛，時時充滿智慧的言語。她關懷我的生活與做學問上的指導與啟發，我很感謝她。她看重我的天賦，幫助我成長，是真正的學業導師、事業導師和人生導師。我慶幸自己當初足夠勇敢，願意改變，選擇舒適圈以外的環境磨練，這當中也遇到很多困難，慶幸有所堅持，使自己的人生際遇有了質的飛躍。

把每一件事變得很驚喜，可能一件很小的事情，你也可以覺得很幸福，何況是上進學習進取這種大事呢！可能你只是吃一個小小的霜淇淋，你也覺得很幸福，而現在有一個知識加上有不同的有趣的靈魂們的寬廣海洋，還有那麼多頂尖學術高手，這幾乎就是一個新世界的大門向我敞開了。

在知識不夠，眼界不寬，思維方式受限的情況下，這是很難了然卓越之道的。你若想要看到地球的樣子，你必須是在太空這種高度去俯看，不然的話，即使是站在最高的大樓上，也是看不到的。所以，讀研究所給我帶來的最大好處是：

1. 讓我認識到通過努力，我是可以實現夢想的。

2. 讓我認識了很多除了音樂系所以外的頂尖高手，從他們身上我學到了很多很多。

3. 讓我改變和升級開闊了自己的眼界和固定式思維。

4. 讓我了解到世界上除了階級，還有圈層，與其他領域優秀的人在一起，我們就會了不起。

5. 變化是世界的常態，要擁抱變化。

我是一個比較容易滿足的人，而且對生活充滿了感恩。當初，考上臺大研究所的時候，有一種得到爸爸媽媽和全世界認可的那種感覺，然而久了之後，你會發現也不過如此，於是又產生了新的夢想。

人類為什麼要有夢想？夢想讓一些人渾身充滿幹勁，而夢想又讓另一些人痛苦。夢想實現與否，並不是快樂與痛苦的界線，你對夢想的態度才是！

人睡覺只需一張床，吃飯也只需三餐，為什麼要學那麼多東西？為什麼要賺那麼多錢？那是因為我們是有天賦的，我們要為自己的天賦打拼出一個施展的舞臺，並最終實現我們的夢想！

　　夢開始的地方，並不是睡著之後，而是當你看到整個海洋的樣子和整個宇宙的樣子，你的夢想就產生了，而追夢的路上，你不會是獨行者。

　　宇宙始終有更亮的星星，世界始終有更美的花朵！

　　如果你確定想做一件事，立刻去做！不然，也許你一輩子都不會去做了！

35 向內生長向外綻放，
活出人生最真實的模樣

　　三千大千世界有無數生靈，他們都是通過不可見的物質能量支撐著外表下的生命跡象。作為萬物之靈的人類，卻往往迷惑於外界，而很少內省，很少形成內化力，而那些學會向內生長的人，是令人欽佩的。

　　決定成敗的，往往不是看得見的東西，而往往是決定於看不見的東西。維度不同，結果自然不同，跨不過去的關卡是智慧的缺乏以及認知的限制。你不曾見過的世界，還有另一種呈現方式。

　　我們一起仰望星空，談及的所有夢想，都那麼理所當然；我們一起三餐四季過平凡的日子，談及的所有夢想，都像遠星一樣不可觸及。

　　向內探尋是為了更好地積蓄自己的力量。你之所以是你，是因為你的潛意識忠實於你的靈魂，而你的思維又忠實於你的潛意識，而你的行動又忠實於你的思維，這樣一層一層，是一個向外綻放的形態，同時既然是向外綻放的形態，它的反面就是向內生長，而這兩種狀態都是我們所必須具備的。從意識形態上引領著皮囊下的精神能量，向內就是輔助生命的精神能量生長，讓流動的激情能夠被持續燃燒，讓天賦找到全面爆發的路徑。

　　我的一位在荷蘭的臺大學姐，在臺灣她和我住得很近，她住的社區叫荷蘭灣，是蠻有名的一個社區，天王周杰倫也是鄰居。"財富流沙盤推演"最初是她介紹我玩的，我那時候嚇一跳。我想說其實我平常不愛玩什麼遊戲，我也叫學生不要玩遊戲，因為我跟學生說玩物會喪志。哇，結果我發現這個"桌遊"，根本不只是一個遊戲，根本就在彩排我的人生，在模擬推演我的人生，我覺得很不可思議！

其中財富自由的概念，是很觸動人心的：原來，我這一生大概率是可以獲得財富自由的，前提是我必須了解並發揮自己的天賦，然後進一步與別人團隊合作。

從經濟學的角度來說，收入要大於總支出，就是說你的被動收入要大於總支出，被動收入就是你在睡覺，你都沒有工作，還有錢進來，被動收入要大於你的總支出才是財富自由；而從能力與能量的角度看，你向內生長的成果遠大於你向外輸出，那麼，你就會獲得"時間與財富的自由"！這兩方面的自由，都可以帶給你"大自在"，讓你內心充滿喜悅！

我的這位學姊在做了"沙盤推演"之後，對自己的目標非常明確，對自己的天賦能量位置也非常了解，她在沙盤推演中覺察，三十歲、四十歲、五十歲等十年間會遇到什麼樣的機會，並覺察她做出的選擇，以及她每一個階段的目標是什麼，然後她在這個過程中也會學著和夥伴們溝通、協調、談判和合作，「推演愈多愈富有，覺察愈多愈自由」！她不斷向內去探索、向內生長，打造她的財富花園。能量積累夠了，鮮花芬芳，蝴蝶清風自來。

學姊本來是學化學的，後來當她發現自己的天賦是秋天能量的媒合者時，更明確她未來努力的方向，她創立了自己的傳播文化企業，媒合各種優質資源作整合。真是太神奇了，她不但做到"跨行"與"圈層"合作，就算是在近期的疫情三年，她身為一個在家帶兩個小孩的寶媽，靠著互聯網思維，足不出戶就能在歐洲荷蘭帶領許多人在雲端中沙盤推演，超越時空阻隔，她成為了臺灣在荷蘭的奇蹟女神、是一名富而喜悅媽媽 CEO ！如魚得水，左右逢源的感覺也許就是當你真正發現自己的天賦並運用它的高光時刻吧！

　　發現天賦的過程，兩方面比較重要：一是要"向內求"，不要向外求，天賦是潛在的和內在的東西；二是要重視來自"覺察"的啟發，真實地面對內心，敏銳地直面自己的內心，這些都是發現天賦的關鍵所在。

　　知道"我是誰"，我才能持續向內生長，只有持續向內生長，我們才能厚積薄發，才能有朝一日綻放自己，從而迎來天賦的大爆發。如果天賦不能被找到，不能被珍視，不能發揮出來，要想財務自由與時間自由，得到人生的"大自在"是難如登天的。

　　"沙盤推演"不但能覺察你的選擇，還能發現你的天賦，並且幫助你"向內生長，向外綻放"，而且，它可以練習彩排你的的人生。過程有點像"吸引力法則"，我配得擁有這個世界最好的，結果，我就真的擁有了。從心理學層面來說，萬事萬物都是有其"因果"的。

　　"向內覺察"和"選擇"太重要了，能用"沙盤推演"來向內旅行，真是太妙了。

　　楊絳先生說過："我們曾如此渴望命運的波瀾，到最後才發現人生最曼妙的風景，竟是內心的淡定與從容。我們曾如此期盼外界的認可，到最後才知道，世界是自己的，與他人無關。"

　　傾聽自己心靈的聲音，修行自己，向內生長。享受這種"從容"與"掌控一切"的感覺！勝利者和人生贏家並不需要銳氣和鋒芒，找到一種舒服的方式，把一切美好的事物，內化為我們生命的一部份，活得安心、自在。

　　不需在意外界的評價，而是遵循自己的內心。而我們內心最深處的地方正放著我們的"天賦"和稟賦以及個性。這些內在資源平時並不會出來打擾我們，但關鍵時刻，它們會出現決定我們的命運。人生的沙盤推演，推演出我們內心隱藏的潛意識，在覆盤中修正自省檢討、在現實中做出創造出更好的選擇。

股神巴菲特說過："要把別人的評論當作無足輕重的事。"一個懂得向內生長的人，即便他沒有每天看股市的曲線圖，他的投資依然可以很準，因為大方向上他是可以自己掌控的。

古代有一位知名畫家，有一天，他有一個想法，想畫一幅所有人都喜愛的畫。他拿到集市上，讓路人找出這幅畫的缺點，結果一上午的時間就找出幾百處缺點；於是他又畫了幅一模一樣的畫，拿到畫展上去，讓專家去找這幅畫的優點，結果也是一上午時間，就被專家找出幾百處優點。這個故事告訴我們：忠於自己的內心，向內生長，別人的評價只能作為參考，自己的天賦做出的選擇才是正確的。

《道德經》說：「知人者智，自知者明。」我們應該遵循自己的內心不需拿外界的褒貶認可，隨意地定義自我。因為外在這一切都無損於我，除非我自己願意被影響！

曾國藩曾講：「當讀書，則讀書，心無著於見客也；當見客，則見客，心無著於讀書也。一有著，則私也。靈明無著，物來順應，未來不迎，當時不雜，既過不戀。」

如果你能"無住而生其心"，那麼，向內與向外，其實是可以同時進行的。就像最好的學習方式，是用"教"的方式來"學"。我身邊很多天賦綻放的朋友都很重視學習與教育，因為在'做"與"教"的過程中，他們自己也"學"得更加扎實穩固了。

向內生長是成就自我，向外綻放是成就他人！持續的輸入內化，讓我們永遠有不枯竭的天賦源泉。向內生長讓我們更了解自己，向外綻放，讓世界更了解我們。

　　遠離世事煩惱和浮華喧囂，擁有屬於自己的時光，傾聽內心的聲音與情緒，向內生長，停止內耗，從而獲得蓬勃向外綻放的精神力量與心靈智慧！

　　餘生願你我，遵循自己的內心，就像遵循天道法則一樣，讓我們同得大喜悅！大自在！

36 將一件事做到極致，
是人生該有的執著

　　世界往往都只會記住第一名，第二名和最後一名同樣都不會被記住，所以，凡事盡力要做到極致，唯有如此，更能被看見、體會到價值。而人的天賦和意志就是幫助人們把事情做到極致！

　　我覺得人的"覺醒"非常重要，就是覺知自己的天賦和應該做的事情，然後，你才會全身心去做這件事，只有全力以赴才不會辜負自己！

　　我大學時的一位研究生學姊就是這樣一個人，冬天能量、摩羯座特質，要做就是做到極致，做到無人能及！她的音樂天賦高，而且願意付出比常人多幾倍的努力。例如她從小讀音樂班，高中考上臺中女中第一志願，大學讀臺大社會系，研究所考進臺北藝術大學音樂學研究所。學科和術科雙優秀，智商高、情商好，人長得眉清目秀賞心悅目、個性也慈善謙和，我們兩個剛好大學跟研究所讀相反的學校，這樣的機率太少，全臺灣能跟我們一樣的人十隻手指頭數得出來，她後來成為了一名醫生娘，相夫教子之餘還繼續寫書，更難得的是我們還是同鄉，就更惺惺相惜，她寫了幾本音樂教科書籍，還翻譯了國外著名女大提琴家自傳。我想在她的心裡，如果一天的任務沒有完成，目標沒有達到，她是不會安心睡覺的。

　　所以每天叫醒我們的是夢想；每天使我們不能安然入睡的，也是夢想！

這就是正向良性迴圈的作用，你越努力做得越好，越會得到別人的認可，反過來，又會鼓勵你更加努力，這樣一個正向的推動力是非常強大的，它會一直推動你不是為了追求完美而是不斷地挑戰自己邁向卓越。人生最大的快樂是潛能激發，最大的痛苦是停止成長！

失敗不是成功之母，成功才是成功之母，學姊是一個習慣成功的人。這就是"一次成功，次次成功"，一通才能百通。大學時因為經常在她的身邊，我讓自己也是一個習慣成功的人，這就說明同儕和環境的重要。

而在我參加財富覺醒訓練營中，我的另一個臺大在荷蘭的學姊，她也是在富而喜悅平臺裡的一名明星教練，她在帶領人們推演中，幫助了很多人去覺察生命，在現實中邁向財富自由，實現時間自由，發揮天賦、綻放光芒！後來也引領我在訓練營中成為了一名盡心盡力極致的財富流教練，透過財富流沙盤推演，去啟發人們的六商：財商、情商、覺商、健商、逆商和玩商。

劉德華說："學到就要教人，得到就要幫人。"說得一點也沒錯。天賦如果只是為自己服務，那也只是天賦；天賦若能幫助到他人，那就是"天富"，一個成熟的人，一定要學會持續輸出自己的價值！我感謝我生命中總有這些卓越的學姊成為我的榜樣！

我們感召影響別人去做有意義的事，並不是憑藉說教："你應該去做這件事，這件事意義非凡，能幫助很多人。"

我們並非這樣去說或這樣去做，其實，我們是用自己的做到去感召別人，讓人家在親身體會中，覺得："我也有某方面的天賦，我應該去發揮它們，讓它們可以為自己創造價值，也可以為他人和整個社會創造價值！"

"天助自助者"、"天渡自渡者"，一個能發現和發揮自己天賦的人，整個宇宙的能量都會來幫助你走向成功！現在富而喜悅平臺已經傳遍46個國家，匯聚了不少全世界的藝術家、導演、舞蹈家、音樂家、美術家、科學家與學者等等，而我就是裡面的那個“鋼琴女神”，我的標籤其實是來自一次“529愛九節”在線上1萬2千人面前表演彈鋼琴，男神主持人介紹我而來！

藝術就像是一池清水，引入各種元素，可能對池中魚有更多滋養的作用。藝術需要偏執，而追求事業的路上我們要懂得一點彈性與變通！

沙盤推演就給我們的人生來了一次彩排的機會，也許你之前的理想是當一名公務員，過著穩定踏實的生活。結果，經過沙盤推演之後，發現你的公務員夢只是假象，其實，你是藝術家的人格，你身上每一個細胞都充滿了藝術的能量。這樣的覺察結果可能會讓你感到震驚，但震驚之後，帶給你的是反思，思考之後再調整修正人生的方向，也許憑藉真正的天賦與付出努力，你就能成為一個大藝術家，去完成這個夢想，這一生閉上眼前才不會遺憾！

我們只有在自己的天賦上努力，才會是不費力的，因為只有這樣，我們才能過上輕易豐盛、順流的人生！

人生就是不斷選擇的過程，當我們對自己足夠了解，對這個世界也有所了解，我們才能做出正確的選擇。我想我教別人彈鋼琴，可以幫助別人感受享受藝術的美好；而我幫別人發現和發揮自己的天賦，則是幫助別人更快地去實現夢想。這兩件事我都想做，前者實實在在，後者充滿挑戰。在有限的時間與有限的精力下，我會權衡著踏實去做，不同的人需要不同的幫補資源，能用自己的所學和天賦能力助益到最多的人，我覺得是十分有意義的！

天賦幫我們把事情做到極致，藝術也講究極致，藝術不會平庸，平庸難成藝術！

而不管你見或不見，天賦就在那裡。

持續精進內化輸出，持續利他，持續幫助身邊所有人，不論是熟人還是陌生人，讓自己的"天賦"變成"天富"，富別人的精神與物質，也富自己的生活與事業，這是一件天大的好事！開心每一天，生活事業甜！

天賦，是上帝給每個人的禮物，如果這份禮物，你一輩子連禮物盒都沒有打開，或是沒有貴人和天使來幫助你拆解、發現天賦，找到熱情，並且活出自己喜歡、想要的模樣！這就是最大的暴殄天物啦！

天賦不是收藏品，也不是代代傳承的文物，它是一種潛能、是能量，只有釋放和爆發出來，才有價值，才能利益他人和社會。

藝術，就是極致！

天賦，就是極致！

37 為自己而活，也是天賦的詮釋

　　我大學時的一位學姊，她總是心無旁騖地做事，一天、兩天、三天，看不出區別，日子久了，就和別人拉開差距了！到那時，大家才會發現：天賦是在我的內心裡面工作的，不要過多受到外界的影響。

　　如果，你寶貴的時光，受到外界影響，一下做這個，一下又跑去做那個，再好的天賦也會被消磨殆盡的。成功的路不會只有一條，但我們不能每一條路都去走一遍。人不能貪心，生命也經不起反覆嘗試。認準一條路，一直走，我敢肯定，我不一定走得比你快，但我一定走得比你遠！

　　臺北市寸土寸金，兩三百坪的辦公室，月租金百萬，年租金就千萬。有一些公司注重廣告宣傳，辦公室選在臺北市最精華地段，為求公司形象與實力的表現，當然這非常有益於公司發展。但對於剛起步的創業型公司，或者是一些"一條網線通全球"的互聯網公司來說，就沒有必要設辦公室去擠黃金地段，完全可以找個風景好、價錢合理的地方。

　　我們按照自己的構思與節奏去做事。這個世界並沒有固定劇本框架，我們上了舞臺，不管是主角還是配角，我們都有自己的靈魂，按自己的想法去做，實現人生會更精彩！

　　為自己活，這也是天賦！

　　這位學姊後來也創業，她是人間清醒，她說："我沒有買店面，也沒有租固定的辦公室。在臺北，我是自由的，我的公司也是自由的，我們其實在哪都可以辦公。如果我們定下來在哪裡辦公，最多也就是那幾百坪，如果我們是自由自在的狀態，那整個臺北都是我們的辦公室！"

其實，我們談天賦，也是關乎自我成長，沒有必要在非常正式的環境下去談，反而可以在市區咖啡廳、茶行，甚至是酒吧等地方，也可以借用家裡的環境，總之，只要思維通了，就能一通百通。當然，當我們需要創作的時候，找個安靜的、環境美的、空氣好的地方，是比較合適的，這樣的地方在臺北是隨處可得的，臺北是一座美麗的大都市，靜謐的環境也是很多的。

確實，我們的人生要保持一定的"機動性"和"彈性"，而我們所處的環境也要保持一定的"機動性"和"彈性"，我們要處理好人生的"變"與"不變"的關係，當目標與方向確立下來，就不要變來變去，但外部環境還是可以變通的，並且，我們不要讓外部環境來影響我們的內心。

"靜水深流"的道理，我們一定要知道。看起來很安靜的流水，往往是比較深的，反而是那些躁動的很響的溪流其實是非常淺的。人生是萬變不離其宗的，而這個人生的宗旨，就是我們的夢想、目標和天賦！在天賦上努力，完成目標，實現夢想。靜水深流終入海，而小溪入不了海，只能流入別的河或是湖。

當一個人明白所做的事的真正意義的時候，並且搞清楚它的底層邏輯的時候，她就會專注事情本身，不太會被外界環境所影響。

當然，環境會影響人，這種影響往往是潛移默化的，不知不覺中，被影響的人渾然不自知。正因為環境會左右人的思想，我們才要對這種影響提高警惕，因為我們來到世界，是要做自己，而不是做別人，我們希望自己成為自己想要成為的樣子，而不是別人或世界希望我們成為的樣子。

我首先是我自己，其次，我才有別的角色。

好的環境帶給人好的影響。如果環境比較小、擠、嘈雜，可能無法集中精力工作，影響心情，降低工作效率。但是，我們要留意到"福人居福地"的道理，因為"人"本身就是最大的環境。所以，我們要盡力跟正能量的人相處，這樣的話，我們才能得到正向的推動，相反，對於那些渾身上下充滿負能量和抱怨的人，我們就要敬而遠之。

馬雲創立阿里巴巴的最初，就只有一間租的小小的辦公室而已，幾十個人就擠在這個小小的屋子裡開會。由於都是自己人，當時的馬雲穿著也很隨意，甚至還穿著睡衣跟大家開會。

1976 年四月，年僅二十一歲的賈伯斯與好友沃茲尼克在自家的車庫內成立蘋果電腦公司。這些都證明，外界的環境並沒有那麼重要，關鍵是"人"，人與人之間形成的心理環境，才是決定成敗的關鍵。而人的天賦，也是在人與人的交流過程中得以激發，靈感有時也是在腦力激盪中激發，而心靈與心靈之間是互相觸發的，這很神奇，但卻是被反覆見證的。

如果環境不如意，也不大會影響心情，按自己的天賦去選擇，擇我所愛，愛我所擇，做自己喜歡的事，有前景的事業所帶來的激情，已經消除了環境的不利影響。

我在自我成長的課程中，有學習一堂「情景式演說」的課，這個課程為期三個月，最後一堂課畢業典禮，老師要我們在線上想像對著五萬人演說，並且每個同學都要開麥克風和鏡頭，這個線上課程有超過百人，一時間此起彼落的各種干擾吵雜聲，就是要訓練我們不受干擾，旁若無人，專注在自己的演說上。這是在訓練自己不被外界影響的能力，這種不受干擾的能力也是一種寶貴的天賦，但是我們得要通過訓練才能強化這種天賦。

《大學》有言：「知止而後有定，定而後能靜，靜而後能安，安而後能慮，慮而後能得。」

外面的點點滴滴、風吹草動都會風聲鶴唳，草木皆兵，干擾注意力，無法專注在最重要的事情上，就是沒有定力的表現，然而沒有聚焦的話，天賦難發揮，日後也很難有所成就。

尼采說：“一個人知道自己為什麼而活，他就可以忍受任何一種生活。”不管生活、工作或事業，順或不順，如意或不如意，我們不能被外界環境分走我們寶貴的專注力和能量，訓練定力，不管是學習彈琴，還是做別的事業，這份專注的定力都彌足珍貴！

為自己而活，是人的本性；為自己而活出精彩，這更是一種天賦！

38 種善因、結善緣、得善果

1999 年，九二一臺灣南投大地震，奪走了媽媽的生命，這成為了我心中永遠的痛，如同陰鬱的 d 小調，抑鬱而哀傷。母親的去世對我的打擊非常大，讓我突然感覺到了人生無常。在極度悲痛中，我開始思考自己的人生應該走向何處。

媽媽，是我和另一個世界的一堵牆，也是我的"庇護"和"依靠"，有一天，這個依靠不在了，我開始直面死亡。從某種程度上來說，藝術不僅是對生命的思考，藝術也是對死亡的思考。藝術不僅是建立在情感之上，也是建立在哲學之上的。

釋迦牟尼看到世間的苦難和無常，開始悟道。而媽媽的離去，給我帶來的，除了痛苦，還有就是對人生的思考與審視。人生要種善因、結善緣、得善果。

一切都是因緣際會，我和媽媽今生的緣份盡了，他日在他方世界，我們自然會因為今生種下的善果，在那裡繼續結緣，繼續今生還沒有做夠的母女，這也是我們必然的善果。

人生有了適合自己的目標，知道努力的方向在哪裡，就知道自己要去遇什麼樣的人，做什麼樣的事，明確了內心最想要的是什麼，也就不會感覺迷茫，不至於想入非非，更不會時刻被無聊和無望包圍，希望生生不息，夢想也越來越近了。

有了人生的目標，心也就定下來了，有了內心深處珍藏的願望，心也就安了。蘇東坡說："吾心安處是吾鄉"，又說："人生到處知何似，應似飛鴻踏雪泥。"蘇子還說："回首向來蕭瑟處，歸去，也無風雨也無晴！"

我頓時就明瞭蘇子的難能可貴了，蘇東坡最遠被貶到天涯海角，但他每到一處，不是帶去沮喪，而是把曠達、樂觀和學識帶到那裡。蘇子"知杭州"的時候，創造了蘇堤，至今我們在蘇堤流連時，還能感受到蘇子的溫度；而蘇子被貶到黃州的時候，創造了"天下第三行書"——《寒食帖》！而當蘇子被貶到天涯海角海南島時，他把文明的火種播撒到那裡，經過蘇子文采的薰染之後，海南千年以來出了第一個進士，從此使這南夷之地也進入了中華文明的核心圈層！

蘇子一生樂天派，是"種善因、結善緣，得善果"的典範！我那時覺得，現在仍覺得，蘇子真是我的偶像！而一千多年來，蘇東坡的粉絲又何止千百萬。林語堂不但被蘇子圈粉，還花了很多時間和精力寫了一部《蘇東坡傳》，他是蘇子的鐵標粉絲，這也確證了！

佛經中講到這樣一個故事。有一回釋迦牟尼佛走到一個小村莊裡，他向一位老農夫托鉢，農夫卻對佛陀說："五穀雜糧都是我耕田播種得來的，你既不耕田又不播種，何以要向我化緣吃飯？"

佛陀微笑著說道："我每天也都在耕田播種，只是我不是在農田裡耕種，而是在眾生心中耕田，在每一個人的心中播下善因的種子，讓每一顆善因都在人們的心中生根發芽，茁壯成長。而你佈施給我，就像是在澆灌心中的那顆善因的種子。而今天你佈施給我，也是種了善因，結了善緣，必有善果。"

佛家常講"種善因，得善果"，天地浩大，冥冥之中因果就在其中左右著我們人生的方向。

有兩個農夫機緣巧合之下得到了一袋優良的種子，於是兩個人就把種子分了，開始在自己的田中種植。

　　其中的一個農夫比較自私，他知道農作物的傳播方式，因此知道如果自己把優良種子像以前那樣種植的話，也會讓鄰居受益。他不想看到這樣的結果，於是便想出了一個“高招”，他把自己的田地用高高的圍牆圍了起來，不讓風把作物的花粉吹到鄰居的田地裡去，為了防止其他的授粉方式，他還驅趕蜜蜂、鳥類，終於，在授粉期過去之後，他覺得自己可以高枕無憂了。然而，令他沒有想到的是，由於隔絕了作物對外傳花授粉的管道，作物的成長受到了影響，幾茬過後，作物的生命活性就斷涯式下滑了。

　　我們的人生就是如此，沒有什麼事情是能夠獨自久長的，成就眾人，就是成就我們自己。

　　很感恩現在我不只可教人彈鋼琴，還成為了一名極致的財富流教練，還有能力帶領身邊的有緣人推演沙盤、覺察每個階段的選擇，彩排人生，並且提升六商：財商、情商、逆商、健商、覺商和玩商，在當中發現自己和別人的天賦。從根本上去幫助別人。

　　我想，不管是教鋼琴，還是推演沙盤，幫助別人發現自己的天賦，這都是種善因，而在幫助別人的過程中，也是利他、結善緣，種子法則自會有回流，最終相信結果一定是好的。愛出者愛返，不僅別人受益，我自己也從中獲益匪淺。看起來是為別人做，其實都是為自己做！

　　人生有的時候，就是做“加減法”，把善的美的不斷加上去，把惡的醜的不斷減掉，最終得到的就是善果。而且，媽媽的過世，也讓我思考到，其實，壞事也有好的一面，或者說，當我們沒辦法改變事情的結果時，我們就要看到事情的正面，要去種新的善因，最終我們是可以走出迷惘和噩運的。

世人懼果，菩薩畏因。

世人都是在"結果"上害怕和患得患失，而菩薩或是修道之人，都是在"因"上畏懼。我們要得到什麼樣的結果，實際上要在"因"上下功夫。財富覺醒訓練營就是一個因，所有參與其中的人，不管是教練還是玩家，都可以在其中得到覺察自己和他人的益處，這就是非常好的善因。而即便你一時發現不了自己的天賦，找不到人生的方向，你在參與過程中，拓寬了自己的人脈，你結識了一群和你一樣正能量的人，這難道不是結了善緣嗎？

與光共舞，世界哪裡來得了黑暗？

凡事有因有果，我要善果，一定要種善因；不種善因，希求得善果，在佛法裡講"無有是處"！想發財的人很多，天天在那裡想，就能發嗎？發財畢竟還是少數人，想，並不是種善因，只有行動起來，在"因"上去努力才是關鍵。王陽明的"知行合一"就是這個道理，你知道了，並不能說明什麼，直到你行動起來，並且做到了，這才是真知，也才是知行合一！

釋迦牟尼告訴我們："欲知前世因，今生受者是"，過去世我造的是什麼因，我這一生當中享受的就是；"欲知來世果，今生作者是"，我來生果報怎麼樣，這一生起心動念、言語造作的就是。

其實，我想，何必等到"前世今生來世"那麼久遠？上一秒、這一秒、下一秒，不也是一個微小的"前世今生來世"嗎？我上一秒想通一個指法和彈法，我這一秒就可以把它彈好，我下一秒是不是可以在這個基礎上再更進一步？這不也是種善因、結善緣、得善果嗎？

康德說："令我畏懼的，只有頭頂的星空和心中的道德律。"而頭頂的星空和心中的道德律其實都運行在"因果律"的基礎上。懂得因果律，那就快樂，因為，你的心是安定的，你種了善因，必有善果。不懂得因果律，生活就很苦，所做之事，沒有好的結果，人生沒有方向空奔忙，而內心也沒有穩固的依靠，不安而浮躁，很難成功。

天天種善因的人，內心仁善，一片祥和，怎麼會不快樂？

春、夏、秋、冬，以及世界和宇宙中的各種能量，都是互為因果的，而我們天賦中的各種素質也是互為因果的，例如我手指比較纖長，那麼適合我的指法可能是直接彈"跨八度"，而對於小朋友，他們的手指比較短，那麼就要重新設計一種指法，讓他們可以順利完成演奏。

三千大千世界，萬物都有它背後的原因，取其善者而從之，其不善者就改進它，這樣世界會越來越美好。

世界並不是三維的，世界是四維的，除了長、寬、高，還有"時間"這個維度，我們在此時種了一個善因，這就決定了未來的走向，我們將走向一個更美好的未來，這就是時間與因果律回饋給我們的回報！

善因深種，善緣廣結，善果隨喜！因上努力，果上隨緣，未來可期，正向生長！

39 心若滄海，
又怎會被時光束縛住腳步

　　臺灣是一個有愛、有音樂的地方！但音樂人在現實中也面臨生存與發展難題！不識人間煙火的音樂人只能生活在童話世界裡。

　　以華人為例，港臺音樂，有過群星璀璨的空前盛世。比起香港的歌曲，臺灣音樂人的原創精神更強，人們更青睞臺灣的音樂。香港的流行音樂雖然也紅極一時，但是由於粵語歌占的比例較大，而且翻唱的比例太大，總覺得難以產生共鳴。Beyond 流行樂團主唱黃家駒因意外過世後，香港音樂就更趨於勢微了。而來自臺灣的國語歌曲既品質出眾，又能被所有的華人世界所共賞。臺灣之所以能引領華語歌壇，勝在有一大批音樂人才，專業水準這一塊，我為臺灣音樂感到驕傲。

　　從上世紀七八十年代的鄧麗君、甄妮、鳳飛飛、費玉清、蘇芮、齊秦、趙傳，九十年代的周華健、王力宏、張惠妹、小虎隊，到新世紀前後的周杰倫、S.H.E.、蔡依林，再到現在仍然走紅的五月天、蘇打綠等等。每一個都是華語樂壇響叮噹的代表性人物。近半個世紀的時間裡，活躍在華語歌壇的臺灣歌星可謂不勝枚舉，還有江蕙、蔡幸娟等雖然在內地名氣不大，但在臺灣、東南亞卻名聲赫赫的人物。

　　這些成功歌手背後還有很多諸如羅大佑、李宗盛、梁弘志、林夕等知名詞曲作家、製作人，他們用富有創造力的幕後工作為臺灣音樂發展打下了堅實的基石。

自從新世紀以來，由於網路的衝擊越發厲害，音樂產業日落黃昏。如今香港的流行音樂已經沒落，唯獨臺灣仍在堅守華語樂壇的最後一塊高地。可以看到，臺灣的音樂市場，尤其是演唱會市場能出現今天這樣的盛況，絕不是一個音樂人的功勞，如果沒有過去幾十年音樂文化的深厚累積沈澱，也就不會有如此眾多癡心不改的歌迷和樂迷，如果沒有如此廣泛的歌迷和樂迷的基礎，音樂經濟的繁榮就無從談起。臺灣的音樂，彷彿擁有穿越時空的力量，不僅提升了臺灣的魅力指數，也在無形間拉近了兩岸三地之間的距離。

　　但對於我這樣一個"鋼琴女生"來說，我沒有辦法去舉辦演唱會或演奏會，也沒有辦法去出唱片，而且不管是實體 CD 或是數字唱片，現在的熱度也不高，前景並沒有想像中的那麼好，我實際上也面臨著生存和發展的難題。

　　我可以一輩子在音樂的領域，因為音樂有這樣的廣度，但我可能無法接受一輩子都在水泥牆裡教課，我還是渴望豐富多彩的人生。在同一個水泥牆裡面教一整天，這樣的事做個幾十年，而且就是在同一所學校，這對我而言是很吊詭的！而事實情況是就是要這樣，才能當專任，怎麼樣來突破這件事，然後會有什麼樣的發展，這是我一直在思考的問題。

　　我後來決定停止向外尋求認同，例如說我們一畢業，然後會開始寫履歷，去哪個學校教課，後來發現，原來這個教職的行業，它其實不是你想教就教，除了要修學程考上教師證，也要有缺額，年長的不下來，年輕的也上不去。然後，重點讓我很意外、很驚訝的是，哇塞，有教師證的大學私立兼任講師，時薪 575 臺幣，而且還不是天天都有需求，我去學校教課收入竟然這麼微薄！

　　這個市場，真的不是我想像，曾經怎麼那麼多人為了要去學校任教職，就把自己人生自主權放棄了！那當然很多前輩老師就跟我們說，你年輕的時候就不要這麼挑工作。你要不斷增加你的閱歷，那我就問，那我要多久我才能加薪？而且，兼課非常奔波，每個學校之間都有距離，需要舟車勞頓加上時間，不是專任的話，你要自己投保費，而且也不是每個學校都可以去，重點是你會發現你備課備了半天，可是，其實人家根本沒有要聽！

　　例如說，我曾經研究所畢業後去大學教過音樂通識，主題是「音樂認知與欣賞」，來聽課的都是外系的，而且，他們大部份只是想要拿學分，他們有的根本沒有想聽你上什麼課，那你可能很用心的備了三個小時課，講了兩個小時，結果，你的報酬就是這麼微薄！這種大班課，一次教了那麼多人，因為是在學校的體系，所以，學校鐘點就是有限的，你教再多人鐘點都是固定的。我那時候心裡就想，與其我要這樣子去奔波，還不如好好收我自己的學生！但是問題來了，像我爸他就會覺得說，哎，你就去學校教，你才會穩定啊！但我需要的僅僅是穩定嗎？一時的安穩於我如浮雲！且這種安穩並非一勞永逸！

　　我爸爸講的可能是進學校當專任教師的的情況，但是專任我也不見得可以當得上，因為很多人在排隊，有的優秀學長姐都還上不去，因為沒有空缺。加上現在少子化，很多私校都要結束和縮編併校。以我來說，我算是沒有太大招生問題，感恩慶幸之前出道早自己也很努力，已有教出口碑，學生也有一定的量，但是有些人真的就是沒有這個能力，他又出道晚，意識到這個困境也已來不及，他只能選擇去學校教，所以我很佩服這些音樂人，他們就會在學校體系不斷地兼任、有的還一年一聘，寒暑假就等著失業沒有學生教，主動式地到處兼課加上被動式地等著自己被排上去。

　　然而，我誇張地覺得原來音樂教育的出路，這個生態就是如此這般，我問我自己：為什麼我要一直讀書，然後就等著要去學校求一個這樣的工作？然後，最好的版本就是我可能真的讀到博士，如願去當一名助理教授，可能升到那個重要職位，副教授、教授之類時我也老了，有了這些認可，但其實我付出與我的收入不成正比且相對微薄，我覺得這個不是我要過的生活，我無法去欺騙自己，我為我身邊所有正在這條升等路上奮鬥的音樂家好友們致敬，你們真的很不容易，也相當的不可思議！

求職教學跟做學術研究又是不一樣的，因為，你再怎麼厲害，你沒有變現能力的話，你還是只是一個很會樂器的音樂人，或是個音樂家。可以得到別人認可，然而，有沒有收入我們不知道。我從小就覺得我沒有要當那種沒有生活品質的音樂家，所以我一定要找到轉變的思維。

我選擇馬上改變，開始行動，我決定好好的去找我自己的學生，也就是說，與其這樣奔波，我好好的把我的工作室做好，然後讓別人看得到我，主動來找我。

然後，我就教我能教的，當時的思維還沒想到什麼一對多，也覺得因為鋼琴很難一對多，所以呢，我就開始告訴自己，我的方向就是以自己的為主，而不是去配合別人。所以，光鮮亮麗的音樂市場，對我們來說是比較遙遠的，而現實中"音樂變現"或者說"天賦變現"的需求更加切合實際。社會培育頂尖人才，但並沒有為這些頂尖人才準備向上的通道，其實，這是蠻可悲的一件事，我那時有點灰心，但振作自己的精神，一切從零開始，努力總是有希望！

我面臨的問題是：不甘心去學校裡當老師，不甘心做廉價的血汗工，因為音樂人和音樂家也是有基本的尊嚴的；同時，如果我要向上，像周杰倫那樣去當明星，這樣的通道也是不存在的。向下不甘，向上無門，這就是我那時的處境！

這樣，我就突然覺得那個腦中的畫面，這些都不是我要的，我要過有品質的生活，不然我覺得我會辜負認真努力的自己。我希望我的天賦和才能，可以給愛樂人士帶到價值，也可以為社會創造新的價值，並且，我的付出可以被認可，生活和事業上都有所展望！所以呢，現在有那麼多學生能來跟我學，是他們幸運，也是我的幸運。

我覺得“自我認同”很重要，例如，我渴望價值被認可，我渴望自由，我渴望事業有所進展，這都是非常正能量的想法。我覺得當我自我認同的時候，其實我就不是那麼在意別人怎麼認同我了，因為很多人都想說，啊，我是某某學校的老師，那你今天如果你不是那個學校老師，難道你就不足以被認同了嗎？通往美好未來的路有千萬條，不能說只有唯一一條路是正確的路！這樣，就太片面了。

如果你永遠在追求別人認同你，而你在自我認同上更應該做出努力，這對於你來說有多重要呢？難道你從小到大這麼努力，你就不值得別人覺得你很優秀嗎？你就一定要去學校當老師才是一個怎麼樣不得了的人嗎？所以我覺得就是要學會自我認同，當時我就開始學會自我認同。然後，我很多朋友，他們就繼續讀碩士、博士，而我開始做工作室，開始招收大量學鋼琴的學生。其實，自立門戶，很難，但也很有成就感！

我個人覺得，如果去學校當老師，是一個“靜”的狀態，未來會怎麼樣，一眼就看到頭了。進入社會其實是“不進則退”，大家都在奔跑，你“靜”的狀態，永遠待在原地，我就覺得，還是應該選擇自立門戶，不斷向上發展，這才是我應該選的路，這才是符合我個性的一條路！而且，人的天賦是不能被浪費，更不能被安穩的生活所磨滅的！

如果全世界的人都想著安穩，那麼安穩的工作就是一個“紅海”，多我一個不多，少我一個也不少，這樣，我進入這個紅海，大概也沒有什麼特色與前途！而且，也無法體現我的價值！我有一些同學，做了和我不一樣的選擇，他們選擇去學校當老師，安穩的生活屈就了她們最初的理想，也得到了他們渴望的現世安穩。無論如何，我慶幸我勇敢地做出了不一樣的選擇。確實有的時候，我們順著天賦直覺，驅使我們做出的選擇回看是正確的！

說實在的，雖然我自立門戶，但是我並沒有離開"音樂教育"這一領域，所以，我還是忠實於自己的初心的。初心很重要，但是我們每個人必須要懂得變通。因為如果用一成不變的模式，去面對瞬息萬變的世界，有可能我們就無法跟上時代的步伐。我們要擁抱變化、擁抱自己的真實想法，這樣，我們離卓越才會越來越近。

因為我的思維有改變，你的思維沒有改變，結果就會有天壤之別！到現在，我爸爸還是"求安穩"的思維，其實，我們如果看過《窮爸爸和富爸爸》就會明白，其實你一味求安穩，到最後可能未必就真的能得到安穩，相反，你擁抱變化，不斷地去適應時代，可能你反而大概率將得到"歲月靜好"的人生。現在，是一個宣導"用錢生錢"而非花時間精力永遠無法自由的時代，同時也宣導"天賦變現"，所以，人人都有機會覺醒改變，這麼好的機會，如果你自己為了一時的安逸而不去好好把握的話，時間過去再回頭看，那將會是非常可惜的！

我們活在一個物質世界，不管從事什麼事業，都要努力提升你的財商思維，可能有的人彈指之間就可以完成你幾輩子的夢想。越是優質的藝術，越應該走向商業化，這樣才有足夠的資源，才能反過來推動藝術的發展。我們縱觀歷史，中國在唐代、宋代的時候藝術與科技都達到了世界的巔峰，其底層原因就是因為唐宋的時代我們經濟是世界最強的。窮則變，變則通，通則久！這是我們老祖先早就講透的一個真理！

我身邊有一些明星特質很高的人，因為我們畢竟是在學藝術，有些人偏高冷，較自以為是，這種人有些自我感覺太過於良好。他可能很有才華、很有魅力，很吸引人，可是，其實不一定人家所有人都會支持他。因為他自以為是，也很少真正為別人付出。結果天時、地利都有了，但

"人和"不夠，也很難成功，沒有"人氣"，也沒有"人脈"，要怎麼能成就？

不得不再次提一次，還是劉德華說得好："學到就要教人，得到就要幫人！"唯有如此，才能成為事業上的長青樹。劉天王已經紅了幾十年了，而一些明星可能紅個一年半載也就銷聲匿跡了！我覺得"利他"之心，是我們在這個世界立於不敗之地的根本。人家沒有在你身上得到好處，憑什麼來支持你呢？世界那麼大，有天賦的人也很多，我們的特別是因為我們幫助到更多的人。並不是你認識多少人！

不識人間煙火的藝術長久不了，不識人間煙火的藝術家也無法真正成為名家！藝術應該是大眾化的，越是出色的藝術家，越應該本著"服務大眾"的心，沒有必要高冷，你春寒料峭，怎麼能迎來百花盛開？人性就是這樣，應該互相溫暖，這樣才能長久發展！

而且，我們要更親民一些，在做好專業上的事情之外，我們也要懂得維繫關係，用世俗的禮節，例如逢年過節的問候與走動，時不時的禮物與驚喜等等。我們要做那個離大眾最近的藝術家。因為藝術本身就跟大眾有一點距離了，你如果還那麼不好親近的話，就很難發展，想要順流、順風、順水，就必須，融入大眾，服務大眾，通過成就別人來成就我們自己！

當然，我覺得不要只為了利益，而是做這件事是我喜歡的才可以，經過我自我認同的才行，不然，我也說服不了我自己。

我覺得財商、智商、情商（感知生活、自我情緒控制能力）、逆商（負轉正的能力）、覺商（覺察的能力）、健商（身心靈健康）和玩商（活在當下，像孩子般玩得開心）這六商都要有，加上要有領導力（領導力也就是影響力），這六商和領導力（影響力）都很重要，可惜我們的學校都沒有教！

夢想和現實，名利和公益，這些都是不矛盾的，就看你能不能站在更高處，以更大的維度視野來看這一切！

商業是推動藝術發展的重要動力，不需去排斥它！

利他必利己，藝術應該服務大眾，通過成就別人來成就自己，既做了公益，同時也完成了商業目的與藝術目的，是一舉多得的！

最好的藝術是：自由！最好的商業模式是：利他！

　　天賦交響曲

時間從來不語

卻回答了所有的問題

　　　　　　　　——《天賦交響曲》

第四部

每個音符
都該有它獨特的模樣

40 快就是慢、慢就是快，
急於求成往往會適得其反

『如果你問我怎樣成為好的鋼琴家，那麼請你先告訴我練了多少音階？』
—徹爾尼

午後的陽光，靜謐，慵懶，悠然，我靜靜地坐在鋼琴邊的扶椅上，等待下一位學生的到來，那一聲清脆的 Line 聲傳來時，才將我的思緒拉回現實。

這是一條來自心妍的消息，她說："親愛的致名老師，我是心妍，您還記得我嗎？我被美國加州的大學錄取，並獲得了優等獎學金。致名老師，非常感謝您曾在鋼琴演奏上給予我的指導，也感謝您曾教給我許多人生哲理。我將在 12 月赴美，可以在走之前拜訪您嗎？"

我怎麼可能會忘掉她呢？

七年前她慕名而來拜師學藝，可是她的家在板橋區，離我所在的區域相距較遠。我不想讓她來回奔波，委婉的對她說我可以介紹一位板橋區的老師給她，但她卻非常堅持跟我學習。

我被她的決心所打動，於是便收下了這個學生。

身為一名資深的音樂鋼琴老師，沒有比看到每一位學生能綻放天賦，開心自信的成長，活出自己熱情，更令人雀躍的事了。

今年已是 2023 年了，我從事鋼琴教師這個職業已逾二十三年之久。

在這個講究師承關係的學習領域裏，從四歲的孩童到九十四歲的奶奶，我一對一輔導的正式學生已經超過五百人了。

其中不乏有像心妍一樣還在以音樂為專業，精耕細作的學生，也有不少人已經成為了小有名氣的鋼琴老師。

他們中的很多人會在各種假日向我發來問候，這令我的內心感到富足，愉悅。

每到此時此刻，我便感恩父母在我小的時候，給予我在鋼琴天賦的培養，也感恩那個勤奮學習，堅持向上的那個我。

回望過去，在我剛成為鋼琴老師的時候也並不是一帆風順的。

任何一件事都不能急於求成，好高騖遠，而應該扎扎實實的夯實基礎，最終才能脫穎而出，走穩向上的人生。

人生如此，鋼琴的學習亦是如此！

我經常對學生們說，"快即是慢，慢即是快。"這是學琴的奧義所在。

很多初學者都熱衷於追求快速的進度演奏。而忽視加強識譜視奏的能力提升，忽視了手指觸鍵的鍛鍊會影響音色，手臂、手腕和指節用力方法的學習、和維持身體在演奏時的放鬆姿態等等，而這些恰巧是每一位琴者必須穩紮穩打的基本功。

這種快是將那些缺失部份的暫時隱藏，日積月累之後的某一天，如火山噴發，不可收拾。

你或者將完全停止，重新塑造，或者將因為彈琴帶來的疲憊，逐漸消散了你的天賦，這是怎樣的得不償失啊！

所謂：根深才能葉茂，源遠才能留長。萬丈高樓平地起，你若地基沒有打牢，又怎能承受那聳入雲端的樓體呢？

音樂是時間的藝術，是抽象的，它跟其他的藝術學科有很大的區別，像美術是空間的藝術，是具象的，可以保存很久；然而音樂往往就是一剎那的瞬間，或者綻放或者消失。

所以當我們剛開始學琴時，便要秉承"石開為研，深挖為究"的精神，向下紮根，等待音樂天賦綻放的那一個瞬間。

我也對學生說過，鋼琴的學習過程也是自我認可的過程，是自信心提升的過程。

因為沒有人會想在舞臺上看到一個唯唯諾諾的人，人們想要看到的一定是一個自信的鋼琴家在表演。

這種自信是扎實的基本功給你的底氣，也是強大的內在應變能力發揮的外在表現。

"人非聖賢，孰能無過。"

在鋼琴表演時，即便我們臨場出現了錯誤，你若有強大的自信心力量作為支撐，亦能呈現一場精彩絕倫的演出。

因為不是所有的聽眾都是專業的老師，如果你能鎮定自若，儘快找到你練習中的存盤點，順滑的彈奏下去，很少有人能夠發現你犯的小錯誤。

但是我必須要說的是，如果譜背錯或指法有誤，這就相當於南轅北轍，再自信的你也無法彌補這個滔天大錯，因此我說扎實的基本功給予你充足的底氣。

而作為老師，我的天賦使命便是與學生連接時，用最好的方式與他一起創造更好的效果。

"因材施教"是每一位老師的必修課。

我知道生活中有很多老師技藝高超，在授業解惑時卻無法準確表達，學生可以通過老師的示範中得以觀摩學習，卻無法得到專屬的個性化指導。

"教，而不明其方"，這樣的老師並不適合從事這個崗位，同時他也有可能會給學生帶來無法挽回的損失。因為"學，而不得其法"的學生，也許會產生對自我天賦的懷疑，從而造成負面的陰影。

善於覺察學生的優勢和劣勢，給予孩子鼓舞與讚美，是我與學生關係如此密切的法寶。

讚美是陽光，是空氣，是水，它是每個人成長過程中的必須"維他命"。

就如徹爾尼所說，音階的練習是成為鋼琴家的基礎，所有的老師都會要求學生維持一定的演奏練習量。

"一天不練自己知道，一週不練老師知道，一月不練所有人都會知道。"

有天賦的孩子，有時雖然練習量不夠，但是進步卻非常大，這時我會對她說："我知道你做了聰明的練習，在練習量不夠的情況下，你已經進步這麼多，如果可以適度的延長練琴的時間，你的鋼琴天賦是不是會更大幅度的提升了呢？"

這樣的溝通方式更容易被學生們認可，用這樣的方式提出的建議也更容易被學生們採納，久而久之，這些孩子們的天賦則會更快的發揮出來。

歲月匆匆走過，這超過二十三年的教學生涯，與我而言是一場教學相長的快樂旅程。

我們總會聽到有人誇獎老師猶如雨露，給予如花一般的學生們以營養，當鮮花綻放，世界才會變得如此美麗。

這個觀點，我是認同的，但這個觀點並不全面。

我更願意準確描述為好老師與好學生之間是相互成就的關係。

因為一位稱職的老師的教導，會助力學生們天賦的發揮與發展，同時那些天賦異稟的學生們，也以他們豐碩的成果為老師添加了無數的光環。

就像心妍與我一樣。

我必須要說，心妍的消息讓我雀躍。

我給她回覆消息，表達了對她的祝福和我內心的歡快，與她相約他日見面，並開始熱烈的期盼著。

當我們相聚在一起，暢聊自己的夢想，一起望向幸福的遠方，在自己的天賦領域中，活出了想要的模樣，這是怎樣愜意的時光啊！

41 累積，
是在追求中渴望勝利的努力

短的是時光，長的是歲月；短的是名利，長的是成就！

罐頭是在 1810 年發明出來的，可是開罐器卻在 1858 年才被發明出來。很奇怪吧，可是有時候就是這樣的，重要的東西有時會遲來一步。短期來看，問題沒有解決；但長期來看，就不存在問題了！因此，世界上很多事情是"萬事俱備，只欠東風！"而這個"東風"就是時間！以長期主義的視角來看："世上本無事，庸人自擾之！"關鍵時刻，"時間"一出手，什麼事都可以撫平了！

利，可以即做即得；名，則需要較長時間的努力累積才能獲得；而成就則需要長期的努力即持續力才能獲得。短期主義的人，是比較短視的，沒有做長期的規劃，因此最終成就就很小。

成就，只有通過時間的積累，時間是最了不起的，它能成就一切，也能毀掉一切。因此，我們的成就，實際上是長年累月努力的結果！時間是魔法師，短暫的時間，必然拉開我們和別人的差距！人的價值必須通過長期主義去呈現！

"長期"與"積累"是相關聯的，沒有長期的視野、沒有長期的規劃，就沒有"積累"，沒有積累就不可能形成"勢"，沒有"勢"就沒有力量，就很難對事業進行推動。因此，成功人士都有長遠的眼光，並且做好了長期奮鬥的準備！

對於個人而言，長期主義即個人競爭力的持續積累。"長期主義"也是處在"終身學習"的語彙下，如果要始終正向生長，就要長期學習，長期進行"輸入＋輸出"，這樣才能不斷地為事業注入動力！學習得越多，你的知識結構就越複雜，能理解的事物就越多。

　　"長期"和"複利"是相關聯的，努力一天、兩天、三天，效果是無法顯現的，努力一年、兩年、三年，效果就出來了，長期努力和短期努力或不努力，在"複利法則"的影響下，最終結果是有著天壤之別的！長期主義的之於短期主義的人，簡直就是降維打擊，其競爭力是顯而易見的！

　　光是能有效積累競爭力還不夠，你的競爭力還要對最終的目標有正向的影響。所以，我在做長期規劃的時候，始終是從踐行出發，以目標為考量的。例如引薦玩家參加"財富覺醒訓練營"這件事，我的目標是幫助玩家在過程中覺察選擇，且發掘人們的天賦並幫助人們發揮天賦，它不僅需要推廣，同時，也應該是使用者付費的，只有使用者付費，人們才會認真投入學會，才能長期正向生長，也才能長久。所以，為了實現長期正向生長這個目標，我就會同時落實分享推廣活動與使用者付費這兩個維度。我們不乏天賦，也不乏力量，我們缺乏的是更寬的視野與對事物清晰的定位。因此，架構特別重要！

　　而在鋼琴教育方面，我也看重"長期"二字，我常常告訴學生，鋼琴不可能一兩個月就彈好，需要做長期學習的準備。世界上所有鋼琴大師，都是一輩子練琴和一輩子學習的人，活到老，學到老，輸入永遠不能停，這是為了持續不斷輸出做準備。從最後的效益來看，我們所做的一切努力，從長遠來看，都是有相應回報的！

　　亞馬遜創始人貝索斯曾經說過這樣一番話，他說："我經常被問到一個問題：未來十年，會有什麼樣的變化？但我很少被問到：未來十年，什麼是不變的？我認為第二個問題比第一個問題更重要，因為你需要將你的戰略建立在不變的事物上。”

貝索斯這番話應是關於“長期主義”最簡潔、最生動的論述。他所說的“不變的事物”就是指我們長期堅持的東西，也是我們的初心，例如我們目標，例如我們的夢想，又例如我們做事的出發點與起心動念！長期主義就是要找到“不變的事物”，至少在比較長的時間內，將其作為天上的“星辰方位”，定位於它，努力地圍繞它去展開工作。

對於我來說，“鋼琴藝術”和“財富覺醒訓練營”就是在我心裡不變的追求，這也是我的初心，這兩樣東西都是利人利己的，它們短期內不能給我帶來豐厚回報，但從長期來看，它們不但可以成就我，也可以成就千千萬萬人！

窮人多半只看到這個月或今年的事，而富人往往看到未來五年、十年、十五年的事，而偉人往往看到一百年、兩百年的事。很多短視的人，就是用技能去換取一定的生活物質而已，他們的夢想被賤賣了！人的天賦是很珍貴的，人的時間則是更珍貴的，五年一個規劃，十年一個時代，未來，屬於堅持“長期主義思維”的人，思維模式不同，結果就天差地別！

好的模式一定遵循“不對稱性原則”一頭極小，一頭極大，這是最好的，開始時收穫極小，越到後來，收穫越來越可觀。從“長期主義思維”來看，開始時都是拼命付出的，能達到收支平衡就非常可以了，而到後期就可淨利了。你看到世界上那麼多長期致富的人，不必羨慕，你並不知道一開始時，多年前，他已經付出了多少！

“短期主義思維”是安於現狀，是非常可怕的，這種回報模型是：高投入，低回報。

一個普通大學生在肯德基打工的薪資是 180 元左右。需要全天候上滿至少 8 小時，投入 8 小時完整的時間，你才能獲得 1440 元的報酬。這對學習能力強，體力與能力相對較高的大學生來說，絕對是不划算的生意。所以，用大量時間去換取微薄的收入，心態上是短視的。雖然人人都知道這一點，但是，就是有那麼多人趨之若鶩，因為他們都安於現狀，安於現狀的原因，就是不去看未來，不去看長遠，他們害怕改變！年輕人若不敢擁抱變化，就是對青春的辜負！

　　你在圖書館待上八小時，哪怕在其中一分鐘你發現了一個足以啟發你的想法或覺察，或者未來有助於你開發新產品的點子，這份潛在價值就已經遠大於在餐廳打工一個月了。

　　除非是少數創業天才，世界上回報率最大的是「學習」，因為知識永遠是無價的。從長期來看，學習帶來的正向生長，會是一種"複利"，堅持長期去做正確的事，好的結果也會降臨到你身上！榮耀加身，欲戴王冠，必承其重，哪裡有人可以隨隨便便成功？

　　滴水穿石的奇蹟，只有在長期累積下才是真理。

　　以"滴水穿石"的精神把專業能力練到精深水準，增加自己的不可替代性，它的正向回報遠大於單位時間的固定收益。不能被動等待成功，不是因為有希望才努力，而是因為努力了才有了希望！用 1000 分的能力，去做一份 100 分的卷子，沒有不成功的！我們為了一個更美好的未來，要時刻做準備自己的天賦和能力，還有擇善固執的、執著的精神！

　　唐朝安史之亂，安祿山直取長安，哥舒翰守潼關，唐玄宗要哥舒翰出關打叛軍。哥舒翰心知肚明自己的軍隊幾十年沒打過仗，守關容易，出關必敗，但唐玄宗硬要他出去打，不出去就要斬首哥舒翰。他沒辦法，最後痛哭出關，全軍覆沒！這說明，長期累積的重要，居安思危，時刻準備，才能有所成就，如果唐軍有百年規劃，時刻練兵，那麼開元盛世，也不會走向衰弱，歷史也就會被改寫！世界有千年夢想，國有百年規劃，我們有十年目標！

　　一時得失，不必計較。鮮花，應季而開放，而參天之樹可以見證五千年滄海桑田，而在歲月長河之中成為最終的勝利者！

42 有效的溝通
是解決問題的最佳途徑

　　從事鋼琴音樂教育多年，我覺得在教育的過程中，溝通是至關重要的，可以說：沒有溝通就沒有教育，溝通有效，教育才有效！

　　老師與學生之間的信任關係離不開溝通，而溝通是否有效，是有成果的關鍵。首先，學生要信任我，認同我的觀點，這種溝通才是有效的；同時學生表現好的地方，我也要及時去認同，這樣形成一個正向的回饋，這種溝通才是有效、且是可持續的。

　　網路時代，溝通管道很多，溝通機會很多，有時，除了線上線下的溝通之外，我也會利用網路工具和學生進行溝通，因為用了他們喜歡的方式，不用直接來面對老師，這樣他們會比較放鬆，也會比較喜歡說真話。

　　世上最可怕的事之一，就是人與人之間由於不信任，而無法深度溝通，又由於缺乏溝通，進而更加不信任，這就形成了"惡性循環"。以我的經驗來說，身為一名老師，言語上的指責、否定，隨意出口的評價，都不是有效的溝通，這樣只會帶來拒絕回應的冷淡，學生會感覺你是任意指點的說教。正所謂"良言一句三冬暖，惡語傷人六月寒"，因此，我們作為為人師表，一定要以十二萬分的耐心與學生溝通，即便我們說的是無比正確的，也不能居高臨下，因為居高臨下的溝通一定是失敗的溝通。作為老師，修"口業"是最基本的修養。

溝通是每個人都能終生受益的功課。學會溝通，有效溝通，這是我們做好事情的根本，專注於彼此的感受與需要，促進周圍世界的傾聽與理解。在人與人之間形成信任，在人與人之間形成認同和合力，這樣我們做任何事情，成功的概率都會大大提升！

　　我們要得到有效的溝通，首先要學會傾聽。

　　因為我們每個人都有不同的角色，例如女兒和爸爸之間，角色不同，溝通可能就會出現問題，學生和老師之間也因為角色不同，好像總隔著些什麼，溝通上面可能也會出現一些問題，如果我們都站在各自不同的角度的話，就很難溝通。因此，我們首先要學會傾聽對方。

　　我和爸爸之間，其實是存在一定的思想“代溝”，他總認為人生要“求安穩”，去學校教書是最好的選擇，而我則認為只“求安穩”並非是我最想要的選項，我要選一條有挑戰、舒適圈以外的路。這當中就會有一點矛盾，在溝通過程中可能誰也說服不了誰。這個時候，就要學會傾聽對方，並認同對方的某個方面。例如說，爸爸“求安穩”的觀念我可以不認同，但是他為子女好的那顆心我可以百分之百去認同。

　　溝通用不著那麼涇渭分明，不是黑就是白，沒有必要，最有效的溝通往往處於灰色地帶，就是一種“求同存異”的態度和方法，這真的太關鍵了。例如說，你的觀點，我接受 50%，我的觀點你也接受 50%，加在一起不就是 100% 的完美的相互認同了嗎？這就是“求同存異”的力量，也是智慧表達的精髓所在！有些矛盾是我們自己主觀上把它給放大了，我們要獲得別人的認同，我們首先要傾聽對方，認同對方。

　　人心都是相互的，相互傾聽才是有效的溝通；而相互認同，才是溝通取得成功的關鍵。

　　要想獲得有效的溝通，我們還要學會表達，而訓練自己表達力的最好方法是練習演講。通過演講訓練自己對語言的整合能力。

當你說出"我覺得"、"你只是"這樣下定義的詞時，往往並沒有表達出想交流的內容，而是在用情緒和別人對撞。我們一定改掉這種習慣，把"我覺得"變成"您覺得呢"，這樣溝通才能很好地推進下去。不要執著於自己，而拒人於千里之外，要把"你聽懂了嗎"變成"我講明白了嗎"，我們的溝通一定要有溫度。

同時，我們還要真誠，真誠才能取得信任，而信任是溝通的基礎。開誠佈公才不會讓溝通走進無解的"繞圈子"。越是積極表達，越是可能得到他人的積極回應。遇到溝通的困難時，大膽、公正、不帶情緒地把自己想要對方明白的事，一一說出來吧，這才是真正有效的溝通。

我有一個溝通的小技巧：示弱。

溝通過程中，沒有必要太強勢，我們把自己的需求說出來，希望得到對方的幫助，這種態度是最容易得到對方積極回饋的。

TED 演講者米歇爾是一個身高不足一米的女人。她在這個面向世界的舞臺上告訴大家："請求幫助"是一種能力，而非弱點。只要積極溝通，大膽開口，生活中的絕大多數人都是善解人意的。

學會合理地請求幫助，這是一個成功的溝通的重要方式。身為一位老師，我有時會讓學生幫我做一些他們力所能及的小事，讓他們覺得自己是"被需要"和"被認同"的，這一點非常重要，許多無效的溝通正是由於不願請求幫助，或是不知如何正確請求幫助造成的。我們正在幫助別人，同時，我們也需要別人幫助。可能這種幫助是非常微小的，也許只是一兩句鼓勵的話，但是卻是至關重要的。

合理的請求幫助，不僅不會阻礙溝通，有時還會得到對方積極回應，使溝通步入新階段，也使人與人之間的關係更加緊密。每個人都希望有人能傾聽並瞭解自己的處境，人們樂於幫助別人，正如他們期待自己遇到問題時能被人幫助。

不求助，每個人都是孤島，而溝通最怕的就是"孤島化"。

溝通是雙向的，一旦形成"孤島化"，那麼溝通就失效了！而對於教育來說，老師有時不是老師，她是學生的朋友；而學生有時也不是學生，他們也可以在一些力所能及的事情上幫助老師。老師成就學生，學生也在成就老師，"教"與"學"是一體的，是一整片陸地，而不是一個個孤島。

溝通好了，一通百通！好好溝通，好好說話，好好生活！

43 相得益彰的天賦，
能夠彼此成就

　　我們在教孩子的時候，孩子其實也在教老師；孩子的天性是非常重要的，他們表現出的靈氣，有時對老師來說，觸動是非常大的。天賦、靈感、靈氣、天性，這些都是"天工"之巧，是我們用任何理論都很難輕易就超越的。孩子的天賦從他們的天性中來，我們要引導他們，使他們的天性得以施展，這也是對他們天性與天賦的一種珍視與保護。

　　西漢•戴聖《禮記•學記》："是故學然後知不足，教然後知困。知不足然後能自反也，知困然後能自強也。故曰：'教學相長'也。""教"與"學"是互動的，是一體的，不能孤立地"教"，也不能孤立地"學"。

　　教學是在雙向"互動"中達成的，沒有溝通，沒有互動，就沒有真正有效的教育！

　　子夏是孔子後期學生中的佼佼者，才思敏捷，少時家貧，苦學而入仕，曾做過魯國莒父宰。子夏才氣過人，孔子去世後，子夏來到魏國的西河（今山西河津）講學，授徒三百，當時的名流吳起、田子方、李悝、段幹木、公羊高等都是他的學生，連魏文侯都"問樂於子夏"，尊他為師。子夏在跟隨孔子學習時，曾問孔子《詩經》中的"巧笑倩兮，美目盼兮，素以為絢兮"是什麼意思，孔子回答說："這是說先有白色底子，然後才畫圖畫。"子夏又問："那麼，是不是禮樂的產生在仁義以後呢？"孔子聽了之後，非常高興，回答說："商啊，你真是能啟發我的人。現在我可以同你討論《詩經》了。"

　　孔子有三千弟子，這三千弟子，也教會孔子不少東西。聰明的子夏從孔子所講的"繪事後素"中，領悟到"仁為先，禮在後"的道理，這反過來又進一步啟發了孔子，所以孔子很高興，認為可以和子夏一塊探討《詩經》了。

　　現在世界上有很多孔子學院，孔子是中華文化的代表人物之一，也是萬世師表的楷模，我們作為老師，應該向孔子學習。博學如孔子，也並不是無所不知、無所不曉的，他在教育學生的過程中，有時也會受到學生的啟發，進一步豐富自己的學識。

　　"教學相長"的道理，我們老祖先早就知道了。其實，萬事萬物是互相聯繫、互相依存的。在授予他人知識的同時自身也會得以提高。正如施人於援手，受益於自己。

　　現在的小孩是很有靈氣的，例如，媽媽問孩子："兒子，你知道媽媽今年幾歲嗎？"孩子說："四歲！"媽媽驚愕，孩子又說："因為你生了我之後才成為媽媽的，所以你現在已經做了四年媽媽，所以媽媽是四歲！"同樣，我們也可以這麼說：因為你們做了我的學生，我才成為老師的，所以，老師和學生是一體的，是"教學"這件事的正反兩面。

　　"教學相長"的意思是指教和學兩方面互相影響和促進，都得到提高；表示教與學相互促進。陽明先生在著名的《教條示龍場諸生•責善》中說：「使吾而是也，因得以明其是；吾而非也，因得以去其非，蓋教學相長也。」老師教學生技能，老師的技能不會因此減少，反而會因為一遍一遍耐心地教而越變越卓越，同時，學生在學的過程中也會有很多奇思妙想，反過來幫助老師在教學技巧上進行提升。這很像是"反饋"的道理，學生的正向生長與正向回饋，對於老師來說真是太珍貴，也太讓人感到欣慰了！

早期教學時，我在一些音樂教室看見蠻多鋼琴老師，他們樂於表現自己，很喜歡做示範，示範是有必要的，但是一堂課有半堂課都在示範，只會讓學生看了就覺得老師太厲害了，非常佩服老師，但學生回家還是不會！教學的目的是把彈鋼琴的技能教給學生，學生來你這裡學，他們這麼認同你，而你炫技、秀了一波又一波，結果在教學品質上並沒有加分。教育不是單方面的事，是老師和學生的一種互動，是互相在精進。

　　我教的很多認真的學生，他們今後大都能取得蠻好的成果，身為老師的我自然也會很受益，也感到很開心。教學生彈琴，應該考慮怎麼幫助學生怎麼可以去放鬆彈琴，怎麼樣有指力、游刃有餘，如何施力不費力把每個音彈好，然後，怎麼樣能夠一個步驟一個步驟地拆解去進步達標，教學要有步驟、流程與落地實作的方法，回家之後還能夠像你在他旁邊一樣，而不是老師自己彈得很厲害，讓他回去完全沒有印象，只記得老師彈得很好，那他只會覺得自己是不是沒有天份，所以彈不出老師要的結果。

　　"天賦"不是某個人的專屬，每個人都有自己的天賦，而且彼此間的天賦應該相互"交流激盪"！

　　我覺得很會演奏的人，不見得很會教，那很會教的，他也不一定很會演奏，所以你要在裡面找到一個平衡，這時，課前的溝通就顯得非常重要。有些媽媽來找我教她們的孩子，我沒有空教的時候，他們就希望我推薦一下怎麼選個好老師。

　　然後我跟她們說："第一，最好是要本科系畢業，我不能說本科系畢業就真的比較厲害，但是如果他連本科系都沒有畢業，我真的不知道他的能力到哪裡。也許可能真的有一些很特殊偏才的人，然而 80/20 法則概率之下，那畢竟是比較少的，因為我總覺得音樂藝術還是要有一些系統化的學習，要不然我們為什麼還要去學校進修完成學業呢！第二，最好是要已有教學經驗，教過並且教學品質和口碑還蠻好，那當然就是指比較好的老師。這部份，也可以去看他的學生彈琴彈得如何？因為學生常常是老師的最好作品。第三，就是要懂得教學相長的道理，懂得跟學生互動才是好老師，一個鋼琴技巧演奏出色，但不懂得跟學生互動的老師，學生能學得就會有限。"

對於鋼琴老師來說，系統化的學習還是非常重要的！

音樂本科系還是有一定的水準，受過這個訓練，至少確保了一定的專業性。可能因為某些人格特質有些人不一定教學教得很好，可是，你至少要保障他有那樣的能力，所以系統化學習，是一個合格的鋼琴老師的前提條件，我覺得也是基本條件。能力是其一，然後就是他個人特質，例如是否很有愛心、耐心等等，加上他的教學風格是否是你喜歡的，然後還有你就看他的學生大概都是哪一種樣子就大概明白了，當然，還有一點就是鋼琴老師的責任感一定要強。

我還是會覺得一個負責任老師，真的還是要有一個基本的態度門檻，不是說人人都可以擔當的。音樂很抽象無法定義，有些非本科系畢業的，他們也教鋼琴，他們有時還可以接受低價收學費，也許也會有些學生去跟他們學。這市場有人學費收低，也有人收高。至少你要找到一個不要太低的，而高一點的定價表示他至少有一定自信，我覺得相對可能會好一點，價值還是要重於價格，畢竟學錯了得不償失，時間是最寶貴的，無法重來。

而在過濾老師的過程中，還是可以找到一些性價比比較高的老師。因此，我覺得鋼琴教育這一行，還是應該要有一些門檻比較好，而且，在學生家長的心裡也應該要有一個"無形的門檻"，不能只看價格來選老師，並不是價格越低的老師不好，也不是價格越高的老師越好，我們也要學會衡量性價比。

教學相長，不是此消彼長，而是齊頭並進！好老師可以讓天下沒有難學的鋼琴！

每個學生只要有心向學都是好學生，但並非每個老師都是適合自己的老師，適合彼此的好老師難能可貴！遇到了，就請好好珍惜！

天賦不是專屬的，知識也不是壟斷的，教學相長，讓每個學生都發揮出自己的天賦！

天賦交響曲

讓花成花

讓樹成樹

綻放天賦

————《天賦交響曲》

第五部

主旋律當永遠站在
人生的 C 位

44 一切剛剛好，才是人間好姻緣

金遇到玉，於是有了"金玉良緣"，這就是婚姻！

光遇到電，於是有了"光電效應"，這就是愛情！

現在女孩子結婚的年齡普遍較晚，或者說沒遇到對的人不婚也可以。畢竟，幸福不在於人數。其實，結婚早晚都是可以的，關鍵是遇到對的人。愛情是一件很難的事，在對的時候遇到錯的人，不行；在錯的時間遇到對的人，也不行！一切要剛剛好，才是好姻緣！

我常常跟我大一點的學生，至少是上大學的年紀以上的學生說：多去談戀愛吧！談戀愛會有助我們對音樂情感的表現，因為談戀愛會有甜蜜期、熱戀期、也會有過程中的吵架、冷戰期等等，多一點情感體驗，有助於我們更成熟，表達音樂性會更豐富、深刻，畢竟人生，不會都像喜劇的偶像劇來著的！是吧！

感情觀方面，我比較欣賞互補型的愛情，源於"互相欣賞"，同時也源於"互相包容"，不要差異太大，不然也會有些矛盾，走到一個挺好的空間狀態，就是彼此各自安好，不要太黏膩，也不要太疏遠，一切剛剛好，就是最好的！

我覺得相愛的兩個人，不一定要朝朝暮暮、長相廝守，兩個人的關係不遠不近，像月亮跟地球這樣，就比較完美，一切剛剛好，才會是相對完美的狀態！

白石老人曾有一句名言：「作畫妙在似與不似之間，太似為媚俗，不似為欺世。」似與不似，是中國畫的美學精髓。作畫若不逼真，是對觀者的欺騙，但又不能拘泥於外在形象，而忽略內在神韻。所以，"剛剛好"是一種境界，婚姻也是這樣，不要那麼甜蜜，也不能太疏離，這就是婚姻的一種"度"。婚姻不是誰拿捏誰，也沒有必要用力去生活，或者刻意討好對方，用力過猛，或敷衍了事，都達不到完美的狀態。太過用力，容易得不償失，太過隨意，終將漸行漸遠。所以，婚姻就像跳雙人舞，要互相配合，要掌握一個"度"，不然就會踩到對方的腳。不愛那麼多，也不愛那麼少，不多不少，剛剛好，才是人生最完美的狀態。

　　為人處事皆需有度，適可而止，不求窮盡。

　　中國漢朝的皇宮叫"未央宮"，這"未央"二字蘊藏著深刻的智慧，也就是說事物沒有到達中央，就是最好的狀態，例如月亮太過圓滿，那也就是月亮要開始殘缺的時候了；又例如太陽，"如日中天"的時候，也是太陽慢慢落下去的時候。不可太過，也不可不夠，這就是"剛剛好"的深意！

　　還記得讀高中時，國文老師有介紹一本小說《未央歌》，是以抗戰時期的大學生和昆明的風光民俗為小說背景，寫著小說中四個主角伍寶笙、余孟勤、藍燕梅、童孝賢……在烽火連天的歲月裡，在平靜純潔的象牙塔內，他們彼此成至友、有愛有怨、有笑有淚，並交織發展出一段屬於青春和校園的愛情故事。除了這四大主角，作者鹿橋還寫了一群大學生和他的老師的故事。書中關於友情的描述、愛情的鋪陳以及對校園精神的探討，表現了一代年輕學子對生命的追求、正向與樂觀的態度。書中人物個性鮮活、情節感人，風格清新、活潑，充滿浪漫、自信與樂觀，以積極的人生態度和真摯情感，譜成了真、善、美的永恆樂章。歌手黃舒駿還曾以這部作品的故事題材寫過同名歌曲！

而《紅樓夢》講到賈元春省親的時候，賈府已經到了"鮮花著錦"和"烈火噴油"無以復加"富貴至極"的狀態了，但秦可卿和王熙鳳就覺察到了賈府的危機，因為事物總是"過猶不及"。因此，要維持長長久久的幸福，最好的狀態就是——剛剛好！

人生最完美的狀態，需要一點"剛剛好"的智慧：言不可說盡，留人一絲餘地；思不過慮，留己一分豁達；情不過縱，留一分愛自己。

不求太滿，方能圓滿！餘生漫漫，未來可期，願你做一個剛剛好的人，擁有剛剛好的人生。

"剛剛好"其實是兩顆心的默契，亦是兩個人相互的體諒。沒有完美的契合，關鍵是有包容和愛意在當中做調和，如此，才能做到"剛剛好"！感情世界裡沒有過多的累贅，沒有企及不到的遺憾，一切剛剛好，剛剛好是我想要的，剛剛好是他想要的。似乎是那麼幸運，那麼巧合，那麼機緣使然。因為這難能可貴的"剛剛好"讓我們所有的希冀和期盼得到滿足；似乎有一種難得巧合的幸福感，有一種能夠擁有和完全掌控方向的未來，一切最好的幸福時光，都還在來的路上！

沒有炫目的喜悅，也沒有求而不得的遺憾，我嚮往的婚姻多的是生活中的小確幸，小歡喜！合適的距離，剛剛好。沒有近在鼻息的嫌棄，也不用"天長地遠魂飛苦，夢魂不到關山難"的徹夜相思。給彼此一個剛剛好的距離，讓情意如汩汩流水，保持著永遠的清澈，十指相扣的溫度，恰到好處延伸到彼此的心間。

我覺得婚姻就是一小部份的喜歡，一大部份的習慣。

喜歡和愛，是婚姻的基本感情基礎，而習慣上的磨合是婚姻長長久久的基礎。有很多感情很好的婚姻，結果"習慣"上沒有磨合好，也就慢慢生了嫌隙，雙方就因為習慣問題漸行漸遠，這其實是蠻可惜的。相愛是激情，相守是長情，都做得好的夫妻，其實是蠻厲害的！人的習慣是"江山易改，本性難移"，但是如果對方因為愛你，願意改他的脾氣和習慣，其實蠻難能可貴的！磨合到剛剛好，就是最好！

喜歡有你在身邊的感覺，即使各自忙碌；喜歡過馬路時，你牽著我手；喜歡相互遷就著彼此的習慣。習慣你在身邊，換了別人，我不習慣；習慣聽你給我取的暱稱，換了別人，規規矩矩喚我名字，我不習慣；習慣與你相擁時的那個高度，他人，或高或矮，我不習慣；習慣一伸手，無需言語，你便遞過來剛好我想要的東西。

最近常被歌頌的錢鐘書和楊絳的婚姻就被認為是理想的婚姻。

"我見到她之前，從未想到要結婚；我娶了她幾十年，從未後悔娶她，也未想過要娶別的女人"，兩個人都認為自己就是這樣的。兩人的才華旗鼓相當，能夠相互欣賞，相互妥協，相互成就。

剛剛好，我敞開心扉；剛剛好，你走進了我的心裡。

給我溫一壺酒，泡一杯茶，待酒尚溫，茶未涼時，許我一個笑意盈盈的你！

45 一期一會， 老教授心裡有個瓦爾登湖

日本的茶道藝術中有"一期一會"的說法，意思是"難得一面，應當珍惜"。我們應該保持這種態度，把和每個生命旅人相遇，當作一生中難得的緣份。而在每次這樣的同行旅途之中，我都會衷心為每個人祝福。

"一期一會"妙在它從不強調要努力改變你們相逢或相離的軌跡，認真就好，恭敬就好，珍惜就好。

三十而立之後，我遇到一位臺大的老教授，大約七十多歲。我是去參加一個講座認識他的，他那時就靜靜坐在隔壁桌、很認真抄筆記，下課後，我們淺淺地聊了幾句，彼此覺得特別投緣，像是久別重逢的老朋友一般。

我覺得人生處處就是如此，就像一本書，你會遇到一些人，然後有時候是在一個很不期而遇的一個時間跟空間。我記得在 2018 年的時候，我也是持續在學習，除了我自己在家自學，還去參加一些講座，在機緣巧合之下，就與這位臺大的老教授相遇了，我覺得他的狀態有點像美國作家梭羅，在他的心裡一定也有一個瓦爾登湖！

我覺得他就像一個老 Baby，雖然跟我爸爸是一般年紀，但他卻像個小孩，因為我後來引薦他進入財富覺醒訓練營和教練營學習，他在填寫財務報表時，有不懂的地方，還會向我請教，並且稱呼我為「師傅」。

身為一名博士卻相當地謙虛！

　　他說他也有個像我一般大的女兒，所以，他把我當女兒看。說來，人是非常奇怪的，明明是親父女，本來應該是最親近的，反而有一種距離感，有時感覺我影響不到我的父親，我的父親也較難影響到我，反而是眼前的這個 Baby 輕易就讓我的心為他敞開，也許這就是同頻共振！

　　他已經七十多歲了，有著大道至簡的處世方式，內心卻有著一顆豐富的心，我覺得他的內心一定和梭羅一樣，是存在著一面靜湖的，它的名字叫：瓦爾登湖！他就住在湖邊，過著簡單的生活。他早年當教授時就技術移民紐西蘭，當時存銀行的存款，現在單靠利息就足以生活無憂，所以，他完全可以聽從"自己的心"而生活。而現在，他邀請我走近他內心的瓦爾登湖，而我邀請他走進我們的富而喜悅世界，我們因此成了忘年之交。

　　他學生時代先從事一段時間教職、後有機緣再公費去美國南加大和史丹佛留學，就讀電機和通訊，讀到了博士，回臺之後就先在成大當教授、以及好幾個國家最高研究機構、還有軍事採購單位當顧問，一直住在臺大旁至今。並且，他有著深厚的內涵、學養，知識與思維格局都非常大。而且，我們都有臺大的淵源，共同語言就更多了。我們可以很世俗化地聊臺大最近的變化，也可以很哲學化地聊"一期一會"這樣的話題。有時，我跟他聊天時，感覺彷彿坐在我對面的不是七十多歲的長輩，而是一位十七八歲的少年。

　　我們在富而喜悅平臺對於年齡是有著獨特演算法的，72 歲，就是7+2=9 歲；3+6 歲，也是 9 歲！因此歲月很重，但時光很輕。如果從人的心理來看，老人和小孩其實是同一類人。人到了而立之年漸感歲月的沉重，但到了六、七十歲開始也許就覺得時光之輕，時光像輕柔的微風，吹在臉上很閒適！

他是出生在南臺灣的屏東，小時候家裡孩子多，環境比較不好，所以爸媽的觀念就是"讀書脫貧"，這一點，他花好大的力氣終於做到了，因為他的努力，改變了他整個家庭的命運，而現在他要過自己想過的日子了。一種從從容容的日子，一種雲淡風輕的日子。他們家兄弟姐妹有的去大陸經商，有的在空軍供職，有的在當醫生，都走出了自己的路。他們家族的狀態，也讓他感到非常欣慰，他想趁著自己還健康硬朗，到全世界各地走一走，看一看。

有的人心中的湖就是碧潭那麼大；而有的人把太平洋看成是一個大湖。

我想，他心中的瓦爾登湖大概就是——太平洋。

他把美國玩了好幾遍，然後每次見面，他都一直跟我說，"Carol，妳不要一直認真工作，妳要趕快出國玩，妳要趕快出去看一看，趁妳有體力的時候，不然等到妳錢都賺到了，妳就沒有體力了！"

他送了我一本書《最後一次相遇，我們只談喜悅》，他還跟我說，喜悅是英文的 Joy，不是快樂 Happy，是"由內而外"的開心，沒想到幾年後，我還真的帶他進入了富而喜悅的世界，也驗證他一生就是活在富而喜悅的道路上，過著內在喜悅、外在富有！多麼地有遠見與大智慧！

閒適是一種優雅、從容、智慧，更是一處境界。是充實與豐富之後的淡然，是經歷大風大浪之後的雲淡風輕，而不是平庸的日子；是平實無華而不是燈紅酒綠；是時光之輕盈，而不是歲月之沉重！

他有微風一樣的心情，但他也有海一樣的智慧！

他所擁有的智慧，很像佛家所說的"般若"，不是凡俗的智慧，卻又並沒有完全厭棄凡俗，是出世與入世的結合，是一種大融通、大智慧。擁有這種智慧的人，高而能下，滿而能虛，富而能儉，貴而能卑，智而能愚，勇而能怯，辯而能訥，博而能淺。

天地之大與人生之難並不足懼，不被明暗所惑，不被苦悲所擾，棄浮華得實在，棄紛擾得自在！是"洗墨魚吞硯，烹茶鶴避煙"，是"笑看風輕雲淡、閑聽花靜鳥喧"，是"竹密豈妨流水過，山高哪礙野雲飛"的閒適！同時也是"春有百花秋有月、夏有涼風冬有雪"的隨緣和大自在！

林語堂先生在研究了孔子、老子、莊子、陶淵明、蘇東坡等人之後，形成了一套以"覺醒、幽默、閒適、享受"為要義的生活哲學。我想，這種生活哲學是比較高明而且實用的，而我眼前的 Baby Joy 就在用類似的生活哲學。

同樣地，周作人先生在《北京的茶食》中也說："我們於日用必需的東西以外，必須還有一點無用的遊戲與享樂，生活才覺得有意思。我們看夕陽，看秋河，看花，聽雨，聞香，喝不求解渴的酒，吃不求飽的點心，都是生活上必要的——雖然是無用的裝點，而且是愈精煉愈好。"

生命有春夏秋冬，人生也有春夏秋冬，在春天讓萬物甦醒，在夏天讓萬物怒放生長，在秋天讓萬物結果，在冬天讓萬物休息；春耕、夏耘、秋收、冬藏，我們的生活也是如此，不能總是熱火朝天，也應該有細水長流與風花雪月！

我和他一樣，想過簡單、從容、閒適的生活，同時又不刻意抗拒豐富與多元。

步履紛雜，行色匆匆，何妨慢下來，過一種藝術的、詩意的"喜悅"開心生活！

46 行至未央，
何妨長夜聽長風

"他們說世界太寂寞，為愛付出一切只換來眼淚，花兒開花又謝，轉眼一場空。沉默的謙卑勝過世界喧嚷的驕傲！"

新約聖經這樣說：沉默的謙卑，勝過世界推崇的驕傲；密室的禱告，勝過世人所有的說教；隱藏的奉獻，勝過世間所有的珠寶；憐憫的淚水，勝過世人虛浮的蜜語；喜樂的生命，勝過世間最好的良藥；神兒女的身份，勝過世上所有的尊貴。因為凡從神生的，就勝過世界。使我們勝了世界的，就是我們的信心。

我就想，怎麼有人這麼謙卑，見過大江大海，名山大川的人，必然是有見識的，心中有星辰大海必然是淡定從容的。

所謂"見山不是山，見水不是水"，終將歸於"見山還是山，見水還是水"，這是與自己的和解，也是與這個世界的和解，是一種大融通，是一種大智慧！你也可以說是一種"博愛"精神在心裡的投射，也可以說是"心有靜湖，臉上無波"的一種自在與從容！

我透過教練營的學習，於財富的五大元素：時間、金錢、能力、精力與人脈來梳理，發現教授大哥真是一個"妙人"，他可以很入世，學各種投資；同時也可以很出世，完全不在乎金錢在他生命中的作用，他在步入老年後，任何決定都與金錢沒有關係，他只聽從他的內心。就像孔子說的：五十而知天命，六十而耳順，七十而從心所欲，不逾矩！

他經常跟我講：“妳要趕快多出去看一看，妳要移民去哪個國家，就當是買一個保險，將來若有個萬一，妳也好有一個好的去處。”

教授大哥真是可愛，按照他的想法，這樣做是非常輕鬆的。但對於我來說，我目前還不想去做這麼重大的決定。而且我對未來充滿了不知哪來的自信。也有另一可能是，我認 凡事都有一體兩面，沒有絕對的好選擇，也沒有絕對壞的選擇，只能看你當下的狀態去選擇一個相對好的選擇！當然，當一個人幸福久了，他可能倒是會把內心一些微小的“不安”放大成“災難”！

其實，我自己也是一個“妙人”，以前有人問我這個世界到底有沒有“世界末日”。我並不會正面回答，只會開玩笑回答說：“世界末日，多麼盛大的一件事，神最後是要降臨的，我們都是平凡人，哪裡會遇到這麼盛大的事？”

教授大哥雖然是一個妙人，但他逃不脫中國傳統長輩那種“居安思危”的思維，而且也有一份為後輩把一切安排妥當的慈心。而且，他的立場是非常堅定的，在很多議題上，遇到觀點不一致的情況，也會和人據理力爭。但爭完之後，大家彼此尊重，誰也說服不了誰，最後，還是可以繼續和和氣氣，繼續做好朋友。

從教授大哥身上，我感悟到，其實財富的五大元素並不一定需要同時具備，你也能成功。因為這些元素是可以互換的，比如金錢可以換人脈，人脈也可以換金錢。從一種籠統的大框架來說，我們“內在的優勢”也可以轉化為“外在的優勢”，而“外在的優勢”也可以轉化為“內在的優勢”。某方面來說這就是最大的天賦變現能力！

很多窮人，經過一步步的努力，慢慢變富有，這就是“內在優勢”轉化為“外在優勢”的過程；而很多富有的人，他們的內心越來越豐富，他們的精神世界越來越精彩，這就是“外在優勢”轉化為“內在優勢”

的過程。其實，我們的生活，無時無刻不在見證著財富覺醒訓練營裡談的財富擴容，而沙盤推演真的可以像是算命一樣，一步一步從自我覺察過程，找出你的天賦和相應的未來目標走向。。

因此，教授大哥在更進一步參加教練營之後，就結合他自己的專業所學，融入"科普"（科學）的態度來學習，他也非常認真做財富報表，他那種"活到老，學到老"的認真的樣子非常可愛，也讓我感到動容。一個一絲不苟的人，紳士、輕鬆、從容而又積極地認真生活著，我與他的忘年之交，真是人間值得了！

當時平臺還為我們師徒辦了一個科學家跟音樂家的對話節目，線上超過百位有來自世界各地的小夥伴們，來聽一位科學家和一位音樂家對話，就是 "科學"與"藝術"的"跨領域對談"！也可以說是"理性"與"感性" 活在富而喜悅狀態中的大激盪！

然後他每次都跟我說，他說："你要趕快去西藏，你要趕快去哪裡玩，然後他一直叫我要去大陸和世界各地"，總之，"別待在原地" 就對了！

他說他有一次在西藏，那個雪飄下來的時候，他說他眼淚都流下來了，因為他在轉經輪中，他就彷彿看到他逝去的祖母，和前世的輪迴，然而說來也很妙，他說他小時候在基督教的環境中長大，但是他說最近他的心比較偏佛教一些。常看一些賽斯理論和佛教有關的書。

其實，大智慧就是去除分別心！

我覺得他是我的天使，而我爸媽其實也是我的天使，就是上帝派天使在我們身邊。

年紀，只不過是數字。我們忘掉自己的年紀，往往能活得更好！

活出你自己，你內在的那個小孩，內在本自具足九仔的那個 "大自在"。

活得自在是一個人極閒適、極愜意的狀態，心有率真，沒有拘束，沒有精神上的壓抑，也沒有事業上的紛擾，更沒有世事與人情世故的打擾，自由自在，淡定從容。

自在，就是做我自己。

自己的起心動念從來不受羈絆，想我所想，做我所做，既自信又自在。心靈正向成長的本質，並不在於完美，而在於逐漸歸於真實！

我們真實得像一棵樹，我們自在得像一條河，我們淡定得像一朵白雲，這樣我們的心就能得到大自在！觀世音菩薩的本名叫——大自在菩薩。

白日裡也不必吵吵嚷嚷，何妨念一卷心經；長夜裡也不必流連夢鄉，何妨長夜聽長風，聽出夢外的乾坤遼闊！

林語堂先生說過這樣一句話：“我要有能做我自己的自由和敢做我自己的膽量。”敢做自己的人，自然是自在的人！接納自己，重視忠於內心的想法，對自我形成認同，最後也才會過上自在的生活。

著名漫畫家蔡志忠先生，就活出了一個自在的狀態。連三毛都覺得他有一個“自由魂”，他的談吐、繪畫，以及“古書新說”的方式都是出於一種自然與自在。

有儒學家說：“自在，是一個人精神開闊飽滿的外化表現。”內心豐富到一定程度，外在自然而然流露出來，就表現為從容、淡定、簡單。

自在，不是讓別人都喜歡你。而是別人喜不喜歡，我都自得歡喜！

47 太陽和地平線永遠在遠方

遠星，遠得像夢一樣遠；遠星，近得像夢一樣近！

我和教授大哥的忘年之交，這三年因為疫情，都改線上聯繫，上覺醒營和教練營的線上課，我請他上線連麥，他就馬上連麥，我讓他上線，他就馬上上線，他有一種軍人的氣質。說一是一，說二是二，內心坦蕩蕩！我們時不時"一期一會"，還是蠻舒服的緣份。而我介紹給教授大哥的一個留學英國、也曾去紐西蘭打工渡假的閨蜜卻突然之間失聯了，大約是因為她自己感覺狀態與現狀不太好，不想被看見，或是因為疫情的關係減少了與我們的聯絡，漸漸失聯。所以，人生的緣份還是有驚喜，也有遺憾。

緣份本身就要：隨緣！放下！

緣份會把一些"妙人"帶到我身邊，同時也會帶走一些"妙人"。

從內心來講，我是特別希望自己結識更多這樣"眼裡有光"的朋友的。

世界沒有好壞，完全取決於我們自己的心，和為人處世的態度。若你的內心充滿陽光，那世界就是絢麗多姿的；若你的內心佈滿陰雲，那世界就是黑暗無比的。所以，像這樣眼裡有光的人，他們的內心是善良、光明，而且豐富到盛大的。我在這樣的朋友旁邊，也覺得自己被照亮了，心情瞬間會好很多。

內心有光，心中有太陽和月亮，眼裡有光，永遠望向新的地平線！眼裡有光的人，視野開闊，心胸遼闊，不僅溫暖了自己，還能溫暖他人！

人們常說：「心是你身上的一盞明燈，能夠替你照亮前行的路。」

馬斯洛曾說：「心態改變，態度跟著改變；態度改變，習慣跟著改變；習慣改變，性格跟著改變；性格改變，命運就跟著改變。」其實，從財富覺醒訓練營來說，也會深度關注這些方面，往往這些元素也是一種連鎖反應，改變根源，其外在表現也隨之改變。

佛說：「物隨心轉，境由心造，煩惱皆由心生。」

有的時候，我覺得不管是在身邊的朋友，還是不在身邊的朋友，我們的心始終是在一起的。因為我們都源於同樣的源頭，這源頭可能是緣份，也可能是因果。總之，我們不是無緣無故成為朋友的，而緣份也不可能突然就斷掉，在將來的某一個"時點"，我們還會再續前緣，再度得逢！

王陽明之所以能夠成為心學哲人，這跟他的心態密不可分，所謂"心態"，字面意思就是心的狀態，心的狀態好了自然一切安好，心的狀態亂了，緣份也亂了，因果也亂了。正所謂"此心光明，亦複何言"，這句話足以總結了"心決定一切"的道理。你眼裡有光，眸光與星光交相輝映，這是何其動人，何其讓人想與你親近！

內心有光之人，才是真正的智者！

《菜根譚》中說："性躁心粗者，一事無成；心和氣平者，百福自集。"

我們修得一顆"妙心"，靜待緣份把一些本就該出現在我們生命中的"妙人"帶到我們的生命中來。

內心有光之人，一定很是溫暖。那種光是熾熱的，足以寬容他人的一切，同時，也和自己心平氣和地和解，接納自己，從而得到閒適、從容與大自在！

眼裡有光、內心有光之人，能容萬物，不亂於心，不困於情。漫漫人生路，一邊溫暖自己，一邊照亮他人。

在財富覺醒訓練營裡，我經常遇到一些"妙人"，例如，我從長者身上就找到"父愛"那種感覺，然後又從比我年齡稍長的大姊姊身上找到"母愛"的感覺，這真是蠻神奇的。我覺得如果我們以欣賞的眼光看世界，真是人生處處都很妙。例如說人與人之間的緣份很妙，人與人之間的情感很妙，人與人之間際遇很妙！也沒有必要滄海桑田，也沒有必要海誓山盟，單單是平凡得不能再平凡，普通得不能再普通的煙火人間的日子就有無數的神奇之處！而我們要做的就是珍惜似水流年裡每一份緣份、際遇和感情！

花開的時候，風把花香帶到遠方；太陽升起時，光把溫暖帶到人間！這個世界就是這麼平凡但細想又是多麼神奇！

所以人跟人，這個靈魂的東西有沒有同頻共振，決定於我們是僅僅面對面的相遇，還是心對心的相遇。很多關係都是"以心換心"建立起來的，同時，也是用心去維繫的。最美好的關係不必要客套，也不必人情世故，朋友的突然失聯一定有我們彼此內心能接受和理解的原因，當我們有一天再次相遇時，那一聲簡單的真心的問候自然會解釋流年的思念與掛牽。

地球是圓的，我們的心也是這樣的渴望圓滿！

宇宙萬物皆為能量，我們的心也是一種能量場，當能量和心場同頻，就能產生共振。一切生命本質都是能量，一切生命運動都是能量在振動，一切振動的能量，在同一"場"中最終會同頻共振。而人與人在相同或近似的〝緣份〞中就會同頻共振！

有人問：「我們該做什麼來轉化世界？」「如何改善你與身邊人的關係。」當我們轉變自己、變得更喜悅、更友善、更寬容、更智慧、更平和，更能夠感覺到對身邊人的愛與連結時，這世界就會轉化，這是一個偉大的時刻，是從無序與紛亂，到有序的同頻共振的過程。

其實人就這樣，敞開自己的心，就相當於把自己的〝頻率〞公之於眾，這樣可吸引更多與你同頻的人來到你身邊，你將獲得更多欣賞喜歡的朋友。同頻共振，就像一個極致舒適的心靈場，讓我們身處其中，可以無憂無慮，可以自由自在，可以沒有孤獨，可以有所依靠。同時，也讓我們的心不再流浪四海八方，找到了某種心靈家園，從此，得到一種安樂的心境與歸屬感。

正面的能量，真誠的分享，傳遞愛，傳遞正念，然後，就能與志同道合的人同頻共振，攜手一起走向更美好的未來！

太陽和地平線永遠在遠方，我們的路將沒有盡頭，一路歡歌笑語，一路海闊天高，一路歲月溫柔，一路希望生生不息，一路行，一路與愛相伴！

從此刻開始，敞開自己的心，吸引同頻的一切，愛我所愛，得我所願！

讓我們在未來，與志同道合者同頻共振，與世界同頻共振，與美好的一切同頻共振！

48 萬物皆有價，因果皆有償

　　富而喜悅文藝團的吉他創作男神強哥常常說我是"讚美社社長"，的確，我是個從小就被媽媽要求每天寫讚美日記長大的孩子啊！從讚美的眼光去看世間的萬事萬物，你會發現這個世界真是太美好了！我們讚美的同時，也可以從萬事萬物身上學到很多東西。

　　有一次我去聽一個房地產的講座，因為我除了教鋼琴之外，平時也涉略學習一些投資理財，"財商"也是我很重視的，我喜歡打造資產。有一次，我在聽房地產講座的時候，遇到了一個同樣重視財商的鋼琴老師，她比我年紀大，足足大一輪、12 歲起跳，所以她若算是我音樂圈的前輩的話，一點也不為過。

　　她對於財富的看法與我有很大不同，她很有錢，也很會算 CP 值，有效"節省"與"守財"是她對待財富的一種策略，我雖然跟她風格不太相同，然而覺得，在財富這件事上，還是一山又更比一山高，這也是通過"讚美"的眼光來看，人人身上都有過人之處，人人身上都有閃光點！

　　我們一起出去，基本上我都會讓她覺得有"賺到"。有時候適時讓別人感覺贏，別人開心其實我們也開心！而且，這也是一種轉化，我花了小錢，而這些錢，通過滿足她"省"的個性和心情，從而非常完美地維繫了我們之間的關係。這也算是財富五大元素可以相互轉換的道理。

和她的相遇，讓我覺得"萬物皆有價"，但我們每個人對"萬事萬物"的標價與標準是不一樣的。例如說，我的年紀比她要小，資歷上也許比她可能淺一些，但是我很早出道，對於教學計劃，我都是三個月為一期，不接受一個月或一堂課上，收費也是相對合理不接受講價，一來因為我覺得學一門藝術都需要有時間累積才能見效，學一堂、兩堂是沒有什麼效果，反而是浪費錢。二來是學生一開始就有願意努力學三個月的決心，往往就決定了學習的品質與效果。再則，我的學生量蠻大，常常學生都在候補排隊，我的時間非常寶貴，我的時間價值比錢更寶貴，三來是我累積的經歷、資歷與努力已經價值大於價格，就應該至少要定這個價。因為，"課"也是有尊嚴的，你定價低了就是對"課"，對"知識"與自己的不尊重。我們是值得、配得的！我也從這一點去過濾有心來跟我學習的學生！

　　然而她覺得，課是可以談的，而且，先低收日後再調，我覺得我不是很能認同這個狀態。其實，一個人對財富的態度，不會因為有錢沒錢而發生改變，有很多人不管有錢沒錢都是那麼"省"，守財是她們的常態。

　　萬物皆有價，現在"知識付費"也是這樣，不會因為你把價定高了就會沒人買，也不會因為你把價定得很低就會有很多人買，關鍵是"性價比"，就是價值匹配不匹配。如果你明明值 10 萬，你偏定 1 萬的價，這就是跟錢過不去。當然，你如果是作為一種策略是可以，互聯網有一個"免費戰略"，前期先砸錢，把價格定為 0，先把量做起來，後期再開始收費賺錢，這當然是長期目標的一種思維，但是，萬物皆有價，從公義的角度來說，定一個合適的，價值匹配的"價"是對供需雙方最尊重，也是最好的一個狀態！

　　管理學大師德魯克說過："當一個人不知道如何傳遞自己的價值時，

就用價格告訴別人。"

電視劇《西遊記》裡有一個細節,講的是唐僧師徒四人在向阿難領取經書時,阿難向他們索要"人事費",明明白白、大大方方地"吃拿卡要",佛祖聖地發生這樣的事,不可思議!印象最深的則是接下來佛祖對此的解釋,佛祖說自己曾經給人家講經,收了三升三斗米粒黃金,還說自己的經文"賤賣"了。

如來也覺得"萬物皆有價",經書也是有價的,如果價位定低了,眾生也未必有人會珍惜吧?而且,萬事萬物都存在著一種"價值交換"的關係,人在得到某種東西時,必須有相應價值的付出,得到後才會珍視,付出與得到的雙方各得其所,買賣關係才能良性發展。

陽光、空氣、水都是免費的,人往往難懂得珍惜,美好就這樣被浪費了!

孔子說:「自行束脩以上,吾未嘗無誨焉」。孔子是個實際、可愛的人,會直言不諱地說自己對交了高額學費的學生知無不言,言無不盡,不厭其煩。我猜想,或許正因為這一點,孔夫子才能"門生三千,賢者七十二",夫子若收費太低,自己先喝西北風去了,哪裡還教得出那麼多賢者?哪兒可能有儒家思想澤被後世呢?

我覺得"物值對等"是最基本的經濟學準則!

現在有很多針對富人群體或是普通群體的培訓課程或長訓課程,有關身心靈、婚姻家庭、親子關係、甚至人生哲學之類,而"財富覺醒訓練營"是關於覺察選擇,財富擴容和發現天賦與團隊合作。關於成長與發展,關於人生方向,我的這位財商高的鋼琴老師朋友,後來也有參加財富覺醒訓練營,透過"沙盤推演",她更清晰地看到自己的狀態與選擇,也可以更完美優化她的理財,去達到財富自由!都說你不理財,財不理你！還真是有幾分硬道理。

實際上，財富是賺出來的！順應市場經濟的法則，持續輸出高價值，定價高昂彰顯了應有的價值，同時進行投資，讓"錢賺錢"，如輪流轉，這樣的生財之道，會比"守財"要好很多！

但我並不反對"守財"，我的這位朋友，她守財守出了本事要領。她其實很有錢，但不露富，在家人與親戚朋友面前也不露富，高情商，也很會適時示弱。也就是說，她的家人、親戚朋友其實都不知道她很有錢，都以為她生活拮据。她這樣做的目的就是她不希望因為自己有錢，讓家人或親戚朋友去做一些不合適的投資，或是亂花錢，她是聰明守財，這種策略倒是蠻好的。我也聽過很多大富翁，身價幾千億，照樣在路邊吃燒餅、油條，而且，公司的燈沒關，也會隨手關上，其實，這也是華人良好傳統思維：量入為出，開源節流！

以我自己的天賦能量性格，我在天賦順流工作坊的人格測試當中，我是"閃耀者"、"明星"屬性，所以，我會比較在意的是"開源"的這部份，而我的那位很會理財的鋼琴老師朋友，她則偏向於"節流"這部份！

萬物皆有價，因果終有償！因是關鍵，果是隨緣！

人們費盡心思得到的不過是片刻的寧靜和幸福，我們對待財富要達觀一些，不用過份在意。而"開源"和"節流"是最奏效的方法，但我們要明白"開源"與"節流"之間的關係。

開源永遠大於節流！因為"開源"是在"因"上努力，而"節流"是在"果"上用功，正所謂眾生懼果，菩薩畏因，因的重要性比果的重要性，有先後之別，也有輕重之別！

提到掙錢和省錢的關係，就離不開一個詞：開源節流。這幾乎就是一個成語，是通用的真諦！其實，這是一個非常淺顯的道理，要使錢變多，就是要多收錢進來，同時減少支出。不是有一種只進不出的神獸嗎，我覺得中國人創造"貔貅"這樣的神獸也真是非常幽默，不過出發點是好的。

在注重開源的人眼裡：世界到處都是錢，去賺就是！

在注重節流的人眼裡：我一生可以愛很多人，但我一生能賺幾個錢？

人的地位、能力、價值、眼界、認知都已經有了天壤之別，在"開源"和"節流"這件事上也會有不同的選擇，而決定這一切的關鍵還是人的個性與經歷。正所謂：你如果知道過去的我，就會諒解現在的我！

但有時候，開源與節流並不衝突，關鍵是掌握一個度，這個良好的"度"會讓你的財富增長最大化，也會讓你的人生最幸福！

投資世界不如投資自己，投資自己就是最大的"開源"！約束別人不如約束自己，約束自己的沒有必要的欲望，就是最大的"節流"！而在這兩個過程中，我們找到某種平衡點，我們的財富就會最大化，同時我們人生的幸福感也會最大化！人的欲望，其實是也是一種不可忽視的能量，善加利用，能為我們開闊一片天，所以也沒有必要刻意"苦"自己！

"因"上廣泛開源；"果"上適度節流！讓財商為幸福人生發揮天賦之能！

49 開到荼蘼，花事未了，
錦衣不夜行

　　我的一個朋友，也是我的一個好閨蜜，她是一名專業的樂團音樂總監，常常也會跟我討論關於財商的重要性。我覺得她拿到了一手好牌，可惜沒有進行深度開發，可能藝術氣質太濃，就像一朵非常美的初春的花，你沒有開滿整個季節，但是並不影響到你的美，只不過，我會覺得些許有一點點遺憾！

　　這位音樂總監她跟大多數在臺灣的女生一樣，學校畢業後面臨升學或是出國的兩條路，如果學校考不如意，那麼較有環境和背景的臺灣人多半會選擇出個國鍍金，鍍完金然後再回來發展，蠻完美的規劃。

　　人生的路不會只有一條，只要用心去走，就會走出自己的一片天。音樂總監她就是這樣的認真生活的人，她在音樂的藝術上是很用心的，而且很有天賦。出國深造回來就擔當重任、帶團隊，並和政府單位合作，帶著樂團進行全國巡演和出國巡演之類，因此也會遭人嫉妒，這也使她越來越謹慎，就這樣由春夏奔放熱情的性格，逐漸轉向秋冬謹慎冷靜能量的性格。一個成功的音樂才女，如果缺乏財商，沒有對自己人生做深度開發，沒有開到荼蘼，一手好牌沒有打出應有的精彩，因為環境的因素，天賦由熱情外放的春夏漸漸轉入內斂謹慎的秋冬能量。

　　感覺她永遠很忙，但也懂得出國邊帶樂團演出順便玩，玩商和情商都很高，很能得到團隊的信任，這是我非常欣賞她的優點，然而，我會覺得她那樣付出，那樣優秀，沒有與之匹配的相應的回報，這是一個小小的遺憾吧。雖然她並不特別在財富上面有所追求，錢夠花就可以了，但作為好閨蜜，還是覺得有點惋惜。

音樂總監有一個音樂圈以外的青梅竹馬男朋友，從國中就在一起，感情深到分不開，兩人所學南轅北轍，當時也有其他優秀追求者，但最後，她還是選擇嫁給他。這在旁人來看，是蠻難得的，畢竟她很優秀是很可以選擇的，但婚姻就是冷暖自知，只有當局者才能真正體驗個中的滋味。我想可能是那個男生在我們不知道的地方也很傑出、付出很多，為愛努力，當然也有資格抱得美人歸，如今兩人也有了健康聰慧又美麗的寶貝。

這個音樂總監真的是很有才，藝術上有思維，管理樂團有方，帶團隊又帶得非常好，智商情商佳，企劃案也是一流，跟政府單位合作愉快，可以說是各方面完美，而且人也長得出眾美好。這樣一個完美的人，理當工作與生活方方面面也有比較完滿的回報。相信如果好好在財商下功夫，把自己的價值充分發揮出來，就可以得到同等報償。

這就很像一個武功超群的武林高手，沒有得到武林盟主的地位，因為錯過時間或是無意參加比武。這種情況當然也是有的，就像很多世外高人，專心於自己的技藝，對俗世的物質財富就不太關注。很容易流於窮而喜悅、或窮而痛苦中！

我們生活在這個物質的世界，時時處處都需用到錢，所以，作為閨蜜，我還是會覺得她這麼優秀，沒有理由不豐盛的；國色天香的牡丹，卻只在臺階上和苔花一起開放的話，就有些暴殄天物了！我明明有 1 個億的價值，最後換回來的只有 100 萬，我就會覺得非常可惜！問題到底出在哪？我想應該是財商方面沒下功夫，就是缺乏對自己的「深度開發」！其實，這也不是她的問題，藝術學院裡本來就沒教我們這些東西。

自身價值是每一個人都關心的問題，自身價值只有通過與這個世界做交換才能變成實實在在的財富。如果一朵花的美，不被人看見，那她的美就有一點孤芳自賞，這是世俗的觀點。

　　任何個體的價值只能在價值系統中呈現，脫離了價值系統的個體，是無法體現自身價值的。什麼是價值系統呢？一個能夠感受價值的系統就是價值系統，一個能對價值進行評判的系統也是價值系統，例如社會，例如這個世界，都是一個價值系統。

　　德國著名詩人和思想家歌德在《格言詩》中這樣寫道："你若喜歡你自己的價值，你就得給這個世界創造價值。"這就是說，你給世界創造了價值，你就有了自身價值。因此，你的自身價值就在於為世界創造價值。我的這個音樂總監朋友，她為這個世界創造的價值不可謂不大，為什麼她最後得到的不是相應的很大的回報？因為她不懂得這個商業社會的一些法則，就是缺乏商業運作思維的能力。我們試想一下，周杰倫天賦異稟，但如果沒有其背後的團隊進行運作，他會有今天的成就和收穫嗎？顯而易見，是不可能的。因為這個世界不乏有才的人，缺乏的是同時具備"天時、地利、人和"的幸運兒！

　　當然，我的這位音樂總監朋友，她自己並沒有太高追求財富的意願，不過已有日漸往那方面去努力，相信她也潛藏著巨大的財商，就等著去開發了。

　　冬天的臘梅，不屑於與春天的花朵去爭豔。人各有志，但我始終相信，優秀者配得到最好的，付出多的應該得到更多，這樣的世界才會合理。

　　一個人感知到的自身價值，與其個人的三觀和信念有關，沒有絕對標準。自身價值是在追尋人生意義的道路上對自己的期待的實現，也是人生對自己最大潛力和才能的檢驗與實證。金錢，只是其中的一個指標；

但金錢，是我們這個物質世界衡量一切的一個"通用的價值標準"，所以我們還是要讓自己內心喜悅、外在富有。因為如果沒有一個富而喜悅的架構，窮而痛苦的人生就會趁虛而入！

我覺得對作為從事藝術工作者的人來說，更接地氣親民一些，這樣可以讓自己的藝術深入大眾，同時，也可以讓自己的藝術潛能與商業價值雙向交流發展。智商、情商、財商，和玩商在這個商業社會得到完美的融匯貫通，這是一個"大融合"的時代，也是一個藝術與接地氣交融的時代！

願自身價值與社會價值同時都能提升！這完全沒有任何砥觸！

開到荼蘼，花事未了！願未來，鮮花著錦，錦衣不夜行，江山才人盡顯風流！

50 比鄰若母，
煙火人間情意綿綿

我覺得追求高品質生活，就是要盡量和同頻的人在一起！

我有一個鄰居長輩，非常慈愛的一個姊姊，她是從美國加州回來臺灣的，而且年紀比我大很多，因為我媽媽過世了，她就像我媽媽一樣。而且，她是一個會生活並且很享受獨處的人，在生活方面也挺關心我的。她年輕時就去美國發展，現在退休了就回臺想陪伴 98 歲的母親，她住不慣臺北市區，所在就找來淡水在海邊買了間房子，與我比鄰而居。於是，我們成了忘年之交，開始了一段又像朋友又像母女的奇妙緣份。

她 24 歲就出國，家裡是做生意的，在西門町開委託行，進口買賣許多舶來品，她在美國的時間都比在臺灣還要久，她的哥哥也是留日，所以她們都有那種年輕要出臺灣看一看然後再回來的這種感覺，會跟一直生活在臺灣的人不一樣，見過世面又回來臺灣，她的眼界與整個給人的感覺就會有所不同。她超喜歡乾淨，也超喜歡有品質的生活，可能這一點也會影響我，我感覺對她的觀念還是蠻認同的。

她已經退休了，可以與世無爭，過簡單的閒適的生活。而我也可以快速、高效地完成工作後，也去過這種閒適、簡單的生活。我覺得自己跟她還是蠻同頻的。她回來臺灣之後就是因為剛開始是住媽媽家，很不習慣，然後她終於發現原來有淡水這個地方，就像發現了新大陸。這邊也可以看到海岸線，視野廣闊，就是跟美國有一些地方比較像，於是回臺時就定居於此。然後一年的春夏回美國，冬天再回來過年。因為她不習慣臺灣的夏天，覺得太熱，我跟她剛好相反，我不怕熱，超怕冷。她說臺灣再冷她都不怕，10 度以下才叫冷。

她就說美國跟臺灣都是顛倒，她說美國有點不同，她們貴的豪宅住所都是很隱私，不喜歡被打擾，但是我們臺灣都是很顛倒，我們都要很方便，到處都要有吃的，重往來沒隱私，所以她就覺得吵雜會影響到生活品質，後來找到淡水，驚喜還可以看到海，有一種歲月靜好的感覺，特別適宜養老，她很可愛，很重生活品質，也很會生活。

思維也都不一樣，她說我們臺灣的人都要快節奏，她說在美國不是這樣速度，所以她回來後感到很多差異與不適應。

因為她回來的那幾年，剛好是我比較安逸的那幾年，所以我們常常會去看看展覽、逛逛花市，我帶她去聽音樂會，或者是我們會出去郊外走一走，或逛街吃東西，就多了一個伴。我這人其實是這樣，要有重要的人我才會出去，我不太會刻意為了要去逛街，因為我其實也沒那麼認真，就是逛街沒那麼認真，可是我會在乎跟誰去，我覺得跟她相處，這樣很好玩，很有興致！那當然我也可以自己去海邊跑跑什麼的，這都是可以的，我的意思是，契心合意的同頻的陪伴很重要，如果遇不到同頻的人獨處也是不錯的選擇。

人和人之間的相處，同頻是至關重要的，同頻的陪伴才能讓你的心完全打開，這才是酣暢淋漓的生活，我與她相處的時候，我覺得我不僅是身體感覺到放鬆，而是我的整身心都感覺可以安適與愜意！

這個世界上總有那麼 20% 的人，見到你就是莫名其妙地喜歡你，我的鄰居，她就屬於這種莫名其妙就喜歡我的人，還那麼照顧我，我也很喜歡她，我覺得她比同齡的減齡至少 20 歲，非常美麗又有氣質，會打扮、很有品味，常常都配戴美麗或可愛的飾品，她特別喜歡戴垂墜式的耳環，看起來總是賞心悅目，我欣賞她完全是出自於內心、出自於自發的喜歡，而不是為了得到什麼，或是有其他什麼原因。

生活就是這樣，當我們把關注點放在 20% 的喜歡你的人身上，每天就是如沐春風。人生，因緣而聚，因情而暖。我與她比鄰而居，聽她講年輕時的故事，聽她講美國和臺灣的不同，聽她講過去時代與現在的不同，她是一個很有故事，很有歲月積澱的人，所以，我和她的相處，真的感覺她就像我的媽媽！是非常舒服的，也是滋養身心的一段忘年的緣份！

世上之事，就是這樣，該來的自然會來，不該來的盼也無用，我對與她的這段緣份，心存感恩，也許這都是上天最好的安排，不刻意，很自然的際遇！

一切隨緣，順其自然，自然就是完美！

我們在生命中等著美好的際遇，我們盡心盡力做好自己，以便讓別人遇到我們的時候也是最好的自己，努力無悔，盡心無憾！而且，我也挺好的呀，所以我配擁有這麼美好的際遇！

只和懂你的人談你們之間懂的那些話！

世間人這麼多，只要有 1% 的人懂你，我的鄰居就是懂得我的人，她比同齡人還懂我。她的一句溫言軟語就足夠了，細微的溫暖匯聚一起，力量就很強大了，就足夠讓我在生活中充滿著力量，選擇和同頻的人在一起，正能量自然由內心生髮出來，生活也越來越美好，事業也逐漸與成功越來越貼近！

在我們的生命中，只需做我們自己，喜歡你的人自然喜歡你，不喜歡的人你又何必在意？

人生雲淡風輕的長輩和當時已三十而立的我相遇，這是最美好的相遇，像是一對母女，又像是亦師亦友的姊妹，我們可以無話不談，也可以沉默地並排站立，總之，不管怎麼樣都是很舒服的感覺。顧城有一句詩說得好："我們站在一起，什麼也不說，就已經十分美好！"

有的人對你說了千言萬語，仍舊感覺是"天涯"與"遠星"的距離，有的人坐在對面，什麼也沒說，什麼也沒做，也能和我同頻共振，因而，我覺得所謂追求高品質的生活，最為重要的就是：盡力與同頻的人在一起！同頻的能量，總是不斷的激發彼此。就像富而喜悅平臺總是能聚集一大批同頻共振的人，這是人生一大幸事！清風徐來，水波不興，此心光明，人生一大樂事也！

因為不同頻的人很容易造成內耗，損失的不僅是你的能量，還有你的心力，還磨滅你對生活與人生的熱情，也會讓你的感情受傷。因此，同頻的人，就彌足珍貴，我的鄰居，是我的忘年之交，也是我人生與生命中的貴人！

磁場相同的人，會有著某種特殊的默契：一個眼神，就能心領神會；一個動作，就讀懂了我的情緒。這個世界上，能遇到同頻的人，並不容易，但這種遇見真的很有趣，我想是上天賜予的最美好的際遇！

因為同頻，所以共振；因為同頻，所以陪伴；因為同頻，所以懂得；因為懂得，所以親密！

同頻是能量相融；同步是緣份合拍；陪伴是宿世修得！珍惜，感恩！

天賦交響曲

這一生我唯一要讓他滿意的人，

就是我自己。

感謝上帝！我愛我自己！

——《天賦交響曲》

第六部

人生沒有休止符

51 天賦之因：
世界如此浩瀚，生命這樣短暫

人的天賦是一個"槓桿"，人生很沉重，好在上帝給我們一個超省力的"槓桿"！

一代雄主曹操在《短歌行》中寫道：「對酒當歌，人生幾何。譬如朝露，去日苦多。慨當以慷，憂思難忘。」我們這個世界，時間、空間都是無限的，而我們的生命只是當中一個很小的片斷！如此浩瀚的世界，如此短暫的生命，單憑自己的意志，埋頭苦幹，一輩子的光陰，又能擁有多大成就？可見，人為什麼要有天賦，顯而易見，天賦的重要性比努力更重要！

美國大發明家愛迪生說："發明是百分之一的靈感加上百分之九十九的努力，但這百分之一的靈感，遠比百分之九十九的努力更重要！"愛迪生的觀點也是：天賦比努力重要！

我在富而喜悅平臺的天賦順流工作坊，覺察到人生的三大"槓桿"：

一是"天賦槓桿"，這是你自身與生俱來的，天賦等待著被發現、訓練和運用，天賦一出手，人人都離成功零距離。阿基米德說："給我一個槓桿，我能撬動整個地球！"同樣，給你一個"天賦槓桿"你也能撬動你的人生和未來！

命運很可怕，但你的天賦將創造新的命運！

二是"資訊和人脈"槓桿，知識資訊、商業資訊、圈層、人脈，這些在財富覺醒訓練營裡，因同頻的人聚集，而得以高效率分享。你在給別人機會，別人也在給你創造機會。

三是互聯網槓桿，一根網線通全球，利用互聯網工具，鏈接所有人，集眾智，激發天賦。在人與人之間形成天賦的"激發場"與"共振場"！如果你身邊都是天才，你自然也會是天才！

在不斷尋求被認可的這條路上，我們被迫變得不再是原來的自己，如果你不去改變世界，那麼，世界就將改變你，而且會將你改變得面目全非！

天賦的作用非常大，天賦是我們一切智慧、智力、技能、行為的"總合基礎"！

記憶和表達是人最基本的能力。孔聖人講君子六藝：禮、樂、射、禦、術、書。其中術，是指人必須有一技之長，有一種技術在身。六藝顯然是極高的標準，非天賦，是絕對做不到的。

天賦是天份與個人興趣或者說是熱情的結合。

我有很多鋼琴學生，他們有的因為有鋼琴方面的天份而來學琴，因為有天份，學得就特別好，因為學得又快又好，所以越來越感興趣；而有的是憑著對鋼琴的興趣來學琴，結果發現了自己在鋼琴方面的天份，這樣，同樣也形成了天份與興趣的良性互動，形成了良性的正向生長的迴圈，這種"天賦環扣"是很重要的。

孔子說：「知之者不如好之者，好之者不如樂之者」。這就說明了天賦的重要性，你因為有天份，所以特別喜歡某件事，又由於喜歡與投入更多專注力而做得特別優秀。

為什麼我們要有天賦？

首要原因是個別原因：因為我們要通過發現自己的天賦，了解自己的一切，了解自己的天份以及可以為之貢獻付出一生的事業，也就是說有時我們自己不知道自己要做什麼，但天賦會告訴我們應該做什麼和應該怎麼做；第二個原因是社會原因：我們必須去發掘自己被深埋的天賦，因為我們的人生非常短暫，我們要利用短暫的人生盡可能高效率地去做事，別人一天完成 10 分，我們一天要完成 100 分，同時，我們的天賦還讓我們更喜歡自己的工作、生活，讓自己更快樂、更有幸福感；第三個原因是經濟原因：人生非常短暫，如果單憑努力，我們無法創造巨大的財富，人有幾分力氣，一天能搬幾塊磚？天賦讓你從經濟上受益，你的能力充分發揮的那一刻，這個世界將給予你巨大的回報，這些回報大部份不是你的努力得來的，而是你的天賦帶來的！

天賦就是你天生比別人強的地方！

尋找天賦的根本在於更好地平衡你的人生與未來。

在如今的社會中，我們的選擇越來越多，以致於讓你陷入"選擇困難症"，而且很多人由於頻繁更換自己的志向，頻繁更換自己的工作，最後一事無成，甚至可能在職業生涯中越來越迷惘，這就是因為他們不了解自己"真正的天賦"到底是什麼。

天賦是你的"起點"，也將決定你的"終點"，而且也將決定整個"過程"的效率！

了解自己的天賦將會給你帶來更好的發展方向，而不是簡單地從一份志向向另一份志向的變遷，或者頻繁更換努力的方向。無論你處於什麼樣的年齡段，發現天賦其實就是"定位"的第一步，定位沒錯，才能方向沒錯。

如果天賦讓你重新做出選擇，你為何不來一次華麗轉身？

了解自己的天份是發現天賦的基礎。我們每個人都天生擅長某些活動和事情，但也可能在某些事情上總是一無所獲。假如，你幸運地做符合自己天賦的事業，那麼你一定比別人的成功機率更大！天賦決定了你天生的起點就比別人高！

　　天份是一種原始的潛力，為了發現這種潛力，我們要不斷地"推演"，通過一系列方法，例如財富流沙盤推演來發現並驗證它，例如財富流沙盤來發現並驗證它，天賦有時藏得比較深，我們要有足夠的耐心，並且要有正確的方法。例如說，人類擁有語言天賦，但是學習口語是一種依賴與人交流，並在交流中發現人的語言天賦！尤其是嬰幼兒時期，有些孩子開口說話就是比同齡孩子要早，而有些孩子在六、七歲就能完整表達一件事的來龍去脈。所以，人的天賦的差異是很大的，要在現實生活中或是通過"推演"的方式來發現和驗證！而通過"推演"將更加高效地發現並驗證人的天賦。

　　天賦與後天的能力存在很大差異，後天的能力往往需要大量的教育和學習才能形成。如果僅僅因為對哪一方面有感覺，就認為自己會成為這方面的專家是不現實的。或者說，能力是天賦在應用過程中形成的產物，沒有天賦，能力的形成就很困難，或者根本就形不成。

　　學校只重視某些學習天份，他們常常將智力等同於狹義的智商，這是不對的，人的天賦包括的範疇應該是非常廣的，包括：智商、情商、財商、逆商、覺商、健商和玩商等等。天賦很難在以"分數"為目標的學校裡得到發現和驗證，很多學生，包括那些學習成績非常好的學生都無法發現自己真正的天賦所在，尤其是當這些天賦都隱藏在那些被忽略的領域中。很多人一輩子都不知道自己"真實的天賦"到底是什麼，這是一個非常遺憾的事情。

　　生命如此短暫，早一天發現自己的真實天賦，人生就多一分勝算！

52 天賦之能：
不辜負認真生活的自己

世界如此浩瀚，生活如此短暫，要盡量把它過得像自己想要的喜歡的那個樣子，才不辜負認真生活的自己！

上天只給天賦之"因"，不給天賦之"果"，天賦要靠我們自己去發現和運用，並創造自己想要的天賦之"果"，在這個過程中，我們要深度開發天賦，發揮天賦之"能"！

天賦就像人的左右手，老子講："君子居則貴左"。人是先天右利的，左手總是差一些，那怎麼辦呢？它沒有天賦，更是要加強訓練。

發現並發揮天賦絕不意味著僅僅做自己擅長做的事情，很多人其實更擅長做自己並不怎麼喜歡做的事情。要做到發現並發揮"真實的天賦"，你還必須熱愛它。

發現天賦需要找到自己的"自然天份"，並在實踐中不斷砥礪鍛鍊——這是一個先天潛能和後天才華相結合的過程，是一個不斷昇華的過程！當然，也可以理解為是一個打怪升級的過程。

對你有天賦的事情，你更容易做好。但是，如果你不努力的話，就永遠不會知道自己能達到什麼樣的高度。

我的很多學生都很有鋼琴天賦，但這並不是說他們就一定能成為優秀的鋼琴家，這需要我引導他們、教導他們，並不斷珍視並運用他們的天賦，再通過他們自身的努力來實現成為優秀鋼琴家的夢想！

發現並發揮天賦不只是做自己擅長的事情，還要熱愛它，並匹配相應的努力。此外，我們還要跟自己的心靈能量建立連接，我們說"場"是非常重要的，心靈場、能力場，還有天賦場，有時它們是同一個場。無論如何，忠於自己的心靈以及通過正念而獲得的積極情緒，都是發現並發揮天賦的重要保證。

正念帶來正能量，而天賦是正能量的源泉！

在你發揮自己的"天賦之能"的時候，有必要學會區分兩種能量，即使它們緊密相關，但它們仍有著與生俱來的區別，這兩種能量就是：身體能量和心靈能量。也就是"體能"和"心力"，而"心力"跟天賦的聯繫更為緊密！

在一天中，身體能量會隨著你參與的活動、你的情緒與感受的變化而高低起伏。身體的健康與積極的狀態，是一切生命活動的基礎，如果你做的事情是自己喜歡的，那麼一天下來你雖然會身體疲憊，但卻會感到精神煥發，也就是"心力"始終處於永不枯竭的狀態；如果你一天都在做自己不喜歡的事情，那麼雖然你的體力還好，但士氣會很低落，似乎需要補充點兒心靈能量。

所以，你應該擇你所愛，愛你所擇！

熱情和興趣，就是增加你的心靈能量，而不是消耗你的"心力"。

我的很多學生，他們剛跟著我學鋼琴時，他們很容易疲勞，也就是"體力"和"心力"都不足，但是跟著我學一段時間後，他們取得很大進步，這時他們的"體力"和"心力"都得到全面的提升，也就是說在這個過程中他們的天賦開始發揮作用，他們不但不容易疲勞，而且，可以更快速地學會各種技巧，並且，體力上、心力都更加給力！

從大多數的具體案例看來，尋找和探索你的熱情興趣，會讓你走上截然不同的道路，發現並發揮你"真實的天賦"，讓你的天賦參與到整個人生過程中，這讓你幾乎沒有什麼困難和挫折就能輕鬆步入正軌，走上快速提升和正向生長的道路。

人的天賦各有不同。發現並發揮天賦的過程不僅因人而異，而且經常出人意料。

由於每個人自身因素的不同和所處環境的千差萬別，例如我的學生，有些年齡很小，經驗閱歷很淺，有些則年紀偏大，閱歷也較深厚，所以我們發現天賦的起點是不一樣的，而越早發現並發揮天賦，將決定你未來能取得多大的成就。

你要花時間和自己相處，忽略他人對你的看法。因為外界的干擾只會阻止你發揮自己的天賦，天賦有時和人的"個性"密不可分！我們不難發現，大多數天才，都是極有個性的，因此，你不必在乎別人對你的看法，勇敢地做你自己，盡情地發揮自己的天賦，你就是你，是無可取代的，你要做的只有一件事，就是盡情地發揮你的"天賦之能"！

你的天賦將帶你往一個更美好的未來，因為它就是創造一切美好的力量！

而且，你可以通過冥想來開發天賦，冥想就是與自己心靈和天賦對話的過程。艾克哈特．托利曾在其著作《當下的力量》中寫道："過度思考可能會禁錮我們的意識。"思想的雜亂就像是電視螢幕上干擾信號的雪花和雜訊。冥想的目的之一就是要減少思想上的混亂，去體驗更深層次的意識。

我們對自己的認識往往會受到家庭和朋友看法的影響，為了發現並發揮天賦，你必須打破成見，這需要勇氣，更需要外界同頻的人的幫助。認真思考自己的天賦，與自己的天賦時時對話，並通過瞭解天賦，而更全面更巨大地發揮"天賦之能！

如果你有一些想要嘗試的事情，就大膽去做吧。因為你的天賦喜歡

"新奇"，一切的新鮮感，對發揮天賦都是有所幫助的，如果只是墨守成規，天賦將處於窒息的狀態。所以，你要勇於嘗試新鮮事物，而新鮮事物是屬於未來的，它也必將創造更美好的未來！"天賦之能"是超乎想像的！

如果你不去嘗試新的東西，就永遠不會知道自己能做什麼，而且永遠不知道自己能做得多麼卓越！

你必須相信，你可以創造屬於自己的人生！

不管你過去和當下的環境如何，因為你發現了自己"真實的天賦"，並且你持續努力發揮"天賦之能"，因此你完全有理由相信自己是可以創造屬於自己的人生，而這個人生並不是世界為你"預設"的，而是你自己為自己"預設"的，準確地說，是你的天賦為你"預設"的一個更美好的未來！

你永遠都不應該被舊日時光所束縛，因為天賦是不設限的！

古云"英雄不問出處"，因為你可以不斷創造嶄新的人生。心理學家喬治.凱利曾說過："沒有人會被過去的經歷所禁錮。"正如榮格所說："我不是過去經歷的結果，而是自己選擇的未來。"

人生就像在大海上航行，你不應該留戀最近的海岸，你應該揚帆去探索更遠的海域，而要揚帆遠航，你就要不斷發揮自己的"天賦之能"。

馬克.吐溫在反思了自己的人生和成就之後，建議道："從現在起的 20 年內，你都會為自己沒做過的那些事情感到後悔，而不是那些你做過的。所以，解開你的繩索，揚起你的船帆，從安全的港灣啟航，乘風破浪去吧！探索！夢想！發現！"

壓抑潛能的風險，對你來說就是"世界末日"！

發揮天賦之能的益處，對你來說就是"人間天堂"！

53 天賦之果：
做熱愛的事，享受每一天

世界上最美好的感覺：做熱愛的事，享受每一天！

我們用"從前"推測"以後"的人生是極端可怕的，這樣的人生不是我們想要的！人生不應該是一個提前設計好的程式，而應該充滿著無限的可能性！

天賦的意義就是，讓我們的人生不再"設限"，同時不再"受限"，並且我們超高的天賦會讓我們的人生沒有"極限"！

命運或許有天花板，天賦永遠沒有天花板！

美國作家約瑟夫．坎伯曾提到過一種說法叫作"追隨你內心的喜悅"，因為在梵文裡有一個詞"ananda"（釋迦牟尼十大弟子之一"阿難陀"，即喜悅的意思），對坎伯來說是獲得"超然體驗"的本質。從某種程度上來說，我們感受到自己的"天賦"的這種體驗就是一種超然的體驗，它超出了我們日常所有的經驗，我們自己甚至也不知道自己是怎麼就做得這麼卓越！

日常的經驗永遠是平庸的，而天賦的體驗與"天才"無異！

我們的生活都是一個不斷"即興創作"的過程，就像我一些很有天賦的鋼琴學生，他們在學到一些技巧之後，不再是簡單重複與複製，他們不但可以彈出樂譜上的曲子，而且他們可以用"和絃"改變伴奏，即興彈出屬於他們自己的曲子與風格，所以，天賦的神奇之處，是足夠我們用一生來窮盡它的神奇之處的！

在我們的興趣、個性、環境和機遇交錯之中即興創作自己的人生，是天賦帶給我們人生的一大樂事。

發現天賦，意味著接納新鮮的體驗，天賦永遠給我們的生活注入持續不斷、源源不斷、永不枯竭的新鮮感，從內心世界和外部世界中尋找新道路和新機會，因為天賦，未來充滿無限的可能性。

經驗永遠"戀舊"！天賦永遠"向新"！

如果你追隨自己的天賦，你就等於追隨全新的未來；如果你能追隨自己內心的喜悅，那種由天賦帶給你的無與倫比的喜悅，你就能讓自己走上那條一直在等待你的道路，過上你應該過的生活。做熱愛的事，享受每一分每一秒的時光！

天賦就是你的喜悅之地！

你在喜悅之地遇到的所有的人和事，都是契合心意的，都是出自你的內心，而這些人和事，不論是熟悉的還是陌生的，也都會對你敞開心扉。所以，追隨你心中的喜悅吧！不要害怕，它會在你意料不到的地方為你打開一扇門，通往一個全新的更美好的未來。

一切美好，來源於你的本意，而這本意與天賦有關！

現實中，這類事情並不少見：當你追求自己真正想做的事情時，機會就會意想不到地降臨！因為當你做自己天賦所能之事，那也是你極度熱愛之事，你一定可以做得超出所有人的預想，而這驚豔世界的天賦，以及其卓越的表現，給你帶來的是榮譽與所有人的真心擁戴。同時，基於"同頻共振"的原理，你會自然而然地被同道中人吸引，在你們之間，基於相同的天賦，形成巨大的能量場，這能量場關乎智商、情商、財商，同時也關乎圈層和人脈，你們的同心協力會創造出更大的能量，並會接觸到那些能幫助你們進一步提升的貴人與機緣。

天賦，讓所有"風雲際會"都醞釀著新的"靈感閃電"！

命運是"看不見的手"，天賦則是看不見的"手指"，它將以更加"精確"的方式，為你彈出專屬於你自己的"天賦交響曲"！而當你在彈奏屬於你的"天賦交響曲"時，整個世界都會為你和聲、伴奏，而你收穫的將是鮮花、掌聲和喝彩！

在"天賦生活"中我們很難忽略其中的"心靈相通"，而且你對這樣的力量也會有自己的解讀。命運對人生的作用是"粗略"的，大線條的；而天賦更"精細化"的作用，將使得我們有更大的把握，也使得我們的運用天賦生活更加精緻化！我們會有一種藝術家般的敏感和敏銳，因此，我們會更了解自己，更了解自己的人生，也更了解自己的生活。因為了解，所以，更有掌控力；因為更有掌控力，所以，我們是自己生活的主人！

可以確定的是，追隨自己內心的喜悅，讓你的世界充滿生機和活力！

如果你真的想要確認什麼事情能一直帶給你喜悅，除了天賦，大概沒有什麼是如此確切能帶給你內心喜悅的，那麼，就必須清楚地知道自己的天賦，並發揮天賦之能，得到自己想要的天賦之果，從而過上自己想要的理想的生活！

天賦，讓我們始終活在自己的夢想之中，充滿內心的喜悅！

如果可以清楚地知道自己到底為什麼喜歡這些事情，那麼你就能走得更遠。

世界上有許多人已經發現了自己的天賦，他們有的是通過自己長期的生活與工作實踐，不斷摸索，不斷思考，不斷體驗，終於發現並發揮自己"真實的天賦"；而有些則是通過沙盤推演這樣的方式，通過借助第三方外援的力量，借助成熟的"天賦理論"和大數據分析，結合心理學與成功的底層邏輯，最終"推演"彩排出真實的天賦，從而規劃了未來人生的方向，並規劃出全新的通往成功的路徑！

凡是發現並發揮自己天賦的人，他們做著自己生來就應該做的事情，他們是幸福的，而他們的內心是充滿著喜悅的。

然而，有許多人還沒有找到這種感覺，他們活得並不快樂，生活對他們來說是煎熬。因此，沙盤推演這種模式，不管是從哪個層面運作，都具有公益性，它的服務對象是所有人，找到所有人的"共性"，更找到每個人的"個性"！同時，基於"個性"與"天賦"的關係，進一步分析出人與生俱來擅長的領域，最終指明美好生活的方向，使人們真正能做到：擇我所愛，愛我所擇！

"天賦"之於人，就像水之於魚一樣，它讓你渾然不覺，在快樂之中就走上正向生長與成功的道路！同時，天賦也讓你做某件事情時能跟自己"內心的喜悅"產生強烈的共鳴，促使你發自內心地做自己，讓自己"人生苦短"的人生，也能得到永恆的意義，這意義就是你的人生每分每秒都在做自己，都在過自己想過的生活！

天賦，會讓你精力充沛，除此之外的事情就都是在消耗你的能量。

天賦，讓你成為你自己，讓生活即夢想，夢想即生活！

世界如此浩瀚，生命這樣短暫！

要盡量把它過得像

自己想要的喜歡的那個樣子。

才不辜負認真生活的自己！

世界上最美好的感覺：

做熱愛的事，享受每一天！

54 天賦之贏：贏在根本，贏在源頭，贏在先機

　　我的這個學生，她就像童話裡走出來的小公主，即便是這樣，她依然承受著上一代人"望女成鳳"的期待，小孩子是最稚嫩的，但他們承受的壓力一點也不小，所以，作為老師，我願意做他們一生的朋友！

　　她生活在一個非常好的環境，爸爸媽媽都擁有很高的學歷，對她的教育很重視，也非常寵愛她。她很有音樂天份，但由於是左撇子，學琴過程中稍稍會有一些困擾。她的英文非常好，小小年紀就能通讀英文原版世界名著！這麼優秀的孩子，在超過其年紀的壓力下，卻有一顆脆弱玻璃心，數學成績並不怎麼好，這樣她將來還將面臨聯考與升學的壓力。

　　她不僅把我當成她的老師，同時也把我當成她的朋友。有一次，我帶她去吃麥當勞，她就在就餐的間隙，畫了一張寫著"麥當當"的卡片送給我，我覺得她好可愛！她有什麼事，都願意告訴我，就像朋友那樣，我也願意成為她說出自己心事的"秘密基地"！

　　我的另一個學生，她剛來的時候，彈了一段，我發現她的姿勢與指法，一大堆"違章建築"，無法放鬆，手指也是扁平的。這可能就是大人的陪伴太少，未能及時發現孩子學習中的問題，使孩子在錯誤的方向上做了很多無效的努力。她媽媽說她整天安安靜靜，也沒有天份，但在我悉心教導下，不僅越來越開朗，而且也在各大鋼琴比賽中屢次斬獲多個獎項！且還驚喜拿到冠軍。每個孩子的天賦與夢想，都值得悉心守護，雲層散去，每一顆星辰都會發光！

"望子成龍"、"望女成鳳"幾乎是所有家長都正在做的事情，因為巨大的期待，給孩子帶來巨大的壓力，同時，有時還會在錯誤的方向或錯誤的方法上反覆糾結，結果錯過了孩子成長的時序，讓"壓力山大"給孩子的內心造成陰影，磨滅了孩子的天賦。

　　因此，幫助孩子守護天賦，首先應該為孩子減輕壓力，停止無效努力，並從做孩子的朋友開始，真正走進他們的內心！

　　請停止無效努力，讓天賦佔據你的身心！

　　每個人都有自己的天賦，但我們常常用"無效的努力"磨滅了自己的天賦。就像我的一些鋼琴學生，他們有的看起來非常努力，然而，當他們不斷重複著錯誤的指法的時候，我知道，此時最重要的一件事，就是讓他們停下來。如果方向錯了，停下來就是最大的進步！天賦是隱性的，因此不是所有人都能發現自己的天賦，而你"無效的努力"正在擾亂你的視聽。

　　天賦贏，"贏"在哪？

　　"亡"：要有危機意識，我們的天賦與生俱來，它往往決定了我們最終能不能成功，因此，當你的天賦正在被"無效的努力"所磨滅的時候，是非常危險的。而且，當你的天賦長期不被發現，塵封在歲月裡，那麼這些天賦不但不會為你提供正向的力量，而且，它們在潛層裡"掙扎"，還有可能形成"內耗"！因此，天賦不但能帶來機會，也會帶來危機。

　　"口"：要明白的重要的一點是，再強的天賦也要找到它和這個世界的連結。"輸入的連結"決定了我們能否用外界的影響來激發自己的天賦；"輸出的連結"決定了我們能否將天賦轉化成實際的能力，並進一步轉化為實實在在的價值。

天賦，不能長久沉默，它需要被表達，它需要打通與這個世界的"連結"！

"月"：時間決定了一切，出名要趁早，如果天賦未能及時發揮，那麼它的價值將大打折扣！我們要學會做時間的主人，從某種程度上來說，我們掌控了時間，也就等於掌控了一切！只有學會和時間賽跑，我們才能贏得人生的主導權！

"貝"：天賦要與財商相結合，才能長久發展。我們生活在一個商業的社會中，如果你的天賦不能依靠財富轉化成商業價值，創造可觀的財富，那麼，天賦的發展空間就會比較有限，而天賦的"可持續發展"必然需要相應的財商為其注入源源不斷的發展動力！

"凡"平凡和平庸，是兩隻吞噬天賦的猛獸，我們一定要戰勝它們，只有超越平凡，我們才能抵達卓越的彼岸！超越平凡是戰勝自我的過程，它必然伴隨著痛苦，然而，它也將帶來巨大的成就感。當我們做到了以前想都不敢想的事情時，我們的內心將充滿喜悅！

天賦贏（沙盤推演）的主要目的在於：通過沙盤推演，模擬現實生活，讓玩家體驗、覺察他人生中所有的選擇，並且在過程中發現自己和他人的天賦能量，進而有更多選擇權，可以連結、整合資源、談判和團隊合作，在當中來提高六商：智商、情商、財商，逆商、覺商、健商和玩商。最終可以去體驗、實現天賦自由、財務自由、時間自由。

對於天賦的四大特徵，我對照其中的內容去分析自己，你將認識自己的天賦。

1、自我效能（Self-efficacy）

自己有信心完成某項工作或任務。你之所以信心滿滿，其實是你內心深處的天賦告訴你的，天賦是潛在的，但它的作用是無時無刻的。

例如：當你有十足的信心彈好一首鋼琴曲，當你要去解決一個難題時，會充滿信心；當你跟客戶溝通時，有信心說服客戶。這些本質上是你潛在的天賦在起作用。

2、本能（Instinct）

當你還沒開始做這件事的時候，你就迫不及待地想要開始。渴望成功是人的本能，而你的天賦決定了你能"贏"，所以你的渴望成功的心，表現出來就是持續的熱情與激情。

例如：我的很多鋼琴學生，他們上課之前，都有一種對能彈新曲子的渴望，這就是源於他們的學習天賦與鋼琴天賦。又比如當你要去打籃球時，迫不及待地想早點去；當你要去給他人做培訓時，希望可以早點開始等等。

天生贏家，總是希望比賽早點開始！

3、成長／專注（Growth）

當你做這件事的時候，你充滿好奇，十分專注，時間過得很快，專注而快樂，這就是天賦在流動的特徵。專注力的形成，是因為你完全能駕馭某件事，能較容易地把事情做到卓越的程度。我們在做事的過程中，正向回饋不斷出現，我們因此越來越專注，同時產生勢不可擋的"正向生長"的趨勢。

例如：我的一些鋼琴學生，一小時的課，他們一直都很專心地聽課，非常專注地進行彈奏，感覺時間過得飛快，一小時的課結束了，他們仍然意猶未盡，這就是專注力帶來效果。

4、滿足（Needs）

做完這件事後，雖然疲勞和困倦，但你會有滿足感，內心充滿喜悅。

天賦被發揮出來，得到正向回饋，並產生相應價值，這就是馬斯洛需求層次理論的最高層次"自我實現"。自我實現帶來的滿足感與內心的喜悅是無與倫比的！

例如：當我的鋼琴學生，學會一首新樂曲時，他們的內心是無比愉悅的。雖然可能已經累了，但是，比起他們的滿足感，這些都不值一提。自我實現，就是對自己最好的犒賞。

被讚美是別人給的滿足感，而發揮天賦是自己給的滿足感。

天賦的測試，最基本的是志向的測試。

A 組認為：一定要先追逐金錢，人生的夢想、志願、熱情、興趣先拋出腦後，等以後再說。

B 組認為：一定要先追逐自己的熱情，做的事情是要有興趣、有熱忱的，相信只要這麼做，金錢就會跟著來。

B 組一定比 A 組更容易走向成功，因為成功只是天賦的附加價值，沒有天賦參與的成功是偶然的、僥倖的，也是不能長久的。因此，發揮天賦的意義就是創造長久的持續的成功！

天賦可以顛覆很多的制約，讓天賦為我們賺錢，讓天賦替我們學習，讓天賦替我們交友，天賦真的可以幫我們重構人生的格局。

顛覆我們傳統的思維跟集體意識和觀念，發揮天賦是以多學科交叉，系統化構建的，它幫助人們了解自己的天賦，了解自己的人生，並在正確的方向上給人們帶來持續的助力！

當我們的天賦發揮強大作用，那麼，我們才真正意義上變得強大！

如果成功不再是偶然，我們就能主宰自己的人生！

55 天賦之術，
自成系統，道法自然

　　我的這個學生，是一個春天屬性的孩子，長相帥氣、陽光，喜歡舞臺，也喜歡表現。他有自己的想法，有時也不是很合群，不被他人的思想所左右，這是他的優點，也可能是他的缺點。他的志向是想當明星，但時間分配上存在一些困擾。他除了學習鋼琴之外，還要分配大量的時間在學習美術上。

　　他非常有天份，還會自己作曲，但最後他選擇了自己的道路，如今他是一個成功的美術設計師，並沒有在音樂道路上繼續發展，他把音樂的美汲取為在美術設計與創作中的靈感。

　　並不是每個孩子都要走上郎朗這樣的道路，人生會有無數的可能性。也許我們在學習鋼琴的過程中，如果學到系統的方法，例如說訓練了我們的"系統思維"能力，學到"慢就是快"的哲理，通過學習鋼琴這件小事，頓悟人生智、情、財三個維度的大道理，讓智商、情商和財商在人生的適當時序準時入場，這無疑就是一種成功。

　　如果沒有形成系統，就貿然行之，再高的天賦都很難成就！

　　學習時"智商"要入場；社交時"情商"要入場；發展事業時"財商"要入場。

　　我認為，智商、情商與財商都是很重要的。智商是一個人的下限，情商和財商決定一個人的上限。情商很好，很適合和別人合作、打交道；

財商是指一個人懂得賺錢之道，哪怕他成績不是那麼好，財商高，也能掙很多錢。

讓天賦 "贏" 做了一定的升級，由原有的兩個圈變成了三個圈，即智商、情商、財商，並且在維度上突破了單純的物質金錢維度，加入了智商、情商這個維度。

從沙盤推演來看，平流層裡面有慈善、機會、領錢、結婚、生子、向外看行情、向內看覺察等內容，象徵著平平淡淡、週而復始的人生。在平淡的人生之中，我們可能一不注意就會陷入逆流，然後會走到迷宮似的逆流層，進入逆流層會給我們帶來一些精力和金錢的損耗。但是其實逆流之中除了失業、離婚、逆流之外，還隱藏著覺察與正向回饋。在逆流之中我們只要保持覺察，體會這次逆流想要告訴我們什麼，我們可以幾乎不受損傷走出逆流。與此同時，逆流層的最深處，人生的最低點，也隱藏著正向回饋，也就是我們人生的轉捩點。停留到正向回饋的格子可以直接選擇直接跳到想要的格子，帶來人生的飛躍。而最外一圈叫作順流層，類似於快車道，富人圈，可以有更多機會賺取更多的金錢和精力，可以去實現夢想、公益慈善進入順流層的玩家可以體驗 "用天賦變現" 的成就感。

以鋼琴帶領學業

回顧之前的經驗，我產生了一個念頭，想嘗試以鋼琴帶領學業。正所謂 "以琴帶學"，就是通過練琴拉動其他學習，幫助養成習慣，鍛鍊韌性，學習音樂技能的同時，帶動學習成績的提高。

和孩子溝通後達成了共識，制定了下面幾條原則：

一、 態度：把學琴和學校的功課，放在同等重要的位置。

二、 方法：把練琴中運用和發現的方法規律和習慣，同樣運用到各樣學習中去。

三、 時間管理：提前制定好每日練琴、學習的順序和時間，堅決執行，不需太費力，提高效率防止拖延。

結構化思維

就是說任何一個概念化的東西，它都不會是一個渾然天成的整體，它必然是由 n 個不同的部件組合而成的（n≥1）。

舉幾個例子：

例如樹，它包含了樹葉、樹枝、樹幹、樹根，是這四樣東西組成了樹這種植物。

例如電腦，它包含了主板、硬碟、記憶體、顯示器⋯⋯等，是這些組成了電腦這種產品。

例如口才，它包含了溝通、說服、談判、演講、辯論，是這五部份組成了口才的定義。

再例如情商，它包含了：認識自身情緒的能力、妥善管理情緒的能力、自我激勵的能力、認識他人情緒的能力、管理人際關係的能力，是這 5 個部份組成了情商的概念。

因此，之所以要學會用結構化思維思考問題，就是為了能夠看清事物的本質組成到底包含了什麼？這樣才能避免陷入單一歸類因素的陷阱，例如，我的很多鋼琴學生，曲子沒有彈好，結果他們歸因為自己不夠努力，而實際上他並不比別人少花時間和精力，而其學習落後的原因，可能是天份的問題，也可能是方法的問題。單一歸因是片面的。把失敗單一歸因為不夠努力，但實際除了努力，造成失敗的因素還有很多。單一歸因會導致找不到如何下手的困境。

一件事如果不去細分它，無法細分，就會很抽象，很空洞，落實不到具體，那當然就不知道該怎麼辦。解決問題，先把事物結構化拆解，才是首要。

天賦會贏，訓練人的記憶力、觀察力、想像力、創造力、分析判斷能力、思維能力、應變能力、語言能力、推理能力等多個方面的表現，同時還訓練人的情商和財商！

要如何訓練記憶力？

1. 規律記憶。

規律記憶就是指：把散亂的東西，按一定的特性歸置，比如按科目、按大小、按時間、按材質、按長短、按輕重等，這樣就能減輕記住的難度，當我們需要時，只需想一下它的特性，就能輕易想起。

2. 理解記憶。

理解記憶就是指：只有把一個東西理解透了，知道它到底是什麼、有什麼作用、原理是什麼，我們才能牢牢記住它，並且運用它。如果什麼都不知道，不理解其意思，只是硬記，那它就永遠只是孤立的存在，無法與我們舊有的認知相結合。

3. 畫面記憶。

畫面記憶就是指：把我們要記的東西先形象化，然後再進行記憶。經過這樣形象化處理，就比拿起書直接背，直接記要容易的多。因為我們的大腦更喜歡有畫面感的東西，比起抽象，具象更令人容易理解，印象深刻。比如思維導圖，把知識脈絡通過思維導圖的方式呈現出來，就能讓人一目了然，這已經是公認的好方法。而且最強的是，畫面記憶會帶進潛意識，終身難忘！

4. 事件記憶。

人的一生會經歷很多，每天都有不一樣的事發生，但往往我們能記住的，或難以忘記的，都是些事件性的事。就是帶劇情的事，因為它包含的資訊足夠全面，有時間，有地點，有人物，有背景，有過程，有結果。

要如何打造學習力？

1. 放空，空杯心態。

學習一項新技能，可以使你的大腦在數小時內重新建立神經連接。但要使這些神經回路強大，你可能需要假裝"倒退"回一無所知的狀態來思考。

2. 學習是大腦的自然習性。

事實上，從你出生前一個月開始，你的大腦就處於學習狀態了。學習可以讓人掌握和儲存有用的（也可能是沒用的）資訊和技能。問題是，你能讓學習更有效率嗎？

我們可以從學習時人的生理變化上找到答案。處理資訊的時候，大腦會建立新的連接並斷開部份原有的連接，會生長並強化連接某些神經元細胞的突觸，或削弱某些突觸。當我們努力學習時，形成的新連接將多於被打斷的舊連接。

一個神經回路的建立並不是一勞永逸的，它需要不斷被使用才能維持。一個神經回路在受到多次刺激後，就會生出一層脂質的膜（神經髓鞘），這層膜會加快信號傳導速度，並提高神經回路的效率。

3. 最佳學習法。

什麼才是學習事物並記住它們的最佳方法呢？答案很簡單：集中注意力，運用工作記憶，並且在一小段時間後積極地進行回憶。

英國約克大學的巴德利教授認為，用上述方法學習和自測將達到良好的學習效果，因為這能強化新的神經連接。他還建議人們要有意識地嘗試把新資訊和已知的資訊聯繫起來，這會使大腦中的連接更穩固，從而使新資訊不容易因未被充分利用而浪費。

4. 像孩子那樣學習。

美國內華達大學加布里埃爾.沃爾夫的研究表明，成年人更傾向於學習身體技能。舉個例子，同樣是學習打高爾夫球，成年人往往會把注意力集中在動作細節上，而孩子卻恰恰相反。孩子不會在意細節，為了讓球進洞，他們會做出各種嘗試。當成年人按沃爾夫所說像孩子那樣學習後，他們發現自己能更快地掌握新技能。

雖然成年人有大量的知識儲備，可以在學習的過程中"走捷徑"，但我們依然有孩童一樣的學習新事物的潛力。這意味著，如果我們能抵抗住"抄近路"的念頭，很可能就會學到更多。

5. 保持運動與活力。

一個被很多研究證實可以提高智商的方法是保持運動。伴隨年齡增長而來的大腦退化，很大程度上是運動量大幅減少造成的。適當的運動可以讓大腦重返生機。一項研究顯示，如果每星期進行 3 次（每次 40 分鐘）運動，只要堅持 1 年，人腦中海馬體的體積就會增大。而以往的研究證實，海馬體對學習和記憶都起著至關重要的作用。同時，運動也增加了左右半腦之間的神經連接，讓人更容易記住新事物。

如何提高情商？

1. 加強自制力

我們一般普遍認為，自制力就是要克制自己的情緒。實際上這種觀點是錯誤的。例如，控制自己的情緒並不意味著我們不能觸怒別人。恰恰相反。只要我們是針對正確的人，在恰當的時機，有合理的理由，把握好尺度，就是可以的。

我們之所以很難去衡量一個人的反應，是因為人有兩個大腦，一個是情緒的，另一個是邏輯的。

比如，你明明知道自己吃巧克力後會產生劇烈的頭痛，但還是忍不住打開了一盒。要想避免這一類大腦"短路"，你需要在任何情況下都保持冷靜和樂觀，學會"皮質丘腦暫停"，這能給你的"理性大腦"留出一定的時間，讓它去"解讀"你的情緒，控制局勢，使你做出不同的反應。

2. 學會表達自己的感受

人的感受是需要保護的。你要敢於制定界限，不要接受別人的一切。學會說"不""我不知道""我沒明白""我不同意""我不想"……當你和某個人在一起感到不自在，或者不喜歡某個東西的時候，就說出來。永遠不要，或者不要長時間地讓自己處於不快的情緒中。

留有自己的空間和時間。就算我們願意分享一切，也需要留有一片自己的領地。保留感覺的權利，同時也是獨處和保持安靜的權利。不要去侵犯別人，也不要讓別人侵犯你的私人空間。

3. 學會傾聽

人的感情是脆弱的。有些會傷害到別人感情的話，不要說。

真正的傾聽，是不批評，不判斷，不譴責（特別是當我們不同意對方觀點的時候），關心別人的感受和問題，而不是只考慮自己。

4. 學會"解讀"別人的情緒

如果你在婚姻關係、家庭或工作中舉步維艱或經歷失敗，那首先是因為你不懂得和別人交流。事實上，70% 的交流都是非語言的，它通過我們的情緒表達出來，取決於我們"解讀"別人情緒的能力。

哈佛大學的另一位心理學家羅伯特.羅森塔爾指出，人的情商取決於"解讀"情緒信號的能力。他進行過這樣一項測試：他播放了一部默片，片中一位年輕的女性表達了各種各樣的情緒：生氣、愛、嫉妒、感謝、勾引。有時我們只能看到她的臉，有時她的眼睛被遮了起來；我們需要通過一些微妙的信號去辨別她的情緒。在這項測試中，得分最高的成人是那些在工作和人際關係中最成功的人，而得分最高的兒童是那些在學校最受歡迎和學習中最成功的孩子，甚至是一些智商平平的孩子。

如何學會有效表達？

1) 預設一個輕鬆舒適的社交情景

在和陌生人打交道時我們常常會覺得緊張，不如在見面前在腦中想像一下：你們是已經認識的了，接下來的談話會非常順利。

2) 接近時注意對方腳下的動作

當你不得不去打斷一段對話的時候，請在接近時注意他們腳下的動作，如果他們只是把身子轉向你，那麼這不是個大段對話的好時機。但是，如果他們向你移動腳步，對你則是個很好的信號。

3) 爭論時站在對方的身邊而非身前

當你覺得爭論的氣氛開始變得緊張時，你應該走到對方身邊，以減少雙方之間到壓迫感。

4) 當你需要幫助時，直言相告

直接說出你需要幫助會大大增加你獲得幫助的概率。這一現象是因為人們更傾向於展示自己有能力幫助別人的一面，而且不願意背負不伸出援手而引發的負罪感。

5) 如果你想讓對方感到舒適，可以重述他上一步對你說的話

人們需要他們的行為和話語被他人認同。用你自己的話轉述他上一步所說的內容不僅可以表現你是一個好的傾聽者，更重要的是可以表現出你對他所說的話真的感興趣，從而讓他覺得自己備受關注。

6) 說話時不時點頭會更容易讓你獲得贊同

巧妙的暗示技巧：在傳達資訊時點點頭。人們往往會下意識的模仿對方，對你點頭回應，而他們的動作會反作用於大腦，使他們更容易贊同你的想法。

如何打造自己的財商？

有的人學習很努力，成績也很好，但財商不高，也不能賺到錢。一個人的財商上不去，別人給你再多的工具你都很難成事。

當你想要把一件事做好，意味著你每天都在面對一些有挑戰、有困難的事。面對這些事怎麼做呢？"道"、"法"、"術"、"器"這四樣中，"道"放在前面，解決"道"的問題是關鍵。

窮人、富人，與中產階級的天賦特徵與思維方式：這個理論體系從天賦贏遊戲開始，一直貫徹到後面所有的天賦盤的推演。它介紹了窮人、

中產階級和富人花錢的不同方式，帶來不同的生活狀態。

窮人的財務生活

首先我們看一下窮人的天賦。窮人因為工資收入較低，所以他的工資收入幾乎都用於支付生活支出，而沒有機會去購買資產。所以他的狀態就是只有工資收入，然後扣掉支出錢就流走了。

中產階級的財務生活

中產階級，中產階級因為工資收入高，所以每個月還會有一定的結餘。然而中產階級會受認知所限去購買名為資產，實際上是負債的東西。比如銀行和社會上共同認為的自住房、汽車、珠寶等貴重物品和奢侈品，這些社會上認為是資產東西，實際上可能是負債，一直在消耗我們的金錢。

富人的財務生活

而富人會把金錢拿去購買資產，資產會帶來額外的收入。這些收入就會變成金錢，流到富人的手中，富人再去通過金錢去購買資產，然後不斷的重複。所以富人的資產就是越來越多，越來越富。而他的支出在收入占比中其實很低，理論上來說，富人消費是消費不窮的，只有亂投資才有可能影響富人。

所以富人會越來越富，窮人會越來越窮，而中產階級會不斷的在購買負債的道路上把自己逼成一個窮人。

沙盤推演是一款很好的鍛鍊六商的工具，可以作為刻意練習彩排的工具使用。

第一點：逆向思維

你要選擇什麼樣不同行業、什麼樣不同的賽道、要做出什麼樣的結果，甚至具體到每一天你要做哪些事情。以這樣的一個目標為導向，分別拆解到最小單元的時候，你逆向思維的能力就會慢慢提起來。

第二點：機會思維

不同的人看待事情的角度不一樣。比如：面對疫情，普通人看到疫情的想法是："完蛋，不能辦公了，要失業了"。但總有一些人是用機會思維去看待疫情。比如：能不能通過線上的形式辦公？有的人看到價值很好的東西的時候，會立馬付費學習，會以機會思維來選擇，選擇能量更高的圈子，而不是單打獨鬥，而有的人卻抱著韭菜的心態。

第三點：工具思維

一定要有非常棒的工具思維。這個世界很公平，大概率你努力是有收穫的，但這個世界也不是那麼公平，有時候你努力可能也沒有收穫，人與人之間的區別就在不知不覺中被拉開了。

如果想要賺錢，你要把周邊所有的一切都想像成你的工具，而你賺錢，就是使用好所有的工具。錢是一種撬動流量的工具；對很多天使投資人來說，錢就是他們撬動專案的工具。想賺錢就不能過於理想主義，你要冷靜、清晰與理性，需要有很強的工具化思維。

56 天賦之路，
天生我材，非用之用

　　我的一個學生，她是一個春天能量屬性的孩子，很有音樂天分，每天都有很多天馬行空的想法、夢想，然而就是缺乏落地，因此，她和她媽媽在生活中總是會有一些衝突。身為她的鋼琴老師，我總是會盡力給她創造一些"舞臺"和表演機會。

　　有一次，她去參加鋼琴比賽，拒絕了所有親友陪伴，獨自一人"單刀赴會"，而且，初試啼聲，難以置信地就真的拿到冠軍！我只教了她一季，她就取得這樣的成績，這真應了那句話：天生我材！這就是天賦的能量在現實生活中得到很好實證的例子。

　　其實她並沒有很好的環境，一個春天創意能量屬性的孩子，生長在一個相對實際的秋天能量環境，也能有她的爆發力和可能性。

　　因為她學科並沒有很好，我對她這麼臨時準備考高中音樂班也沒有抱有太大期望，找我準備也只用了三個月時間，結果她居然也考上，出乎所有人的意料。後來，升大學時又兜兜轉轉、彎彎繞繞，她發現自己最終的天賦和興趣熱情還是在音樂上，又重新報考了大學音樂院校，回歸音樂的道路。

　　孩子的天賦是沒有絕對固定的，他是充滿許多可能性的，她來跟我學鋼琴就好像是一個契機，激發了她的天賦，並在各種能量的作用下，經驗了天賦之能在現實生活中不斷轉換，驅動著她的人生不斷向前！

天賦在各種能量的轉換中，是會創造奇蹟的！天賦會創造、帶來人生的幸福、財富，而天賦本身就是一種幸福與財富，不必取悅迎合世界，世界自會給你不一樣的人生！

　　我覺得人生未必一定要進音樂的"窄門"，通往夢想的路很多，只要懂得不斷善用天賦的能量，你走在任何道路都會是完成理想的坦途！

　　"能量"是可以互換流轉的。例如在我帶領玩家在財富流沙盤推演中，透過覺察卡中的各種卡牌話語指引，往往能反應玩家當下的現狀，帶給玩家心靈上啟發帶來感悟與覺醒，得到成長的力量！

　　活出"富而喜悅"是我很喜歡的生命狀態，也代表著人類物質與心靈的雙豐收，內心喜悅、外在富有。人生用貧窮和富有以及痛苦和喜悅這兩個維度把人生分解成了四個象限，分別是貧窮而痛苦、貧窮而喜悅、富有而痛苦、富而喜悅。

　　窮而痛苦，這部份人的生活，會在抱怨的同時內在無力去改變生活。富而痛苦，是部份富人在取得了一定的財富積累以後，得不到快樂的狀態，他們可能會通過花錢去購買快樂，例如很多身心靈課程設計，針對這部份人學費動輒要價二十萬、三十萬起跳。窮而喜悅就像"小確幸"一樣，是一個不錯、但是脆弱的狀態，平時好好的，但一些大大小小的逆流，例如說東西的丟失，或者是親人的身體健康問題，又或者是全球性的疫情或金融危機，都可以輕鬆地把我們拉入窮而痛苦的深淵。

　　富而喜悅的狀態就是心靈富足加財務與時間自由的狀態，內心的喜悅建立在堅實的財務支撐之上，即使遇到一些重大的打擊也可以在人脈和能力的幫助下重新站起來。

　　"生命就是一場慶祝"！每個人內心深處都有一個內在的自己，在富而喜悅平臺，我們稱它為"九仔"，也就是內在的小孩，那個剛出生、沒有分別心、沒有評判、沒有是非對錯、沒有二元對立，那個純粹、充滿力量本自俱足的自己。然而在長大的過程中，他漸漸地被封存在內心的最深處。

親愛的，你有多久沒有和內心的自己溝通了呢？每個人來到地球上，就是來體驗綻放天賦，並且過上富而喜悅的一生的，大家去連接那個最初的自己，找到自己的初心，把生命活成一場慶祝，在地球玩得開心！

財富不是只有金錢，財富的五大元素之間是可以互相流通的：能力、人脈、時間、精力和金錢，需要什麼並不一定要在單一維度上拼命努力，而是用我們擅長的維度去流通。我們要做的就是去讓五大元素去流通互換起來，創造更多的可能性和價值！很多人對五大元素抱有匱乏的心態，不願意拿出來流通，帶來的結果就是越來越少。流通的速度越快，發揮天賦的速度也越快。缺什麼換什麼，大於缺什麼補什麼，交換與流通最為重要。

而且，你會發現，其實一般人最在意的金錢卻是五大元素裡最不重要的！因為有金翅膀（能力）和銀翅膀（人脈）就可以讓我們變現，時間和精力卻是我們永遠最稀缺的資源，因為"時間大於金錢"！

讓天賦"贏"，平衡了天賦和心靈力量，就算身處逆流，透過覺察，去感受當下的全球疫情和經濟危機能夠喚醒很多人的心，這堪稱逆流之光。這是來自天地中，最正向的回饋。

人生裡的八個帳戶：工作、理財、健康、人脈、家庭、休閒、心靈和學習，都是有形與無形的資產累積。不僅要當個有錢人，也要做個有情人，外在富足，內在也要富足，活出喜悅。人生最大的財富不只是你手裡的金錢，而是當人生走到盡頭，你腦海裡有過多少美好回憶的畫面。

"財富流沙盤推演"，模擬彩排人生四十年，從 20 歲到 60 歲，它通過推演對人生彩排，像鏡子一樣照出我們每個人的選擇，以及選擇背後的潛意識，啟發我們人生的卡點，讓我們有機會去改變我們以後的人生。

與此同時，感謝財富流沙盤的發明人唐乾九（九哥）的設計啟發，讓我們能在推演中得到智慧與覺察，"將錯誤留在沙盤，在人生做出更好的選擇"，相信我們每一個人都本自具足，值得過上最好的生活，只要不忘初心，帶著使命、願景和價值觀前行，在過程中不斷和夥伴們一起互相支持、團隊合作，一定能完成我們的夢想！

在財富流沙盤推演過程中，玩家會擁有所有"現實生活"經歷，包括失業、找工作、結婚、生子、機會等。玩家需管理時間與精力，當精力透支，玩家即刻猝死、馬上退出沙盤推演。

而在推演的過程中，我們通過擲骰子來決定人生的每一步。而每一步都會面臨一個選擇：你可以拿工資、做兼職、買股票、做生意，也可以結婚、生子、失業、離婚，你可能順風順水，不費力地進入順流層；或者你可能不慎陷入逆流；也或者你可能靜靜地平淡在平流層中度過一生。

總之，你在生活中會遇到什麼樣的遭遇，都會巧妙相應地呈現在沙盤推演中。

沙盤推演開始的時候，玩家的起點都是在平流層，和我們的生活一致。而做慈善是我們可以選擇的第一步！

隨著時間推移，也許你一直都認為平平淡淡才是真，錢不重要、生活小確幸最重要，可是稍有不慎可能就會進入逆流層，人有悲歡離合，月有陰晴圓缺，此事古難全。離婚或失戀、失業、生病、事故等等不如意的事情，接踵而至，玩家也會面臨很多的挑戰和選擇。

最外圈的這一層叫做富而喜悅的順流層，這個層級你會體會到一種不一樣的感覺：賺錢像呼吸一樣簡單。我們推演中的目標就是要進入順流層，因為進入順流，才有機會去實現自己的夢想。進入順流層裡，更多機會與體驗，也能體驗到有錢人的煩惱和有錢人的幸福！

感謝在富而喜悅平臺，認識許多同頻的好夥伴，大家分享覺察收穫，也會互相引薦機會。有一些教練本身是金融專家、房產專家及各行業專家，慷慨分享大家投資之道、如何提升被動收入，都讓每個人受益匪淺。

我帶過一些企業家玩盤，從他們的身上，我能覺察到企業家與普通人最大的不同，在於他們從來不會想："我做不到"，而是"我可以怎麼做"，永遠能看到許多的可能性。我也開始轉變思維，將更多精力專注在應該如何做的部份，而不是直接抗拒一切。

如果你不夠了解你自己，你可以借助財富流沙盤推演來更了解自己。

坊間也有很多好玩有趣的心理測驗，有些朋友可能會覺得一些心理測驗都是不準的，心理測試的準確性的確不是百分之百。它的準確性取決於多個因素：測試題的專業性、答題人選擇的真實性、以及答題人對自己的了解程度。

但是不論準確性如何，只要我們打開心，好好去覺察自己，相信都可以在回答問題的過程中發現很多自己的可能性，並對自己的想法有更進一步的了解。

我來分享幾個我的思維步驟，針對測試結果進行整理和分析，具體方法如下：

步驟 1：在網上進行專業的心理測試，並將測試報告進行保存。

步驟 2：提取測試結果中你認為符合自己的內容，以及幾個測試中重合的內容。

步驟 3：將內容進行整理，可以是思維導圖，也可以是文字形式。

當你測試並整理之後，會得到一份關於自己的文檔，對自己有更清晰的了解。將有用的資訊整理成了思維心靈導圖。其中包括：性格特點、核心競爭力、個人缺點和自我提升。

敞開心扉去探索你的各種可能性與天賦吧！

除了以上我提的這些，相信你還會有很多不可思議的經歷與收穫……

感恩所有的遇見，讓覺察、覺醒、改變後的每一天，

我都在成為我最喜歡的版本的我自己！

57 天賦之路：
天賦與世界、未來的接口

　　我的一個學生，國二才來找我學鋼琴，他跟我說他的夢想是出國，我就跟他說："你夢要夢得海闊天空，做要做得腳踏實地！"結果，沒想到他立刻就把我這句話記在他的鋼琴聯絡簿上，也許這句話對他的觸動非常大吧！他跟她媽媽說我教得如何好，他為什麼沒有早點來學，我是和他同頻共振的好老師！

　　他國二才開始學琴，但是卻無意中發現學鋼琴原來是如此快樂的事，不僅能學到鋼琴，還能學到那麼多鋼琴之外的道理。他覺得，我教的是學校絕對不會教給他的東西！他是一個春夏型有明星特質的學生，水瓶座，蠻活潑開朗的一個學生！

　　如果有一個人的出現，可以打破他的認知，就會成為他生命中的貴人，也會成為他的天賦與這個世界的"連接口"。

　　他跟我結緣是蠻自然的，學習上的事不必勉強，順其自然就是最好。

　　他雖然國二才開始學琴，但他本人有強烈動機，有目標與志向，所以我也願意調配時間來教他。然而，如果錯過了黃金期也不必懊惱，因為此時此刻馬上開始，就已經是最早的時間！

　　我蠻喜歡幫學生彈奏或上課錄影，而他也非常配合，我鼓勵學生多去表達自己、表現自己，也是找到他們的天賦與這個世界的"連接口"的一個途徑。

如果你想要去遠方，那麼，你現在就要出發！

你是不是一直認為，天賦是"天才"的專屬，作為普通人的你沒有什麼特別之處？

你是不是感覺自己有很多潛能，但是不知道用什麼樣的方式最有效的發揮出來？

或者你是不是覺得自己挺有天賦的，也知道自己有什麼天賦，但是不知道該怎麼用，怎麼將天賦轉化成優勢，通往成功。

那是因為你沒有找到自己的天賦與這個世界的"連接口"！

天賦不是天才的專屬，每個人都有天賦，它從來不是專屬。

美國史丹佛的科學團隊，花了 50 年的時間，對 200 萬人做了一個研究，發現無論對於個體還是組織，雖然成功的道路千萬條，但是，這些成功的個體大都遵循了一個原則：那就是將自身的天賦才幹發揮到了極致，他們早早就找到了自己的天賦與這個世界的"連接口"。

天賦是一種潛在的、還未被喚醒的力量。因此，天賦有時是不易被發掘的。

很多人認為自己沒有天賦，是因為你一直在做固定的幾件事。如果你不去嘗試其他的事情，永遠不會發現自己的天賦。比如你有寫作的天賦，但你可能從來沒練習過、也沒寫過文章，周圍的人也沒有覺得你寫作能力強，那麼這只能說你具有寫作的潛力，而不是真正的優勢和能力。

只有盡可能的多接觸、多嘗試，你才能慢慢發掘出自己的天賦。另外，富人更容易發掘自己的天賦。因為富人有足夠的金錢作為支撐，可以去嘗試更多的事情。而窮人有金錢和環境的限制，大部份人生存下來已經很容不容了，更別說去嘗試了。

因此，你會發現一個很現實的社會現象：富人往往多才多藝，窮人只能努力學習。

但是，隨著社會的快速發展和科技的進步，這種現象會被慢慢改善。現在是一個知識和技能資訊共用的時代。如果你喜歡，網上有很多可以學習的資源。如果你喜歡畫畫，幾百元就可以買到性價比超高的網課。如果你喜歡跳舞，網路上就有很多免費的教學錄影。

你需要做的是：盡可能的地發現自己感興趣的事情，找到自己的天賦與這個世界的"連接口"，並花時間和精力去嘗試。只有多嘗試，才能發現自己最喜歡、最擅長、熱情的事情，並基於此，讓自己的天賦與這個世界"無縫銜接"！

天賦會讓你感到開心和滿足，因此，你需要記錄下每一件會讓你感到強大和愉快的瞬間。首先，用7到15天記錄自己的每一個瞬間，包括開心的瞬間和沮喪的瞬間。然後，根據讓你感到開心的瞬間，並結合天賦的特徵，篩選出跟你天賦相關的瞬間。總結共時性、分析個性、發現天賦。

其他人和第三者的力量，也是我們的天賦與這個世界的重要"連接口"。

了解他人眼中的你有什麼優點，很多時候他人比你更瞭解你自己。找幾個關係不錯的朋友和同事問一問這些問題。他人覺得你身上有什麼不同於別人的特質？他人最欣賞或者佩服你什麼？在他人看來，你做什麼事情的時候最興奮？

學會刻意練習，打通天賦輸出的"連接口"

天賦並不一定是你比他人做的好的事情。當你沒有經過刻意練習，將天賦發揮成為能力，他人一樣會在你天賦的領域超越你。

要有明確的目標

練習自己的天賦，要有明確的目標。目標不能太難以實現，也不能太模糊。有目標才會有明確的進步方向，學習才能事半功倍。

制定目標要符合 SMART 原則：明確的、可衡量的、可實現的、相關聯的、有時限的。

例如：你要從頭開始練習彈鋼琴，可制定目標：每天音階、琶音、和絃、技巧 1 小時、練習整首鋼琴曲 1 小時。

要走出舒適區

我們做事情一般分為三個區域：

一是舒適區，你可以輕鬆完成的事情；

二是學習區，你稍微努力一下就可以學會的事情；

三是困難區，你付出巨大努力才勉強做到的事情。

舒適區讓人過於安逸，會造成你在原地踏步；困難區讓人望而卻步，影響你的學習進度。我們要在學習區做事情，學習的效率和品質才能大幅提高，同時也要避免在舒適區和困難區做事情。經過一段時間的努力練習，你適應的學習區會變成你的舒適區，你很輕鬆的做到之前感到困難的事情。這時候，你需要給自己加大一點學習的強度和難度，重新回到學習區，才能讓你在學習上持續的進步。

要專注、聚焦

當學習時，要在一個相對安靜和整潔的地方，避免身邊的各種誘惑和打擾。練習時集中注意力在自己做的事情上，盡量不要想其他事情。這樣才能使自己容易進入心流（Flow）之中，達到忘我的境界。如果你學習的時候，總是想著其他的事物，你學習的效率和品質將會大幅度下降。要讓自己專注於當下，才是王道。同時，適當放鬆和休息也可以提升自己的專注度。

要不斷覆盤、檢討、回饋、修正

人的大腦是從犯錯中學習的。從錯誤中學習，決定了我們從學習中獲得的是成就感還是挫敗感。我們上學時期的練習題和考試題，通過錯題，可以糾正並更好的鞏固知識，我們的成績成長得更快。

刻意練習也是如此。我們需要得到回饋，知道自己哪裡做錯了、哪裡做的不夠好。在我們改正錯誤之後，學習上會得到品質的飛躍。如果有足夠的資源，我們可以請專業的老師幫助我們學習；如果沒有足夠的資源，我們可以請身邊比我們厲害的朋友或者同事，給我們一些建議和回饋。

學會用天賦變現賺錢，是天賦與財富的"連接口"

把自己的天賦轉化為能力後，可以嘗試用自己的天賦做一些副業或工作。當你用自己的天賦獲取一些價值後，你更願意努力去練習自己的天賦。

同時，賺錢是用我們輸出的價值換取金錢價值。我們學習之後，進行輸出，因為學習帶來收穫有了更多的成就感。

輸出是學習的最有效方法。所以，如果你可以用天賦變現賺錢，便可以更大程度地發揮你的天賦。

學會持續精進，是天賦與未來的"連接口"

做事情想精益求精，必需要學會複盤並不斷地輸入新的知識。

覆盤可以幫助我們發現和產生新的想法，同時，從自己的經歷中總結經驗也是向自己學習的過程。我們透過閱讀和別人學習，只占 30%，剩下的 70% 都是要向自己學習。

學無止境。我們不僅要學習天賦領域的知識，更要學習非天賦領域的知識。

　　堅持讀書是一個終身學習的好方法，只有不斷輸入多元化的內容，才能讓我們用天賦激盪出更多的靈感、並將天賦運用到自己的其他各個領域！

58 天賦之路：
天賦"正向生長"永不休止

天賦不是靜態的東西，它要表現出來並被人們"看見"，必然是一條"正向生長曲線"。而我們要全面了解天賦、發揮天賦，則要把天賦作為一個系統來覺察。

1. 天賦"正向生長"的天敵——熵（動力學能量下降總數）增

我們要天賦"正向生長"，第一件事，就是要了解——天賦"正向生長"的天敵。

量子力學家薛丁格說："自然萬物都趨向從有序變得無序"，即熵值在增加，而生命需要通過不斷抵消其生活中產生的正熵，使自己維持在一個穩定而低的熵水準上，生命以負熵為生"。

我們都知道，熵增是個不好的東西，熵增意味著將滅亡，而滅亡，恰恰與生命、天賦"正向生長"相反，是生命、天賦"正向生長"的天敵。

"熵"代表了一個系統的混亂程度，或者說是無序程度——系統越無序，熵值就越大；系統越有序，熵值就越小。人的生命，以及整個人生都可以看作一個系統，熵增是無法徹底消除的，任何一個系統都同時存在成就它的力量和摧毀它的力量，這個摧毀它的力量就是熵增！

那麼如何反熵增呢？實現反熵增，我們從兩個原則出發。

耗散結構

要反熵增，我們需要先了解一個概念：耗散結構，一個遠離平衡態的非線性的開放系統，通過不斷地與外界交換物質和能量，在系統內部某個參量的變化達到一定的閾值時，通過漲落，系統可能發生突變即非平衡相變，由原來的混沌無序狀態轉變為一種在時間上、空間上或功能上的有序狀態。

天賦"正向生長"思維

要有終身學習的思維及流量思維，並把智慧、情商、財商三個維度合併為一體，作系統化考量。為什麼說是終身學習，這個世界一直在變，任何一個技術都有可能過時，所以你必須不斷接受新的事物去提升自己。

非平衡

首先，你要遠離舒適區，相信大家都知道溫水煮死青蛙的故事。

其次，你要跨越對恐慌區的懼怕，實現顛覆式天賦"正向生長"。

正解

滴入一杯水中的墨水放著放著，墨水與水溶為一體了。一個人從生到死，細胞的排列從規則有序逐漸變得混亂無序。一個人的思想從鮮活到僵硬，掌握的知識變得無用無效。

很多大公司走下坡路，並不是因為被對手擊垮，而是由自身組織和人員的自大、封閉、怠惰等，在時代的風口失去了轉向的能力。

人的天性就是要舒服，企業想生存就要逆風翻盤，把能量從低到高提升上來，增加勢能，這樣就發展了！

2. 天賦"正向生長"思維與"熵減"

固定性思維喜歡用標籤定義自己，例如：我是一個天才、我是一個能力很強的人或是我是一個庸才等，或許你可能會說這不是大多數人都會這樣嗎？的確是如此。

所以你要不是選擇推辭，要麼就是只能被迫帶著低迷的情緒去完成這項工作。

同時，出現了這種負面的情緒的時候，你同時也處在熵增的過程，因為你往自己的身體裡添加的是負面的，排斥的東西。

如果說一個人能學會什麼東西，那麼世界上其他人也都可以學會。

天賦"正向生長"型思維與固定型思維相反：他們通常不愛用標籤定義自己，他們認為這沒有任何意義，與其把自己圈在一個地方，不如先想想如何去達到自己的目標或完成自己的工作，這類人遇到困難往往會變得亢奮。他們會理性地解決問題，並渴望從中獲得天賦"正向生長"進步。

對比同樣的一個問題，領導安排了一個不是本職工作外的事情，此類人第一時間不會想到有多難，自己的能力是否能夠解決，而是會開始思考，我應該如何完成這個任務，我需要什麼支持，做哪些事情，雖然過程中會遇到很多檻，但是卻不會造成想退縮的思想，反而是致力於解決這些問題，用積極的心態去完成工作。

這是與固定型思維截然不同的思維方式，而且跟擁有天賦"正向生長"思維的人相處，你會發現處處都是正能量。

他不會沮喪的告訴身邊人我現在多難多難，反而你總是可以看到他在解決、應對各種困難，同時還不斷影響著周邊的人，因為他們總是在做自己喜歡做的事。

這正是熵減的過程，用理性的、積極的思維去解決難題，把僵固型思維認定衰敗為熵的東西轉化成自己天賦“正向生長”的養料。

（1）、認知層面從無序到有序

在一個系統中，無序和有序其實是相對的。

為什麼很多文章有的人看得非常容易，而有的人卻看不懂，為什麼科學家可以解釋複雜的問題，而我們卻不能，這取決於個人或組織的認知程度，即識別資訊的核心能力。

作為一個普通人，我們只有持續的學習，提升自身的認知，才能獲得更多高於別人的視角去看世界，乃至於組織，這樣對自己來說才能“熵減”。

請記住，熵值越大，你的大腦就越混亂，就越不想進步，就會待在舒適區，久而久之，認知就會不斷下降。

（2）、行為層面從無序到有序

當一個系統不可避免的走向無序，周圍的環境不確定性越高的時候，我們是否能夠進化出某種形態結構，來長久的對抗外界的不確定性呢？

答案就在“熵增定律”的定義中，如果孤立的系統中，熵永不減小，過程不可逆，那麼能做的便是“開放系統”，“降低損耗”。而天賦“正向生長”是開放性的，沒有天花板的。

為什麼要開放系統：

保持與外界物質、能量、資源的交換，建立有效的各種能量的協同，這樣才不會單一化，同時賦能別人，達到生態共贏。

從個人層面，人的天賦"正向生長"也需要向外界的老師不斷學習、請教，來豐富自己的思維，打破認知邊界，如果人變成封閉的狀態，試想下一個人該有多無知和可怕。

增加內部資訊暢通：

熵增定律不可逆，那麼在與外界資源、物質的交換過程中，必定會增加損耗。

追求高效的資訊的暢通，對於內部組織部門與部門之間，才會有效的協同補位，以免資訊不暢而出現"熵"增。

增加"天賦槓桿"，資訊重組：

熵就像"槓桿定律"，槓桿兩端一面是熵值，一面是"效率"，當效率增加，熵值就會減少，反之當效率低下，熵值就會增加。但兩端是無法做到平衡狀態，因為一旦平衡也就意味著"相互滿足"，而進入舒適圈。內部進入舒適圈，需要外部引力來打破均衡，破壞舒適圈，降低內部熵值。

行為層面從無序到有序，三點總結為："開放系統，內部資訊均衡，降低消耗，增加天賦槓桿，打破均衡，從而減熵，提高效率。

3. 逆向天賦，"正向生長"

固定型思維總是給自己設限，故步自封，讓自己安於待在舒適區，對未知的事項充滿迷茫、恐懼。天賦"正向生長"思維卻截然相反，他們總是在探索、挑戰，致力於讓自己變得更好。

奮鬥是很苦的，在更多的時候看來，是被認為是一種"逆人性"的事情，沒有任何一個人，天生就喜歡做一些自己不喜歡的事情。

我們天賦"正向生長"的過程，就是一系列奮鬥的時間總集。努力奮鬥在多數人的眼中看來，被認為是艱苦的，不好受的，而天賦“正向生長”也同樣是這麼一個“逆人性”的過程。我們在天賦“正向生長”的路上越走越快，就離我們幼時孩童的本能越來越遠，如果說“嬰兒期”是最大的舒適區，那麼“巨嬰”就是不願意走出舒適區的成人，而巨人、偉人則是逆向天賦“正向生長”的典範。

天賦“正向生長”之所以艱難，不好受，其實是因為這是在克服一個系統的自然演進過程啊！這能不艱難嗎？

如果我們順應本能，選擇不去遭受這些苦難呢？

1、本能終將帶我們到何方？

如果本能的終點和系統的演化是一致的，都是熵增，那我們是否還選擇跟隨著它？它將走向滅亡。

2、如果本能是所有人類的通性，那我們比別人有什麼優勢？

大家都選擇運用本能，在某種意義而言，本能將變得毫無價值，因為這樣的個體在群體中沒有區別度，也無競爭優勢可言。

天賦不僅是本能，天賦只有與實際行動結合，表現為“知行合一”，才是真正的天賦的外部表徵。

所以，通常意義被我們認為優秀的人，都毫不猶豫地選擇去做“逆人性”、“反本能”的方式去做事，夢要夢得海闊天空，做要做得腳踏實地。

他們刻苦勤勞，不畏艱難——做著一些別人不情願做、看似違背人性的事情。

他們想問題的方式和我們不一樣——不再跟隨常人的本能式思考。

其實，他們只不過是希望努力去通過外力做功，延緩減慢他們人生熵增的進程。沒錯，只是延緩而已，但是已經很足夠了。

所以說，在某種意義而言，真正的天賦"正向生長"，就是通過艱苦拼搏這種"逆人性、反本能"的形式的內在力量去做功，來試圖抵禦和延緩人生熵增的進程。

4. 如何進行熵減、保持"正向生長"的活力？

首先是開放，最重要的也是開放。

為什麼開放是基礎？比如，玻璃瓶的昆蟲，如果蓋擰住了，無論昆蟲如何努力，也是飛不出去的。熱力學第二定律也指出，封閉的狀態下必然是毀滅性的。

因此，要有入口吸收宇宙能量，也要有出口是揚棄糟粕。只有這樣才能不斷熵減，增加天賦正向生長的空間。

（1）簡化流程

"每增加一個流程節點，要減少兩個流程節點；或每增加一個評審點，要減少兩個評審點。"這個原則，是在提醒自己，警惕自我管理過度、僵化、追求完美，而忘了成功的本質是"大道至簡"。應該簡單有效、加法和減法並行的。

（2）多路徑、多梯次

面對未來不確定性，得有一個定力。成功需要巨大的能量與巨大的資訊流，視野決定眼界，眼界決定方法，方法決定做法，做法決定成敗。

多路徑是指朝著一個方向，多種途徑，從種方法不會僵化；

（3）自我批判

自我批判是一種糾偏機制，絕不能丟掉，指的是要經常看到問題、面對挑戰，然後變革優化。而且，變革要主動進行，而不是遇到問題的被動選擇。

5、天賦 "正向生長" 終身制

這裡特別強調 "有效" 二字，因為我們身邊確實也存在很多的 "偽終身學習者" ，他們口頭喊著要 "正向生長" 提升，實際上卻安於現狀，紋絲不動。

他們迷信雞湯文，追逐成功的速成秘笈，通常是 "聽過了很多大道理，依然過不好這一生" 。

要做到終身學習，我們需要做到如下幾點：

1、摒棄以碎片化學習代替系統化學習的觀念；在資訊時代，知識的獲取變得很廉價，不少人都關注一堆公眾號，看到就收藏起來，先不說公眾號文章品質如何，但公眾號文章內容同質化嚴重從來都是不爭的事實；

2、提升學習的目標，我們讀書時候的學習以積累知識為主，但我們投身社會工作後應該以學習知識體現的思維方式為主，我們要學會並把這種思維方式應用到實際中去；

3、保持著一顆開放的心態，頭腦中存在兩種截然相反的思想，卻能並行不悖；

4、堅持、堅持、還是堅持。

6. 天賦是一場修行

（1）天賦強則適應能力強

天賦高的人，表現為個性耿直，但非常善於學習，在複雜的社會生活中將會練就一身本事，不但情商高善於交際，遇到問題也能夠從容不迫，不管自身有沒有才華，都能夠憑藉著出色的智商和情商在社會中找到立足之地！

（2）了解自己的不足

"上德若穀"，最好的品德看起來就像河谷、峽谷一樣，非常空曠，裡面沒什麼東西。因為沒什麼東西，所以可以放進值得放的東西，如果裝滿了東西，就什麼都放不下了。

我們永遠要騰出最好的地方，放最美的東西。

上德者的心永遠是空曠的，他永遠把自己的心放空，讓心像空蕩蕩的河谷、峽谷一樣，能容納整個世界。

（3）永無止境的求知欲

人的一種內在的精神需要——認知的需要。人在生活、學習和工作中面臨問題或任務，感到自己缺乏相應的知識時，就產生了探究新知識或擴大、加深已有知識的認識傾向；這種情境多次反覆，認識傾向就逐漸轉化為個體內在的強烈的認知欲求，這就是求知欲。

求知欲強的人自覺地、積極地追求知識，熱情地探索知識，以滿足其精神上的需要。可見，求知欲雖與好奇心同屬對事物的探究傾向，但二者不盡相同。一般的好奇心表現為人追求認識事物的短暫的探索行為；而求知欲則是一種比較穩定的認知欲求、認知需要，表現為人堅持不懈地探求知識的活動。

（4）心胸開闊

漢朝開國大將韓信，沒有從軍前，曾受鄉間流氓欺淩而受胯下之辱（從流氓胯下爬過）。後韓信成為楚王回到故鄉，眾人都認為那個流氓必死，而韓信不但沒有殺那個流氓，而且給了他一個小官做。韓信說若不是當時流氓欺負刺激他，他就不能奮發努力，所以他覺得應該感謝那位流氓。此事成為千古美談，此事展現了這位軍事家的廣闊胸襟。

王侯腹裡堪走馬，宰相肚裡能撐船！

（5）較強的自制力

自制力對每個人來說都是非常重要的，它為我們的工作和生活保駕護航，使我們能更好地控制自我，克服困難，堅定自己的目標，向著自己的目標堅持不懈地努力進發。自制力是我們實現自我價值的重要元素，是我們人生轉折和飛躍的保險繩，有了較強的自制力，我們在前進的道路上便不會迷失方向，便不會被各種外物所誘惑，不會因為其他事物而影響了自己的判斷。

（6）風趣幽默

開懷大笑是一種心靈的歷練。會把我們和我們正在癒合的靈魂的一部份交織在一起。當我們和他人一起開懷大笑時，我們就會獲得彼此的聯繫和歸屬感。

（7）對他人的經歷有較強的感受力

他人成功的經歷，對自己來說是有借鑒作用的，我們要學會共情，學會從別人身上學習他們的亮點，學習他們的思維模式。跟隨成功者的腳步，我們將更快到達成功的彼岸。人與人是相通的，經驗是寶貴的，思維模式更是寶貴，我們要提升自己的感受力，通過強大的感受力，來精進自己。

7. 人的精神生命

以快樂和幸福為目標

人生成長就像跑步一樣，節奏感非常重要，直接決定人的快樂、幸福指數。也決定計畫的落地堅持的長度、深度、速度。因此，首先要尋找、把握、享受成長的節奏。

人生有六商，情商、財商、逆商、覺商、健商和玩商。其中情商最重要，情商就是自我情緒管理的能力，決定一個人一生的幸福快樂。

以"正向生長"通向幸福

正向成長是尋找幸福快樂、通向成功的唯一出路而不是捷徑。正向成長一定是始於自己，終於自己。幸福源自天賦的持續發揮，源自持續不斷的成就感。

8. 天賦與夢想不可替代

夢想，是對未來的一種期望，心中努力想要實現的目標。諸如事業與愛情等等。

也許從根本上說，人都是囚徒，生來便被關進一個有形有限的身體裡面了，時間空間都是無限，風雲變幻時代更迭都是無限，任何偉大的思想和發明創造都是無限，就像牢窗之外的無限風光把你標明在了一個囚徒的地位。怎樣走出這囚徒的困境？也許只有像一個不死的囚徒那樣，滿懷夢想。

現代人總是過份務實，但是沒有夢想，人又是什麼呢？電腦？機器？定律？程式？佈置精確的骨牌效應？儀態得體的蠟像？由於電腦的"不可一世"，也許我們終於有機會發現，人的優勢只有夢想了。

因為有了夢想，人才有了一件可以對抗無限的武器，可以在無限的時空與未知的威脅下，使信心有著源泉，使未來有著希望，使刻板的一天二十四小時有了變化萬千的可能性。

簡言之，它有無限的未知，我有無限的求知欲，縱然它有無限的屏障，我有無限的跨越屏障的嚮往。

9. 夢想就是天賦的歸宿

就像膨脹著的宇宙，膨脹就是它的歸宿。

夢想當然不是物欲，不是貪婪。更為要緊的是，夢想的盡頭還是夢想，並沒有最終的成功與徹底的實現。在夢想被證明是永不結束的路途的時候，生命傲然成為天地間唯一的偉大遊戲。

我們朝著夢想所設置的真、善、美的方向走去吧！在一個沒有原因也未必有結果的過程中，哪裡還有比精神的強大不朽與美麗更好的目的！

10. 致敬 "追夢人"

"夢想"，是個色彩斑斕的字眼，它可以平凡，也可以偉大，可近可遠，可具體可抽象。

它可能是馬丁·路德呼籲的自由、平等，可能是賈伯斯畢生追求的改變世界、改變未來；它也可能是一件漂亮的大衣，一個慵懶的假期，一張滿分的考卷……

美籍波蘭裔作家伏尼契說，"一個人的理想越崇高，生活越純潔。"蘇格拉底說，"世界上最快樂的事，莫過於為夢想而奮鬥。"周星馳說，"做人如果沒夢想，跟鹹魚有什麼分別？"林清玄說，"擁有自己的夢想，就能維持自己的熱力。"

獨一無二的你

　　人，生來就有自己獨一無二的天賦，只是天賦需要我們不斷探索才能發現。

　　但是，發現天賦是一個複雜困難的過程，因為並不是每個人都那麼幸運會有早慧的表現，在很小的年紀就能展露自己的天賦，就連現在國際上最流行的測試方法，也並不能準確的測出一個人的天賦。因為，每個人的天賦各有千秋，發現它需要一個漫長的過程，過程中需要不斷的自我審視，最後從一些蛛絲馬跡中總結一些共時性。

　　那麼，發現天賦真的有這麼重要嗎？答案是肯定的！

　　可是，肯定也會有人在心裡發出這樣的疑問：有很多人，一輩子也沒有發現自己的天賦，也沒有發揮自己的天賦，但照樣生活得很好呀？！

　　我想，其實不然！

　　所謂天賦，就是"天生我材必有用！"設想一下，如果我們做著自己天賦技能相關的工作，是不是會做得比別人好？是不是會比別人更有成就感和熱情？而且也會有內在的動機驅使你把自己的事業長期堅持下去。

　　我們總說小孩子比大人有靈氣，那是因為在最初的時候，小孩子的天賦雛形還在，反而很多大人在歷經生活的磨練後，已經被迫放棄了自己的天賦能力，找不到自己本源的樣子而迷失了自己。

　　但也總有一些人，他們一直堅定地發揮著自己的天賦能力，最終獲得巨大的成功，而且他們的人生簡單又快樂。

天賦點和興趣點，相輔相成！

綜上所述，難道每個人只要發現並運用好自己的天賦能力就萬事大吉了嗎？當然，光有天賦還遠遠不夠，因為，興趣也是我們的老師！

有很多人，他們的興趣點並不在自己的天賦點上！

興趣點，也是每個人從出生開始就擁有的一種情緒，只是每個人感興趣的事情不一樣。我們也不難看到，人們對某件事很感興趣，並且一直堅持去做，往往都能克服困難。

天賦是內外表現，是基因賦予我們的基礎能力，相比他人在某一領域更加出色；興趣是在外表現，後天行為活動的表現，會激發個人極大的潛能。

天賦與興趣相輔相成，天賦可以引導興趣熱情所在，讓人在行為活動過程中獲得極大的成就感；興趣反向激發天賦，使我們不知疲倦的前行，挖掘更多的潛能。

當然，天賦很重要，興趣也很重要，但是想要獲得成功，除了擁有這兩個關鍵點，還需要保持專注。對某件事情長期保持專注，需要我們專注，天賦的發現和運用也需要我們專注。

對我而言，我人生的交響曲就是天賦和興趣的有機結合，並且我的整個人生都專注在這上面，不管是過去、現在、還是未來，都不會停止！

回想起這件事，我特別感恩幼稚園的老師們。他們用敏銳的雙眼和用心的感受，發現了我的天賦點和興趣點的所在。

那時候周圍都是很嘈雜的環境，但幼稚園是我心中的一處綠洲，我常常會仰望天空，就像現在我住在可以看到大海的地方，海闊天空，可以讓我心曠神怡，享受獨處。

幼稚園裡有那麼多小孩，我也不是自帶光芒的那種小孩，但是老師總能在人群裡發現那個安靜的我。老師注意到我可以很專注地在角落裡投入自己正在做的事情：看繪本，搭積木，發呆……不被別人打擾，我也不會去打擾別人。這樣的我在老師眼裡反而成了自帶光芒的學生，這對我來說，是莫大的鼓勵。長大之後才明白，獨處、專注這就是老師在我身上發現的天賦能力。

由小見大，見微知著，好的老師總能細緻入微地發掘學生身上的閃光點。當老師們告訴媽媽，我的雙手總是會在不經意間模仿她們彈鋼琴，這個小細節連我自己都沒有察覺到，也是後來媽媽告訴我，我才知道媽媽當機立斷帶我去報名了鋼琴課，就這樣我在鋼琴上的興趣點就被挖掘了出來。

獨處和專注的天賦點在我後來學習鋼琴的整個生涯中，都發揮了至關重要的作用，不管是學習的過程還是平時練琴的時光，都需要我們能夠專注，並且能夠持續地專注，這個時候就很考驗我們獨處的能力，這種能力就是與自己融洽相處的能力。

很多人從小學習鋼琴，或許只是父母希望他們這麼做；或許只是為了能擁有一項技能；或許他們心裡根本就不喜歡鋼琴……所以他們才會感覺學習的過程很煎熬，練習的過程很枯燥，彈奏的時候沒有任何感情。

但是這些現象在我身上從來沒有發生過，鋼琴是我的興趣點，一直以來我對它都有著極大的熱情，而且從未減退，學習的時候我甚至不用旁人督促就能很專注，練習的時候我不用旁人監督就能輕鬆完成，包括後來我大學考上專業院校，又去研究所進修，這些都是天賦和興趣點的加持，一步步譜寫出了我人生的交響曲。

如果說，人生是一首交響曲，那麼鋼琴就是我可以用來彈奏人生樂章最好的媒介。而興趣點就是點燃這個媒介的火種，讓它可以盡情燃燒，天賦點就是燃燒後的催化劑，直到完成一首滾燙熾熱的人生奏鳴曲。

認識自己，發現天賦。讓天賦和興趣共振，是通往成功的秘訣，可遺憾的是，芸芸眾生依然有太多人沒辦法意識到這一點，因為他們的專注力都放在了別人和外在事物上，而忘了自己才是那個天下無雙的人。

世界上沒有相同的兩片葉子，這是真理，而每一片葉子都有它獨特的形狀、獨特的紋理、獨特的美。人也是一樣，不妨從現在開始，我們試著慢下來，好好看看自己，重新審視那些被自己忽略的天賦點，或許現實生活很多時候會讓我們無可奈何，但是至少你可以選擇用自己擅長的方式來面對這些問題。

當然，在這個世界上，有好多事情，都需要很大的毅力和堅持不懈，才能夠實現，天賦和興趣也不例外。

除了要努力發現天賦，更要努力使用它，學習、重覆、持之以恆都是可以讓我們盡情綻放天賦。興趣也是一樣，光有熱情，沒有持久續航力，也只能是三分鐘熱度。

如果你已經對某件事情產生了興趣，那就試著把興趣變成天賦；如果你已經發現了自己的天賦，那就試著把你的熱情放在天賦上，給它施展才能的機會！

同頻

所謂同頻共振，我想應該就是吸引！

而吸引力法則就是：你給出什麼，就會接收什麼。你的大腦起心動念是什麼，外部世界回饋給你的就是什麼。每個人都是一個心靈投射源，把我們看到、聽到、感受到的投影給世界。

無論我們的注意力或者能量集中在哪個方面，也無論這種注意力或者能量是消極的，還是積極的，它們都會被吸引著成為我們生活的一部份。

而當我們多散發快樂、正向、自信、富足的能量，就能吸引到與之相同頻的事物。這時，不管你接觸的人，還是物，都能讓自己內心充滿愛、喜悅、富足，這時你心裡想什麼，事物就會朝著你心中所想的方向發展，而且跟你處於同一頻率的人，也會進入你的世界。

有人說，吸引力就是一種能量的同頻共振，是一種能量的相互作用，你的心靈能量是什麼，就會主動吸引到什麼。我相信！

當初剛被家人從保姆家接回鬧市區的時候，我內心其實早已經習慣了安靜獨處的生活，雖然那時候我還很小，不知道如何用言語來表達出內心的想法，但現在回想起來，當時年幼的我內心就是渴望這種靜逸的感覺。

所以，每個人經歷了什麼不重要，經歷之後的感受才重要！

當初在媽媽帶我選擇幼稚園的時候，我的這種感受就發揮了重要的作用。

當時媽媽帶我看過很多家幼稚園，但只有光華幼稚園是我唯一開口主動跟我媽媽說，我想來這裡上學的地方。

雖然它也在鬧市區，坐落在一個巷子裡，但是走進去竟然彷彿身置綠洲，裡面有鮮花簇擁的花園、有清澈的水池、還有很多帶有造型的小遊樂場，整個環境給我的感覺特別舒適，就像在沙漠中突然出現的綠洲，很吸引我。

現在想來，當初自己的選擇無疑是幸運的，也是明智的。

在光華幼稚園的那幾年，我遇到很多很好的老師，園長也很親切，她雖然有些年長，但很有赤子之心，她一開口就是給人溫柔親切的感覺。

她們對學生無微不致的關心，耐心的教導，也深深影響著我現在的教學。

那時候我還是個孤僻的小孩，內心自閉又自卑。但是她們卻都很懂我，不管是課後跟我的互動，還是課上對我的鼓勵，都讓我感覺很溫暖，每次她們叫我名字的時候，我都會覺得內心充滿喜悅和感動，這種有被別人看到，有被別人重視的感覺，讓我重拾自信。

我喜歡自己在待在角落裡，看很久的繪本，完全不會被打擾；午休的時候，同學們都睡了，我的手還在空中模仿老師彈鋼琴……這些在老師們看來都沒有覺得很奇怪，反而覺得我很特別，還會跟媽媽回饋說這是我很難能可貴的地方，也是因為有時候聽到她們跟媽媽的對話，我才發現，原來自己是獨特的。

後來有聽說，原來那個園長從小就移民澳洲，那裡都是比較像純天然環境的國家，而我小時候也是在大自然的環境下長大。我想，這也是某方面我跟園長會同頻共振的地方，雖然她已經過世很久了，但只要一想起她，她的神態、她的笑臉，都會很清晰的地浮現在我腦海裡面，或許這就是心靈上的一種契合。

很多事情無法用科學來解釋，但就是很神奇！

我們家本身就是在鬧市區，一出門就是菜市場，可是就在這樣的鬧市區裡，竟然會有這樣一間讓我內心找到靜謐世界的幼稚園，很不可思議，但仔細想想，其實這就是吸引，感謝這些跟我同頻共振的老師們能夠出現在我的年幼的世界裡，也讓我在很小的時候就明白一個道理：心懷美好，就能迎向美好！

有時候，如果我們處在一個沒辦法改變的環境裡，那不如去創造一個我們可以改變的環境。

幼稚園的我，或許意識不到這麼深層的道理，但我的起心動念已經在行為中表現出來了。

當時，我沒有辦法去改變我週圍的環境，但是我可以在不能改變的環境裡去改變，去選擇我可以接受的，當我愈是這樣想，迎接我的愈是對我有益的人和事，都是可以跟我們同頻共振的人和事，當初在幼稚園我遇到的所有老師們，他們都是跟我同頻的人，帶給我喜悅、自信、滿足。

對比現在，我的幾位核心合作夥伴，他們都是比我年長的長輩，我們特別能同頻共振，他們內在也都有一顆赤子之心。所以，我也很珍惜和他們的緣份，跟他們在一起，感覺一切都很了不起！

寫下這本《天賦交響曲》，其實也是想告訴大家：每個人就像一塊磁鐵，你具有怎樣的磁性，就會吸引什麼樣磁場的人，他們都會被你的能量吸引而來，同樣，你也會被具有相同磁場的人吸引。

換句話說，想要成為什麼樣的人，完全在於自己。就像人們常說：外面沒有別人，只有我們自己，你是誰，誰就會吸引你，反之你就會吸引誰，遇到誰。

　　人的意識會不斷在各個頻率之間切換，如果我們不停切換，頻率就混亂，現實就會困擾我們。多保持積極、正面的想法，去除負面的情緒、語言和行為，當我們開始改變負面的心念，改變負面的能量頻率，深藏在我們心靈深處激發積極心靈頻率就會感應，一切都得以面向太陽，充滿陽光！

　　現代量子力學表明，世上的萬事萬物都是由能量組合而成的，而能量就是一種振動頻率，每樣東西都有它不同的振動頻率，所以才出現了那麼多不同事物的面貌，無論是像桌子、椅子等有形的物體，還是思想、情緒等無形的東西，都是由不同振動頻率的能量組成的。

　　振動頻率相同的事物，會互相吸引而且引起共鳴，人就是這樣的生物！

　　人的思想也是一種能量，它會吸引那些符合自己思維模式的事物，並同時排斥不協調的事物，我們說的每一句話，每一個字都是在表明自己的想法。

　　可是，不管什麼時候，都請記得：花若盛開，蝴蝶自來；你若精彩，天自安排！

感恩

韓愈在《師說》中說道：「師者，傳道、授業、解惑也。」

在人生的各個階段，我們會接觸到很多可以為自己傳道、授業、解惑的人。不管在學校裡還是市井中，也無論有沒有正式的拜師儀式，他們都是值得我們記憶並尊重的。

如今，自己也早已為師者，便更能夠體會到"春蠶到死絲方盡，蠟炬成灰淚始乾"的那種浩然使命。

這一路走來，我遇到過很多老師，他們每一個人都是我心中耀眼的星。

從上幼稚園開始，我就正式開啟了自己的鋼琴生涯，而我的啟蒙老師就是鋼琴團體班的李老師。她長相甜美，是那種讓小孩子看一眼就會喜歡的類型。

李老師是一位非常有才華的女性，不僅鋼琴彈得好，聲樂也唱得非常好，也是一名著名合唱團指揮。她是基督徒，每次演唱聖歌，都會讓我聽得如醉如癡。

此外，她還擁有著深厚的文學底蘊，這對我的影響非常深遠，因為我也是從小接觸傳統文學，這一點我們再一次同頻。也正是得益於此，從那時候開始我對鋼琴和文學方面就多有涉獵，這也為我後來在音樂之路上的發展拓寬了管道。

由於我在鋼琴方面較有出色的天賦和熱情，李老師對我也抱有很高的期待，而且對我的要求極其嚴格。我當然也有自己的小叛逆，而每次當我產生厭倦、懈怠而不想練琴時，她都會為此感到傷心失望，有時我們也會因此而賭氣。

即便如此，我依舊視她為自己的偶像，因為她可以把音樂之美帶給身邊的人，是播撒美好的天使。

時間的車輪永遠不會停歇，我們終將會被它帶著慢慢成長。

轉眼間，我也來到了國中時代。由於學業壓力非常大，學校中的音樂課都去配課給學科，為了讓我的音樂學習、鋼琴術科訓練不間斷，父母在下課之後，特別接送我到外地去補強拜師學習。對音樂的追求，也成為了我在國中時期唯一的救贖，也讓我更加堅信，未來自己將要選擇音樂這條路。

到了高中時期，我所就讀的是一所教會女校，也是一所有音樂班的學校，因此，音樂也就成為了我們在這一時期的主旋律。與國中時期不同的是，我在這裡就讀時是住校的，也較沒有國中時期那麼巨大的課業壓力，取而代之的是，修女們經常一起做彌撒、祈禱所形成的凝聚力，以及同學們一起鑽研、切磋音樂琴藝的回憶。

在這個時期，對我鋼琴藝術生涯影響最大的，非謝老師莫屬了。她是一位金牛座的氣質美女，說話總是輕聲細語，始終保持著溫文爾雅的狀態。

同頻著教會學校能量的老師，謝老師也是一名基督徒，在她的身上，我彷彿能夠感受到神一般的慈愛。即便是在週間放假期間，她依舊會來電話詢問我練琴的情況。

和李老師一樣，她也非常看重我的天賦，對我總是高標準嚴要求。我非常愛戴她，為了達到她對我的期望值，每次上課前我必須做好充足的準備，就是不想愧對她為我所做的付出。

　　不同層次的人比天賦，而同樣擁有天賦的人，比的就是誰的基礎更扎實。

　　謝老師的琴技也同樣非常高超，在跟隨她和李老師學習的過程中，我深刻地意識到扎實的基本功對於一名藝術從業者的重要性。音樂性或許可以通過很多方法去激發和提升，但如果技術不過關，很多更高深的作品就將根本無法完成。

　　也正因如此，我開始更加刻苦地訓練自己的基本功，讓它不會成為自己藝術之路上的絆腳石，

　　然而，天下沒有不散的筵席，只是我沒有想到這離別會來得如此之快。讓我感到無比遺憾的是，謝老師在帶了我不久之後，就因為要出國深造，不得不與我分別了。即便如此，她的溫婉內斂、她的言傳身教，都讓我受益終身。

　　轉瞬之間過去了許多個春秋，即使現如今我和兩位老師已經很少聯繫，但她們的形象依然清晰地留在了我的記憶之中。

　　這樣，我的第三位老師洪老師和第四位老師楊老師，就順理成章地走進了我的生命之中。巧合的是，她們同樣都是一名基督徒。

　　有時我會有一種夢幻般的感覺，彷彿學習了音樂之後我就距離上帝更近了，而這幾位老師就是上帝派到我身邊的天使，幫助我、引導我、愛護我。她們的生活中都充滿著儀式感，懂得生活、極富品味，這一切的一切無時無刻不在影響著我。她們讓我真切地體會到，我們所做的事不是單純的彈一首曲子給別人聽，而是要成為一位音樂的天使，將音樂的美好傳遞給身邊的每一個人。

　　除了這幾位鋼琴老師之外，在這期間我還有一位聲樂老師李老師。

她對我也非常好、非常關愛、照顧我，在媽媽離世之後，還邀請我到她的家裡，給予了我極大的溫暖和安慰。

真正的情誼，或許並不會被時間所沖淡、被距離所拉遠。

不知道是不是因為我特別有"老師緣"，遇到的每一位老師都是那麼溫暖、和藹、友善，即使過了這麼多年，如果能夠再次與她們相見，我依舊可以回到小時候的狀態，張開雙手上前擁抱、可以問候撒嬌，雖然如今的我已經不再是小孩子了。

大學聯考甄試之後，我幸運地考入了臺灣藝術類第一名校國立臺北藝術大學，當時的名字還叫做國立藝術學院。這是我永遠都會懷念的一所學校，校園在半山腰，景色視野如詩如畫，裡面充滿了藝術界的各種高人，仙氣飄飄！

進入大學之後，我首先遇到了自己的導師朱老師，他成立了一個在臺灣非常著名的個人打擊樂團。在交響樂組織中，打擊樂向來居於較弱勢的存在，但朱老師卻創造了一個奇蹟，將打擊樂在臺灣和全世界發揚光大、家喻戶曉。

除了他的優秀打擊專業，朱老師我影響最大的是在開學之初，他向我們所有新生提出的一個問題：「未來你們到底想要朝著哪個方向發展？」他並拿出作家吳靜吉的《青年的四個大夢》：人生價值、良師益友、終身志業和愛的尋求來鼓勵我們，青年時期（十七歲到三十三歲）的這個階段，影響了我個人生涯至深至遠！

曾經年少的我們，或許都是以成為這所學校的學生為目標，而在完成這個目標之後究竟要怎麼做，卻很少有人思考過。朱老師的這個問題，彷彿給了我們一記當頭棒喝，讓我們意識到需要認真思考自己真正的藝術人生。

也正是因為這個原因，我開始給自己重新定位，將在文學上的興趣和音樂結合，主修了音樂學，拜師在臺灣音樂推廣教父劉老師門下，從而為自己認知的音樂世界打開了一扇全新的大門。此後，不管是民族音樂學、系統音樂學和歷史音樂學都有廣泛與深入的探討，同時也感恩我大三時期的王老師除了關懷我的生活，還有在音樂美學與音樂語義學中，對我的深深教導與啟發！

而在大學期間，這些優秀的老師當中對我影響最大的，應該要屬林老師了。她也是我的鋼琴老師，用生命愛護我如同慈母、像是上帝的化身，在鋼琴專業上給予了我很多滋養；同時，她也是我的精神導師，在媽媽突然離世、導致我萬念俱灰、憂鬱低潮之時，是她一直陪伴我、開導我，讓我最終從噩夢中走了出來。並且帶我認識了上帝！

而我就讀臺大音樂學研究所時期，最要感謝的就是我的指導教授沈老師，她給予了我做學術研究上的指引，嚴謹中有莫大空間，沈老師當時身為臺大國際交流中心主任，她用她的親和、睿智與真誠待人處世，給了我最好的公關身教，還有在音樂研究上的定位：要有國際觀，立足臺灣、心要放眼全世界的榜樣！

或許，我所愛戴、甚至崇拜的師長們並不完美，但無論怎樣都無法改變他們在我心中的地位。他們所帶給我一生的影響與慈愛，就像一道道的光，將永遠成為我記憶中的鄉愁、生命的能量，讓我永誌不忘！

感恩所有關心和曾經幫助過我的人、和來自世界上的每一分善意，

我也會竭盡自己所能，用音樂去溫暖那些正在寒夜裡尋找光明的人走出黑暗！

　　天賦交響曲

天賦心語

寧靜致遠，天賦致高，靈犀致名

1. 靈感只是剎那，而 "天賦" 是永恆的靈感！

2. 天賦並不熱衷於創造奇蹟，因為它自己就是一個奇蹟！

3. 你不是子女的前傳；你不是朋友的外篇；天賦讓你成為你自己！

4. 上天給我左手的禮物叫作 "命運"；上天給我右手的禮物叫作 "天賦"！

5. 一切都將走向貶值；唯有 "天賦" 將永遠增值！

6. 天賦是一個金礦，是我們每個人與生俱來的財富！

7. 天賦若不被看見，它將像 "命運" 一樣帶給我們煎熬！

8. 天賦不是為了讓我們避免痛苦，而是為了讓我們避免平庸！

9. 天賦是 "上帝的禮物"，它超越了 "時空"！

10. 越嚮往陽光，越要向黑暗的地底紮根！

11. 天賦像陽光、空氣、水，取之不盡，永遠免費，卻至關重要！

12. 一杯水，是技能，一片海，是天賦！

鋼琴心語

一彈天地寬，二彈星河遠，三彈美名揚

1. 鋼琴寬廣的音域，讓你的靈感有了馳騁的天地！

2. 88 個黑白琴鍵，用心去彈，彈出生命中的彩虹！

3. "細膩的彈奏" 源於情感，情感源於心靈，心靈觸及靈魂！

4. 同向和反向的音階、琶音，越是最基本的東西越要反覆練習！

5. 練琴，也要"練情"，注入感情的鋼琴是鮮活的生命體！

6. 學會聆聽與覺察，學會時刻感受自己的指法與表現力！

7. 演奏徹爾尼、蕭邦、李斯特的練習曲，多練，多思，自會有所得！

8. 鋼琴是一條路，就算天才也沒有捷徑，"路"是必需的過程，並不是結果！

9. 從彈音階和各種練習曲出發，登頂李斯特、拉赫馬尼諾夫！

10. 專心你的技術，花心你的藝術，鋼琴充滿無限的可能性！

11. 每天練琴，像三餐與睡眠一樣；跑步練身體，彈琴練心、養精神！

12. 鋼琴本身就是一件藝術品！

所求皆如願

所得皆所期

願所有的心靈

都能夠聽到

心靈交響的旋律

在時間與時間之間

圓滿我的心願

——《天賦交響曲》

《天賦寶貝》

詞曲 / 演唱：馨鈺

編曲 / 鋼琴演奏：Carol 致名

國家圖書館出版品預行編目（CIP）資料

天賦交響曲 / 林致名著 . -- 初版 . -- 臺北市：匠心文化創意行銷，
2023.03

面；　公分

ISBN 978-626-96557-6-2（平裝）

1.CST: 林致名 2.CST: 自傳

783.3886　　　　　　　　　　　　　　112001871

天賦交響曲

作　　　者　林致名
總 策 劃　洪豪澤、賈雯雯
內文編輯　全球創業人物實錄總編 - 周夫人
採訪編輯　全球創業人物實錄總編 - 周夫人
封面設計　全球創業人物實錄品牌總監 - 丁丁
總　　監　全球創業人物實錄
圖書出版　匠心文化創意行銷有限公司
發 行 人　張文豪
出版總監　柯延婷
執行總編　郭茵娜
圖片提供　林致名
美術設計　宛美設計工作室

全球創業人物實錄
歡迎掃碼關注微信公眾號
聯繫方式：1713006978@qq.com

總 代 理　旭昇圖書有限公司

地　　址　新北市中和區中山路二段 352 號 2 樓

電　　話　02-2245-1480（代表號）

印　　製　上鎰數位科技印刷有限公司

初　　版　2023 年 03 月

定　　價　新臺幣 380 元

版權所有。翻印必究　Printed in Taiwan